Understanding REITs

REITs의 디지털 융합화
리츠의 이해

최차순 지음

생능

저자 소개

최차순(崔次淳)

현재 남서울대학교 부동산학과 교수로 재직 중이며, 부동산금융론, 부동산경제론, 부동산투자론을 강의하고 있다. 서강대학교 경제학 석사, 중앙대학교 경제학 박사학위를 받은 후 알파 리츠 연구원 원장, 공인중개사 및 감정평가사 출제 위원, 한ㆍ몽민간협력증진위원회 이사, (사)매헌 윤봉길의사 기념사업회 이사, 충남도 중장기 주택정책심의위원, 천안시 공동주택분쟁조정위원회위원, 월드클래스300 심사위원, 중소기업기술정보진흥원, 정보통신기술진흥센터의 과제평가위원을 역임하였다. 현재 한국부동산학회 부학회장, The International of Business and Economics Research 편집위원이며, 주택 및 부동산 관련 정부부처, 방송토론, 협회 자문 역할을 하고 있다. 주택, 부동산금융과 투자, REITs(부동산투자신탁), 부동산경제 문제 등에 관심을 가지고 연구하고 있다.

REITs의 디지털 융합화 **리츠의 이해**

초판인쇄 2021년 3월 10일
초판발행 2021년 3월 22일

지은이 최차순
펴낸이 김승기, 김민정
펴낸곳 (주)생능 / **주소** 경기도 파주시 광인사길 143
출판사 등록일 2014년 1월 8일 / **신고번호** 제406-2014-000003호
대표전화 (031)955-0761 / **팩스** (031)955-0768
홈페이지 www.booksr.co.kr

책임편집 권소정 / **편집** 신성민, 양동글, 유제훈 / **디자인** 유준범
마케팅 최복락, 김민수, 심수경, 차종필, 백수정, 최태웅, 김범용, 명하나
인쇄 성광인쇄(주) / **제본** 은정문화사

ISBN 979-11-86689-34-9
정가 27,000원

　부동산은 가계 자산의 80% 수준을 차지할 정도로 국민경제에 중요한 영향을 미치고 있다. 1997년 외환위기를 조기 극복하고자 부동산 증권화 및 유동화 제도를 부동산시장에 도입하였다. 외환위기는 모든 산업의 지형을 근본적으로 바꾸어 놓았다. 물론, 부동산시장에서도 예외는 아니다. 실물중심 거래에서 리츠라는 부동산 증권거래로 변화의 시대를 맞이하게 되었다. 이는 언제 어디서나 자유롭게 거래할 수 있어 부동산의 약점인 환금성, 유동성 및 투명성을 높였다.

　리츠가 우리나라에 도입된 지 20여 년이 흘러 청년의 시대를 맞이하였다. 그런데 비슷한 시기에 동 제도를 도입한 국가에 비하면 상장 리츠 수나 시장규모가 너무 부진한 편이다. 이는 건전한 부동산 거래, 투명성, 소액투자가들의 투자 기회 확대 등 리츠 제도의 우수성에 대한 홍보와 교육이 제대로 이루어지지 않았기 때문이라고 생각한다. 아이러니하게도, 부동산시장을 건전하게 육성시킬 수 있는 선진화된 리츠 제도가 있음에도 불구하고, 달구어진 부동산시장을 안정화시키기 위해 정책당국, 업계, 학자들의 관심은 낮아 보인다. 예를 들면, 부동산 학자들의 모임인 부동산학회, 부동산 산업을 대변하는 다양한 협회 등의 공적, 사적 논의의 장이 낮다.

　부동산투자가들은 아직도 리츠보다는 실물중심의 부동산거래가 더 효율적이라고 간주하고 있다. 부동산이 국민경제에 미치는 영향이 지대하다면 건전한 부동산시장 정착과 활성화를 위해 리츠에 대한 대중적 관심사를 높여야 하는 노력을 게을리할 수는 없다. 이러한 관점에 따라, 저자는 15년 전에 독자들의 리츠 이해를 돕고자 부동산투자신탁(REITs) 번역서를 소개한 바 있다. 역서는 20세기 초반까지 방대한 문헌 연구를 기반으로 미국 리츠 제도의 개념, 제도, 구조, 경영 등 성장의 다양한 변화과정을 폭넓게 기술하고 있다.

　필자는 지난 10여 년이 넘는 기간 동안 대학에서 부동산금융론을 강의하면서 리츠를 소개해 왔다. 그때마다 리츠를 처음 접하는 학부생이나 업계, 일반 대중 등에게 보다 쉽게 접근할 수 있는 책의 필요성을 느껴왔다. 또한 10년이면 강산이 변한다고 하는데, 역서가 소개된 지 15년이 지난 시점에서 리츠의 조직, 구조, 성과 등의 진화과정을 독자들에게 소개하는 것을 마냥 미루는 것도 예의가 아니라고 생각하였고, 수동적인 리츠 비즈니스 모델이 4차 산업혁명시대에 적용할 수 있는 리츠의 디지털 융합화 비즈니스 모델로 변해야 한다는 방향 제시와 리츠를 쉽게 소개할 수 있는 범용적인 책을 만들고자 하는 생각을 갖게 되었다. 그러나 이런 생각을 현실로 옮기기에는 필자의 일천한 지식과 능력부족이 있었고, 비판적 사고와는 달리 리츠 비즈니스 모델과 트렌드에 관한 내용을 상세하고도 쉽게 담지 못할까 하는 우려가 없지 않다. 그러나 일단 첫발을 내딛는 것이 중요하다고 생각하여 오랜 고민 끝에 독자들의 가감 없는 지도 편달을 기대하며 미흡하지만 책을 출간하기로 하였다.

본서는 모두 12장으로 구성되어 있다. 리츠의 개념, 역사적인 진화 과정 등에 대한 이론적인 내용에 대해서는 역서의 내용에 근래의 이론들을 추가하여 기술하였다. 리츠의 투자 성과, 투자 패턴 등에 관하여서도 가능한 한 최근까지 데이터를 수집, 분석, 정리하여 업데이트하려고 시도하였다. 리츠 제도가 처음 도입될 무렵은 인터넷과 컴퓨터가 활성화되지 못한 시기였다. 그러나 지금은 인터넷이라는 정보통신 서비스가 우리 생활의 모든 패턴을 돌려놓았고, 삶의 질을 놀라울 정도로 향상시켰다. 하지만 리츠의 비즈니스 모델은 많은 변화를 지속해 왔지만, 디지털 디바이스 시대에 요구되는 비즈니스 모델과는 다소간의 거리가 있음을 부인할 수 없다. 그래서 4차 산업혁명시대에 리츠의 디지털 융합 비즈니스 모델이라는 방향성을 가감이 제시해보고자 하였다.

이 책을 출간하는데 많은 분들의 도움이 있었다. 리츠 입문의 친절한 안내서 리츠를 저술한 Su Han Chan, John Erickson, Ko Wang, 수많은 참고서적의 저자분들께 지면을 통하여 감사드린다. 리츠 관련 연구서나 논문을 함께 써 왔던 동료 및 선배 교수님들의 격의 없는 토론과 충고에 감사드린다. 저자의 부동산금융론 강의 기회를 주신 남서울대학교, 강의록을 작성하고 수정하는데 요긴한 정보를 제공해 준 부동산학과 학생들의 노고가 없었으면 이 책이 빛을 볼 수 없었을 것이다. 늘 기도와 격려를 아끼지 않으시는 담임목사님과 성도님들에게도 감사드린다. 그리고 책을 발간할 수 있도록 깊은 배려와 관심을 가져주신 생능출판사 김승기 사장님, 심수경 이사님, 권소정 대리님, 임직원 여러분과 편집위원들에게 감사드린다. 무엇보다 이 책을 출간하는데 오랜 인내로 함께 한 가족들에게 고마움을 전하고자 한다.

2021년 3월 성산골 연구실에서
저자 최차순

차례

제1장 리츠의 개요

1. 리츠의 의의   14
    1) 리츠의 개념   14
    2) 리츠의 특징   16

2. 리츠에 주목할 이유   22
    1) 투자의 편리성   22
    2) 높은 수익률 성과   23
    3) 거래의 투명성   25
    4) 다각화 효과   26
    5) 부동산시장의 안정화 기여   27
    6) 결론   27

3. 본서의 전개 방향   28

제2장 리츠의 기원과 진화

1. 리츠의 기원   32

2. 리츠의 진화   33
    1) 1960년대 리츠   33
    2) 1970년대 리츠   38
    3) 1980년대 리츠   43
    4) 1990년대 리츠   44
    5) 2000년대 리츠   48

제 **3** 장 리츠란 무엇인가

1. 부동산의 증권화	60
2. 리츠는 증권인가 혹은 부동산인가	61
3. 일반주식과 다른 리츠 주식	62
4. 리츠를 선호하는 이유	63
1) 리츠의 상장활동 증가	65
2) 가치의 놀라운 지속성과 안정성	66
3) 예측 가능한 장기 평가	66
4) 헷징과 고소득	66
5) 채권보다 높은 현금흐름	68
6) 저금리 고주가	68
7) 세금혜택	69
8) 퇴직자에게 안정적인 노후 생활비	69

제 **4** 장 리츠의 구조와 평가

1. 리츠의 구조	74
1) 리츠 구조의 배경	74
2) 리츠의 일반구조	76
3) 리츠의 특수구조	78
4) 리츠 구조는 존속할 것인가?	83
2. 리츠의 평가	84
1) 리츠의 평가지표	84
2) 리츠의 자산가치 계산	93

제 5 장 리츠 유형

1. 개념적인 측면에서의 리츠 유형   100

   1) 지분형 리츠   100
   2) 모기지형 리츠   102
   3) 등록된 비거래 리츠(PNLR)   104
   4) 사모 리츠(비공개 리츠)   105

2. 특징적인 측면에서의 리츠 유형   106

   1) 불특정 리츠(Blank or Blind Pool Check REITs)   106
   2) 특정 리츠(Purchasing or Specified REITs)   107
   3) 차입유무에 따른 리츠(Leveraged or Unleveraged REITs)   107
   4) 폐쇄형 리츠(Closed-end REITs)   107
   5) 개방형 리츠(Open-end REITs)   108
   6) 유한수명 리츠(Finite-life REITs)와 무한수명 리츠   108
     (Infinite-life REITs)
   7) 내부관리 리츠(Internal managed REITs)와 외부관리 리츠   108
     (External managed REITs)
   8) 개발 공동사업 리츠(Developmental-Joint Venture REITs) 109
   9) 기타 리츠   109

3. 특수구조 리츠   110

   1) UPREIT   110
   2) DownREIT   110

제 6 장 리츠의 법적 요건

1. 리츠의 조직 요건   114

   1) 1인 이상의 수탁자 및 이사들에 의해 관리   115
   2) 수익자의 권리는 양도 가능한 지분 또는 수익증서   115

3) 지분의 소유권이 100인 이상에게 분산　　　116
4) 소수의 주주가 일정 지분 소유 불가　　　116
5) 금융기관이나 보험회사는 리츠가 될 수 없음　　　116

2. 리츠의 소득 및 자산 구성 요건　　　117
1) 부동산 임대료 소득　　　118
2) 이자소득　　　119
3) 부동산 양도 자본소득　　　119
4) 자산 요건　　　119

3. 리츠의 세제 요건　　　121

4. 리츠의 과세대상 소득 및 배당요건　　　121

5. 리츠와 주주의 세금　　　122
1) 리츠의 세금　　　122
2) 주주의 세금　　　123

6. 리츠 구조모델　　　123

제 **7** 장　**리츠의 투자 유형**

1. 리츠의 투자 대상별 현황　　　126

2. 부동산 투자분야(Property Sectors)　　　128
1) 산업 및 오피스　　　128
2) 소매판매점(Retail)　　　131
3) 거주용 주택　　　134
4) 숙박 및 리조트(Lodging and Resorts)　　　136
5) 의료시설(Health Care)　　　138
6) 자기보관 창고(Self-storage)　　　139
7) 다각화된 부동산(Diversified)　　　140

8) 인프라스트럭쳐(Infrastructure)   140

9) 데이터 센터(Data Center)   140

10) 입목(Timberland)   141

11) 주유소(Gas Station)   142

12) 특수 부동산(Specialty)   142

13) 모기지(Mortgage)   144

제 **8** 장 **리츠 투자의 선택은 바람직한가**

1. 리츠 주식은 보통 주식과 다른가   152

2. 리츠 주식과 부동산 수익률의 요인은   154

1) 공통 요인들   154

2) 특수한 요인들   155

3) 리츠와 부동산시장 간의 통합의 견해   156

4) 리츠와 보통주식 간의 통합에 대한 견해   157

5) 부분통합 혹은 무통합에 대한 견해   158

6) 절충안이 있을까   159

3. 리츠 주식은 바람직한 투자대상인가   163

1) 실증적 분석 결과의 추세   163

2) 자산 유형별 성과   165

3) 리츠 주식에 영향을 미치는 시장요인   167

4) 이자율과 증권관련 요인   169

4. 리츠 주식의 인플레이션 헷징과 다각화 효과   174

1) 인플레이션 헷징 효과   174

2) 리츠의 다각화 효과와 성장 잠재력   179

5. 리츠 주식은 성정가능성이 있는 증권인가   187

6. 결론   189

제 9 장 리츠와 부동산 펀드

1. 리츠와 펀드의 정의   202
     1) 리츠의 정의   202
     2) 펀드의 정의   202
     3) 펀드의 연혁   204
     4) 펀드의 종류   204

2. 부동산 펀드의 개요   206
     1) 부동산 펀드의 정의   206
     2) 리츠와 부동산 펀드의 차이   207
     3) 부동산 펀드의 투자대상   207
     4) 부동산 펀드의 운용제한   208

3. 부동산 펀드의 유형   209
     1) 신탁형 부동산 펀드   209
     2) 회사형 부동산 펀드   210
     3) 유한회사형 부동산 펀드   210
     4) 합자회사형 부동산 펀드   211
     5) 조합형 부동산 펀드   211
     6) 익명 조합형 부동산 펀드   212
     7) 부동산 사모펀드   212

4. 부동산 펀드의 시장 규모   213

제 10 장 우리나라 리츠(K-REITs)

1. 우리나라 리츠의 도입 배경   218
     1) IMF 경제위기   218
     2) 부동산시장의 전문화 · 선진화   225

3) 부동산 소득 양극화 해소   226

2. 우리나라 리츠의 개요   227

    1) 부동산투자회사(REITs)   228
    2) 기업구조조정 부동산투자회사(CR-REITs)   232

3. 우리나라 리츠 현황   234

    1) 일반 현황   234
    2) 리츠 투자 성과   235
    3) 리츠와 타상품별 수익률 성과   238

4. 부동산산업에서 리츠의 역할   240

제 11 장   리츠의 디지털 기술 융합화

1. 리츠 진화의 트렌드   245

2. 리츠의 디지털 기술사용   247

    1) 고객관계가치(CRV)와 디지털 디바이스   248
    2) 스마트홈과 디지털 디바이스   251
    3) 리츠의 투자대상으로 ICT 연결 부동산   255
    4) 리츠의 뉴비즈니스 모델로 5G 기술 기반 부동산 주목   256

3. 리츠의 디지털 비즈니스 플랫폼   259

    1) 고객정보 플랫폼(CIP)   260
    2) 인터넷 기반 부동산 플랫폼(IoRE Platform)   263
    3) 고객이 선호하는 부동산 개발 플랫폼   263
       (CPR Development Platform)
    4) 리츠도 디지털 비즈니스 플랫폼 속으로   264

제 **12** 장 **리츠의 미래**

1. 새로운 차원에 접어든 리츠의 진화 268

2. 부동산산업을 선도하는 리츠 270

3. 운영회사 대 펀드 구조 273

4. 앞으로 있을 변화 276

 1) 제휴와 합작 이용 276
 2) 비부동산 서비스 278

5. 리츠의 공개 대 비공개 지위와 부채 사용의 증가 278

6. 리츠 컨셉의 글로벌화 280

 1) 해외에 투자하는 미국 리츠들 281
 2) 리츠 컨셉의 해외 도입 283

7. 적자생존 291

8. 맺는 말 293

■ 부록 297
■ 찾아보기 306

제 1 장

리츠의 개요

1 리츠의 의의

2 리츠에 주목할 이유

3 본서의 전개 방향

리츠의 개요

1 리츠의 의의

1) 리츠의 개념

리츠(REITs) 또는 부동산투자신탁회사의 개념을 한마디로 말하기는 대단히 어렵다. 미국부동산투자신탁협회(NAREIT: National Association of Real Estate Investment Trusts)에 따르면 리츠는 많은 투자가들의 자본으로 소득을 창출하는 다양한 상업용 부동산을 취득하거나 금융을 제공하기 위해 결합한 회사(company)나 영업신탁(business trust)으로 정의하고 있다. 리츠 제도가 도입되기 전에는 부동산을 부동산시장을 통해서만 구입할 수 있었다. 그러나 리츠 제도의 도입과 더불어 리츠가 회사나 신탁 형태를 갖추게 됨으로써 투자가들은 직접 부동산을 구입하는 대신 리츠의 증권(stock)에 투자함으로 부동산에 간접투자 하는 일이 가능하게 되었다. 즉, 리츠는 증권발행을 통하여 불특정 다수의 투자가들로부터 자금을 모아 수익성 부동산 및 부동산 관련 지분 등에 투자, 개발, 관리, 운용하여 얻은 수익(매매차익, 개발이득, 임대소득, 지분이득, 이자 등)을 투자가들에게 배당하는 것을 목적으로 설립된 부동산투자회사[1]이다.

리츠는 1960년 미 의회가 부동산투자로부터 큰 손들만이 누리는 혜택을 소액투자가들에게도 혜택을 누릴 수 있도록 도입된 간접금융상품이다. 부동산의 간접투자란 투자가가 직접 부동산을 매입하거나 개발하여 이득을 취하는 방식이 아닌 부동산투자회사나 부동산투자

---

[1] 부동산투자회사를 미국에서는 부동산투자신탁회사라고도 한다. 본 저서에서는 부동산투자회사를 리츠로 병용하여 사용한다.

를 위한 금전신탁방식으로 투자하는 것이다. 부동산은 부동산의 특성상 유동성과 환금성이 매우 낮은 고가의 실물 자산이다. 이런 고가의 부동산에 직접투자 하는 데는 높은 위험성과 동시에 높은 수익을 기대할 수 있는 투자상품이다. 일반 투자가들로 하여금 부동산투자로부터 위험을 최소화하고 부동산의 높은 수익의 혜택을 누릴 수 있도록 투자할 수 있는 수단을 제공하고자 미 의회가 도입한 것이 리츠이다. 미 의회는 리츠를 좀 더 매력적인 투자대상으로 만들기 위해 미국세법(IRC: Internal Revenue Code)이 규정한 조건을 충족시키는 리츠에 대해서는 회사차원의 소득세 부과를 면제하였다. 리츠의 지위를 유지하기 위해서는 일반회사와 달리 업무의 범위, 자산의 구성 및 운용, 주주의 구성, 상장요건, 과세대상 소득의 대부분을 회사에 유보하지 않고 배당금으로 배분하도록 의무화하고 있다. 리츠는 부동산 운용·처분으로 발생하는 소득을 회사에 유보하지 않고 투자가들에게 배분한다는 측면에서 도관체(pass-through entity)이다.

리츠가 자금 조달을 위해 발행한 증권은 증권시장에 상장되어 수시로 거래가 되기 때문에 높은 유동성을 지니는 부동산 간접투자상품이다. 즉, 부동산의 증권화로 부동산 거래가 증권시장에서도 가능하게 되어 부동산 투자의 간접기회가 주어지게 되었다. 이로 인해 투자수단의 다각화 효과가 있게 된다. 따라서 투자가의 입장에서는 부동산 직접투자로 인한 고가성, 환금성, 유동성 등 제반문제와 위험을 회피할 수 있다. 리츠는 투자가로 하여금 부동산을 실물 형태로만 투자하는 방식에서 증권형태로 투자하는 방식으로 변화시켜 부동산 소유의 인식에서 이용의 인식으로 흐름을 근본적으로 변화시켰다. 이와 같은 맥락에서 리츠 제도는 자본이 부동산시장과 자본시장에 상호 순환적으로 흐를 수 있도록 연결하는 메커니즘 역할을 하게 되어 단절되었던 부동산시장과 자본시장이 상호 연계되어 긴밀히 움직이게 된다. 부동산시장은 자본시장으로부터 쉽게 자금을 조달할 수 있는 기회를 얻게 되었고, 자본시장에서는 고가의 부동산에 직접 투자하는 높은 위험을 가지고 있던 투자가들에게 보다 안전한 투자상품을 제공하는 효과가 있게 되었다. 따라서 이제 투자가들은 더 높은 수익을 얻기 위해 리츠, 예금, 주식, 채권, 부동산, 금 등의 다양한 투자상품으로 그들의 자금을 운용할 수 있게 되면서 자금이 부동산시장으로 쉽게 흐를 수 있게 된다. 리츠가 자본시장 내 투자상품으로 편입되면서 자본시장의 영향 하에 놓이면서 일반투자가 뿐만 아니라 기관투자가들의 관심도를 높여 점점 대중화 전문화 되면서 급격한 성장을 하고 있다. 리츠는 적정한 수익률을 투자가들에게 보장한다면 증권발행을 통하여 자본시장에서 무한대의 자금을 조달할 수 있다.

리츠는 증권시장에서 거래되는 일반주식보다 시장가격 변동성의 최소화, 낮은 배타(β), 낮은 위험(risk), 자금조달의 용이성, 거래의 투명성 등의 특징이 있다. 리츠 시장이 이처럼 단기간에 급격히 성장할 수 있었던 배경은 리츠 회사가 자본시장에서 대규모 자금을 조달하기 위해 발행된 증권이 증권시장에 공개적으로 거래될 수 있어 부동산의 단점인 낮은 유동성을 높여 부동산에 대한 간접투자의 기회를 확대하였기 때문이다. 그래서 리츠는 대규모 자금을 조달하여 수익성 부동산에 투자하여 수익을 투자가들에게 배분하는 주식회사이기도 하다. 리츠는 거액의 자금을 동원하여 수익성 부동산에 투자할 뿐만 아니라 우수한 부동산 전문가들이 투자가의 욕구를 충족시키기 위해 관리, 개발, 투자, 운용을 효율적으로 할 수 있는 방법들을 끊임 없이 고안해 내는 부동산전문회사이다. 리츠는 고층빌딩이나, 호텔, 대규모 유통시설, 주택, 헬스케어, 데이터센트, 유통시설 등에 개인이 쉽게 투자할 수 없는 부동산에 증권화를 통하여 소액으로 손쉽게 투자할 수 있는 부동산 간접금융상품이다.

2) 리츠의 특징

(1) 고수익 성과

리츠가 막연히 매력적인 투자상품이다 논하기 전에 지난 50여 년간 투자가들에게 어떤 희망을 가져다주었는지 투자성과를 살펴볼 필요가 있다. 리츠의 투자 성과 뒤에는 명암이 있다. 지난 50여 년간 그들의 포트폴리오에서 리츠를 배제시키지 않는 이유는 리츠를 포트폴리오에 포함시킴으로 투자의 균형을 잡아준다는 것을 투자실전을 통하여 경험효과를 터득했기 때문이다. 리츠는 시장가격 변동의 최소화, 시장의 다른 주식가격의 움직임과 동조하여 움직이지 않으려는 낮은 베타성(β), 제한적인 위험 등의 요인으로 지난 50여 년간 일반주식의 대표지수 중의 하나인 S&P500과 비교해도 과히 나쁘지 않는 놀라운 수익성과를 실현해 왔음을 미국부동산투자신탁협회의 통계에서 확인할 수 있다.[2] 상장된 지분형 리츠의 2019년 말 기준 지난 50여 년간 평균수익률은 11.82%를 기록해 동기간 S&P500 주식의 연평균 수익률 10.67%보다도 높은 수익을 실현하여 리츠가 고수익을 안겨주는 매력 있는 투

---

2) REITWatch, 2020.6.

자상품으로 투자가들의 선택을 받아왔다.

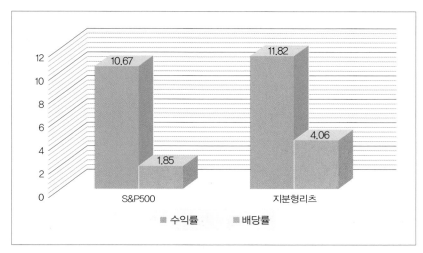

자료: NAREIT

[그림 1-1] 1972-2019년 말까지 평균수익률

또한 배당률도 리츠의 배당률이 4.06%, S&P500 1.85%로 리츠의 배당이 S&P보다 2.2배 높았다. 리츠가 수익률이나 배당률 측면에서 비교적 장시간 평균 고수익을 유지해 왔다는 측면에서 S&P500과 차이점이 있다는 것이다. 리츠와 같은 고수익을 주는 주식을 보유하는 것은 매력이 있다. 대부분의 S&P500의 주식들은 높은 배당을 지급하지 않는 데 비하여 리츠는 높은 배당을 지급하므로, 공돈 같은 배당금을 가지고 나이아가라폭포를 즐기는 비용으로 사용할 수 있고, 재투자를 하여 자산을 증식시키는 재미도 쏠쏠하게 된다. 그러나 애플에 투자한 주주들은 리츠 주주들이 즐기는 그런 배당금을 기대하기 힘들다.

또한 지분형 리츠와 10년 만기 재무성증권의 2019년 12월까지 지난 30여 년간의 배당률은 [그림 1-2]에서 볼 수 있듯이 지분형 리츠의 배당률이 10년 만기 재무성증권의 수익률보다 훨씬 높게 지급되었음을 확인할 수 있다. 이런 리츠의 수익률 및 배당률 경험적 성과가 일반주식이나 채권에 비하여 장기적으로 고수익을 제공하는 것으로 나타났다. 한편, 전 세계에서 운영되고 있는 리츠의 2010년부터 2019년 말까지 지난 20년간 연평균 배당금 지급 비율을 살펴보면, 북유럽 6.1%, 아시아 3.4%, 유럽 5.2%, 그리고 글로벌이 4.8%로 아시아를 제외한 대륙이 5%대의 배당금을 지급하여 왔다. 이러한 점이 기관투자가들, 노령자들이 주식보다는 위험성이 낮아 장기적으로 안정적인 높은 수익을 기대할 수 있어 리츠에 주목하게 된다.

자료: NAREIT

[그림 1-2] 1990.1~2019.12월까지 배당률

(2) 시장가격 변동성(volatility)의 최소화

주식가격의 변동성이란 주가가 매일 또는 매시간 상승이나 하락을 반복하는 현상을 변동성이라 한다. 주가의 변동성이 크다는 것은 주가가 시장의 환경에 빠르게 변화한다는 것이고, 변동성이 낮다는 것은 시장의 환경에 느리게 변화한다는 것을 말한다. 주가 변동성을 나타내는 대표적인 척도는 주가 변동률(volatility rate)이다. 주가 변동률은 일일, 월, 연 단위로 계산할 수 있는데, 일일 주가 변동률은 일일 고가에서 저가를 뺀 수치를 전일의 종가로 나누어 구한다. 리츠 주가는 기술주보다 상대적으로 가격 변동성이 낮아 가격이 상승하는데 상당히 긴 시간이 걸리고 가격이 하락하는데도 단시간에 급격하게 하락하지 않는 특징을 가지고 있다.

미국부동산투자신탁협회에 따르면 1990년 말부터 2016년 말까지 26년 동안 지분형 리츠(equity REITs)의 월평균 주가 변동률은 17.01%로 시장주가 변동률보다 약 20% 이상 낮은 변동을 보였다. 리츠 주가가 증권시장에서 급격한 변동을 이어가지 않는다는 것은 주식시장의 특성에 이해가 낮아도 일반 주식보다 안전하다고 할 수 있다. 이런 측면에서 리츠는 주식에 대한 많은 지식이 없어도 위험을 최소화 할 수 있는 투자상품이 될 수 있다. 리츠의 가격 변동성은 장시간에 걸쳐 느리게 진행된다는 특징이 있다.

(3) 낮은 베타(β)

베타(beta)[3]는 증권 특성선(security characteristic line)의 기울기로 금융에서 개별주식이나 포트폴리오의 체계적 위험(systematic risk)의 정도를 나타내는 상대적 지표이다. 베타값 1을 기준으로 할 때, 베타계수가 1보다 큰 주식은 시장주가 지수보다 변동성이 높은 반면, 베타계수가 1보다 작은 주식은 시장주가 지수보다 변동성이 낮게 된다. 예를 들면 시장의 가격 변동성이 10%이고, 자산의 가격 변동성이 20%라면 베타계수는 2가 된다. 즉, 어떤 개별주식의 베타계수가 시장주가 지수보다 크다는 것은 가격 상승 시 시장주가 가격변동률보다 더 높게 상승한다는 것이고, 가격 하락 시에는 시장주가 가격 변동률보다 더 낮게 변동한다는 것이다. 리츠는 일반적으로 제조업주식이나 기술산업 주식보다 베타가 작아서 상대적으로 제조업이나 기술산업 주식보다 가격 변동성이 낮다.

제조업주식이나 기술주를 보유한 상항에서 자금이 급히 필요하여 처분하려는 시점에 이들 주식 가격이 급격히 하락한 상태라면 손해를 보고 매도해야 하는 아픔이 따르겠지만 리츠 주식을 보유하고 있다면 상대적으로 적은 손실을 감내하면서 처분할 수 있을 것이다. 이는 리츠 주식이 제조업이나 기술주보다 안전한 금융자산이라는 것이다. 미국부동산투자신탁협회에 따르면 1990년 말부터 2016년 말까지 26년 동안 지분형 리츠(equity reits)의 평균 베타는 0.58~0.73이었고, 소형주를 비롯한 시장 전체 주식의 평균 베타는 0.52~0.82였다. 장기 시계열자료에서 확인할 수 있듯이 리츠의 베타는 낮다는 장점이 있다.

(4) 낮은 위험(risk)

세상에 위험이 전혀 없는 자산은 없다. 자산 보유자의 지속적인 관심은 위험을 어떻게 하면 최소화 할 것인가를 늘 생각하게 된다. 자산의 유형이 현금, 주식, 채권, 부동산 등 어떤 유형이던 미래를 예측하는데 인간 지식의 한계로 불확실성의 위험을 다 피할 수는 없다. 금융 관련자산은 보유하는 자체만으로도 인플레이션 위험이 따른다. 부동산을 소유하여도 디플

---

3) 베타(β)값이 클수록 위험이 크다고 할 수 있다.

레이션 위험, 환금성, 조세제도의 변경, 부동산 관련 법령 변경으로 예측하지 못한 위험이 늘 있게 마련이다. 리츠는 부동산을 기초자산으로 수익을 창출하게 된다. 부동산시장의 환경변화로 부동산가격의 등락이나 임대소득의 기대치가 움직인다.

가령 아파트 리츠는 주거환경의 쾌적성이나, 교통편, 공급의 규모 등에 영향을 받으며, 대형 유통시설 리츠는 소비자의 취향과 접근성 등에 영향을 받고, 호텔 리츠는 관광산업의 개방화 및 홍보 등에 영향을 받을 것이다. 투자가들은 위험을 최소화하기 위해 포트폴리오를 통한 다각화나, 자산관리회사나 기관투자가들에게 위탁하여 위험을 낮추려는 노력을 시도해 오고 있다. 자산의 위험은 자산이 가지고 있는 내적인 고유한 특성과 자산을 둘러 싼 외적인 환경(정치, 경제, 사회, 문화 등)변화에 의해 나타난다. 리츠는 앞에서 제기된 위험을 최소화하기 위해 다양한 종류의 부동산 또는 지역적인 다각화 투자(diversification investment)를 통하여 하나의 부동산에 내재하는 위험을 효과적으로 낮추어 지난 수십 년 동안 우수한 수익성과를 보여 왔다.

1960년 미 의회에 의해 도입된 초창기 리츠는 상당한 수익을 실현할 수 있었지만, 얼마 가지 않아 건설 및 개발(construction and development, C&D)부분에 대출, 1970년대 초반 위험이 높은 모기지 리츠(mortgage reits)로 투자 영역을 확대하면서 큰 위험을 피할 수 없었다. 모기지 리츠는 단기 자금을 조달하여 건설 및 개발부분에 지속적인 대출을 하였다. 또한 콘도미니엄, 아파트 과잉공급에 따른 분양 저조와 분양 가격이 하락하면서 이자가 상승하자 건설 및 개발회사의 상환 불이행이 파산으로 이어지고, 모기지 리츠는 큰 시련을 겪게 되었다. 그러나 이후 모기지 리츠 시련의 교훈은 리츠의 제도적 미비점을 보완하여 점차 지분형 리츠로 옮겨가면서 지난 60여년 동안 건실한 성장을 이어오고 있다. 이제 투자가들은 리츠를 일반 주식보다 낮은 위험으로 장기적으로 투자할 수 있는 부동산 간접상품으로 인식하게 되었다.

(5) 자금조달의 용이성

부동산 거래는 주로 자기자본이나 은행 등 금융기관 차입의 형태로 자금을 조달하여 이루어져 왔다. 거액의 부동산을 거래하기 위해서는 일시에 큰 목돈을 개인이 조달한다는 것이 쉽지 않았고, 또한 금융기관으로부터 대출을 받는 것도 담보나 신용도 등의 까다로운 요구조건으로 쉽지 않다. 그래서 부동산 거래는 큰 손들에 의해 주로 이루어지면서 소득 분배의 불평등 요인의 하나가 된 것도 부인할 수 없다.

그러나 부동산을 기초자산으로 한 리츠가 출현하면서 자금조달이 한층 용이하게 되었다. 리츠는 자본시장에서 증자(secondary offering)를 통하여 대규모 자금조달을 할 수 있다. 리츠도 마이크로소프트, 애플, 아마존, 삼성전자처럼 필요한 자본을 저렴한 자본조달비용으로 직접 조달할 수 있다. 미국부동산투자신탁협회에 따르면 1988년 말 37개 리츠가 30억 68백만 달러의 자본금 조달하였고, 2019년에는 246개 리츠가 1,093억 64백만 달러의 자본금을 조달하였음을 [그림 1-3]에서 볼 수 있다. 1988년 대비 2019년 리츠 수의 증가는 약 7배 늘어났고, 자본금은 35배 증가하여 경이로운 성장세 추이를 보였다.[4]

리츠가 이처럼 자본을 확대하면서 성장할 수 있는 것은 자본을 합리적으로 유치할 수 있다는 것이다. 리츠에 대한 일반대중의 관심도가 높아졌을 뿐만 아니라 재무관리자 및 기관투자가들이 참여하면서 감시기능이 한층 강화되었고, 주주들의 이익을 소홀히 할 수 없다는 경영주들의 책임감이 형성되었기 때문이다. 리츠는 부동산경기가 회복될 때 소액투자가들이 상대적으로 위험에 덜 노출되면서 투자할 수 있는 간접투자상품이다. 소액투자가들이

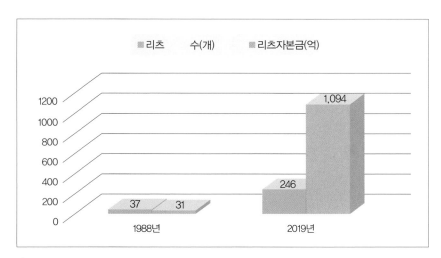

자료: NAREIT

[그림 1-3] 리츠 수와 자본금 성장 추이

---

4) 자세한 내용은 NAREIT의 historical offerings of securities를 참조할 것.

리츠 시장에 참여하여 적지 않은 수익을 실현하면서 리츠는 대중들에게 성장주식이라는 호감을 갖게 되었다. 미국에서 시작된 초창기 리츠는 미약하였으나 미국은 물론이거니와 전세계적으로 진화하면서 뻗어나가고 있다.

(6) 인플레이션 헷징(inflation hedging)

투자는 미래를 가늠할 수 없는 험난한 파고의 연속이다. 인플레이션, 제도변경, 생활패턴 및 기호의 변화, 미래 기대치 변화 등 수 없는 위험 요인들이 미시적 및 거시적 관점에서 상존하고 있다. 그중에서도 인플레이션에 대한 불안감을 떨쳐버릴 수가 없다. 인플레이션이 기대되면 현금보유 자산의 비중을 줄이고 인플레이션 효과를 얻을 수 있는 실물자산의 비중을 늘려 예기치 못한 인플레이션 위험을 방어하려고 한다. 인플레이션 방어 효과를 얻을 수 있는 투자상품이 리츠이다. 소액투자가들이 고가의 부동산을 매입하여 보유하기란 어렵지만 유동성과 환금성이 높은 리츠에 투자하게 되면 인플레이션 헷징 효과를 즐길 수 있다. 리츠가 인플레이션에 헷징 효과가 있을 수 있느냐에 대하여 일부 부정적인 연구 결과도 있으나 대체적으로 헷징효과(hedging effect)가 우수하다는 실증적 연구결과들이 다수 있다. Fama and Schwert(1977), Gyourko and Linneman(1998), and Samols and Lewis(2008), Parajuli and Chang(2015) 등은 리츠가 인플레이션 헷징 효과가 아주 우수하다는 입장을 견지하고 있다. 이들은 상장된 리츠가 부분적으로 인플레이션에 대한 자연스런 헷징으로 연결되어 투자자의 기대에 부응한다는 것이다. 물가 상승 시 상업용 부동산 임대료 및 가치가 상승하는 경향이 있어 리츠 주식 배당 성장을 지원하여 인플레이션 기간에도 안정적인 소득을 제공하게 된다.

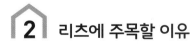

2 리츠에 주목할 이유

1) 투자의 편리성

투자가들이 리츠에 주목하는 이유는 뭘까? 여러 가지 이유로 대답할 수 있지만 다음 몇 가지로 요약될 것이다. 리츠는 역사적으로 지속적인 배당금 지급과 주가 상승에 따른 소득에 기초하여 안정적인 높은 수익을 제공하여 왔다. 리츠는 다른 상품과의 낮은 상관관계로 포트폴리오의 위험을 최소화 할 수 있어 분산화 효과가 우수하다. 리츠가 제공하는 강력한 배당소득은 지속적인 노후 생활비를 필요로 하는 은퇴자들에게 매력적인 투자상품이다. 리츠의 수익률은 장기적으로 일반 주식보다는 낮지만 채권의 수익률 보다는 높다. 리츠의 수익률은 다른 투자의 수익률이 상대적으로 높은 변동성을 보일 때 포트폴리오의 낮은 변동성으로 인하여 위험은 줄고 수익률은 제고되었다. 리츠는 부동산보다 환금성과 유동성이 뛰어나 언제든지 증권거래소에서 거래 될 수 있다. 리츠는 부동산 전문가에 의해 운영되고 공시체계를 갖추고 있고, 재무 분석가, 기관투자가 등이 상시 모니터링 하여 투명성과 안정성을 제공하고 있다. 이런 이유로 인하여 현재 미국에는 전 인구의 3분의 1인 약 8천 7백만 명 정도가 리츠에 직·간접적으로 투자를 하고 있다.[5] 또한 지난 2세기 동안 전 세계 백만장자의 약 90%가 부동산에 투자하였다.

부동산은 나라마다 다소의 차이는 있으나 부(wealth)의 근간을 이루고 있다. 우리나라의 경우 국부(national wealth)의 70~80%가 부동산으로 이루어져 있고, 미국의 경우는 국부의 40~50%가 부동산으로 이루어져 있다.[6] 미국인들의 대부분은 주택을 소유하고 있으나, 상업용 부동산은 투자가들의 수중에 있는 것으로 알려지고 있다. 부동산을 부동산시장에서 직접 구입하는 대신에 증권시장에서 자유롭게 부동산 거래를 할 수 있다. 완벽한 투자에 대한 당신의 생각은 무엇인가? 까다로운 질문이지만 시간의 흐름에 따라 위험은 낮고 기대 수익률이 평균 수익률 보다 높은 리츠를 선택하는 것일 것이다. 리츠는 증권시장에서 장기적으로 고수익을 가져다 줄 수 있는 부동산 간접투자상품이다. 이점이 부동산을 바라보는 시각을 근본적으로 바꾸게 하였다.

2) 높은 수익률 성과

2019년 12월말 기준 최근 5년간 지분형 리츠는 연평균 7.21%의 수익률 가져다주었다. 이는 우량 주식의 수익률 성과를 나타내는 S&P500과 비교해도 과히 나쁘지 않은 수익률 실적이

---

5) NAREIT, Why Invest in REITs.
6) 한국은행, 통계청, 2017년 국민대차대조표(잠정), 2018. 6.19. 발표에 따르면 국부 1경 3,351조의 1경 2,000조로 GDP의 8배 수준으로 발표하였다.

다. 〈표 1-1〉을 보면 지분형 리츠의 5년간 평균 수익률이 7.21%이고, S&P500이 11.70%, 다우존슨 산업평균이 12.59%로 다수존슨 산업평균과 S&P500보다는 3-5% 정도 낮지만, 미국 연방 이자율보다 훨씬 높은 수익률을 나타냈다. 중소형주 주식수익률 지표인 Russell2000 보다 약간 낮은 수준의 수익률 성과를 보였다.

〈표 1-1〉 리츠와 일반주식의 수익률 성과 비교

	지분형리츠	S&P500	Russell2000	Dow Jones
2014.12	100.00	100.00	100.00	100.00
2015.12	103.20	101.38	95.59	100.21
2016.12	111.99	113.51	115.95	116.74
2017.12	117.84	138.29	132.94	149.56
2018.12	112.39	132.23	118.30	144.35
2019.12	144.61	173.86	148.49	180.94
3년 평균 수익률	8.14	15.27	8.59	15.73
5년 평균 수익률	7.21	11.70	8.23	12.59
3년 누적 수익률	26.45	53.17	28.06	54.99
5년 누적 수익률	41.61	73.86	49.49	80.94

자료: NAREIT

그러나 만약 단순히 리츠가 S&P500과 비슷한 수익률 성과를 보였다는 것만으로 당신은 리츠를 선호하지 않을 것이다. S&P500의 높은 수익률 성과에는 반드시 높은 위험이 동반된다는 것은 주식시장의 불문율의 법칙이다. 여기에 중요한 차이점이 있다. S&P500의 높은 베타, 큰 변동성, 고 위험부담, 고 수익기대 등의 특성에도 불구하고 리츠의 수익성과는 S&P500과 비교 시 별 차이가 없다는 것이다. 우리가 리츠에 주목하는 이유는 앞에서 살펴본바와 같이 고수익을 가져다 줄뿐 아니라 추가 자본을 이끌어 낼 수 있는 최고의 투자수단으로 성장 잠재력이 무궁무진하다는 것이다. 또한 저소득층의 개인투자가들도 부동산시장에 참여하여 부의 분배를 함께 누릴 수 있다는 이점이 있다.

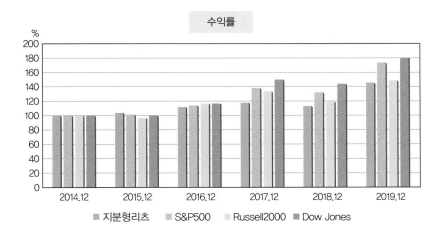

자료: NAREIT

[그림 1-4] 리츠와 일반주식의 수익률

3) 거래의 투명성

전통적인 부동산시장에 대한 일반인들의 인식은 거래의 내용을 확인하기가 어려워 투명성이 낮다는 것이다. 부동산은 부동산의 고가성, 부동성, 거래의 희소성, 정보의 비대칭성 등으로 인하여 거래정보를 획득하기가 수월하지 않기 때문이다. 부동산 거래를 공개해야 하는 법적인 장치도 미흡한 것이 사실이다. 그러나 리츠는 이러한 불신을 잠재울 수 있다. 리츠의 설립, 조직, 주주구성, 공시규정 등을 리츠 법에서 엄격하게 지킬 것을 요구하고 있다. 리츠는 자산구성 및 수익, 배당 등을 리츠 법에서 공개를 의무화 하고 있고, 리츠 시장을 들여다보는 다양한 감시자 및 모니터링이 이루어지고 있기 때문이다. 즉, 리츠는 증권거래위원회 등록을 의무화 하고, 유사명칭 사용금지, 투자정보나 영업보고서 등을 감독기관(국토교통부, 금융위원회)에 매분기 및 결산기 공시, 인터넷 등 전자매체에 공시 하도록 하였다.[7] 리츠가 증권시장에서 거래되고 많은 기관투자가 및 분석가들에 의하여 매일 매일 조사된 풍부한 보고서가 제공되고 있다. 리츠의 종목별, 지역별 성과 내용이 시장에서 누구나 쉽게 확인할 수 있다. 리츠가 부동산 간접상품으로 대중화되기 까지는 기관투자가들이 그들

---

7) 사모 리츠는 증권거래위원회에 등록은 되지만 증권시장에 공개적으로 거래되지 않는 유형도 있다.

의 포트폴리오에 리츠를 편입시키면서 리츠에 대한 성과와 정보를 꾸준히 신속하게 투자가들에게 제공해 왔고, 또한 재무관리 전문가, 학계 및 관련 전문가 등의 관심과 모니터링, 투자자 보호 규정 강화 등이 있었다. 이제는 인터넷, 정보통신의 발달로 국경을 초월해서 세계 각 지역의 리츠 산업의 현황 및 투자성과를 실시간으로 확인할 수 있을 뿐만 아니라 투자를 할 수 있는 길이 열리는 시대가 되어 투명성이 한층 더 높아졌다. 이런 리츠의 투명성 강화는 거래의 신뢰성을 한층 높였다.

4) 다각화 효과

투자가의 가장 큰 기대는 일정한 시간이 경과한 후 고수익을 얻는 것이다. 고수익 기대를 노려 투자를 하지만 현실로 돌아오는 수익은 기대치 이하가 될 때도 드물지는 않다. 그래서 투자가들은 기대수익과 투자원금 손실의 위험 가운데 늘 노출되어 있다. 기대수익은 높이고 위험은 회피하고자 포트폴리오 다각화 전략 포지션을 취한다. 투자론에서 "모든 달걀을 한 바구니에 담지 마라"라는 격언은 지금도 새겨들어야 할 투자의 기본이다. 부동산을 기초자산으로 한 리츠 주식을 일반 주식, 채권 등으로 구성된 혼합 자산 포트폴리오에 추가하는 것이 다각화의 이점이 있을까? 이런 의문에 답을 제시하고자 Kuhle(1987), Chen et al(2005), Bhuyanet et al(2015), Swedroe(2017) 등 많은 연구가 수행되어 왔다. 선행연구의 다수는 리츠를 포트폴리오에 포함시켰을 때의 수익률이 그렇지 않았을 때보다 향상되었다고 결과를 제시하고 있다. 물론 소수의 연구는 다각화 이점을 찾지 못했다는 주장도 있다. 리츠를 포트폴리오에 포함시켰을 때 수익률 향상을 가져올 수 있는 것은 리츠의 주식이 일반 주식의 특성을 강하게 가지고 있어 주식시장의 여러 변동성의 요인을 받지 않을 수 없지만, 일반 주식의 배타(β)에 비해 낮고, 장기 임대소득에 기반한 탄탄한 현금흐름 지속, 낮은 시장 변동성 등이 포트폴리오의 기대수익률을 높이는 부력(buoyancy)으로 작용하기 때문이다. 리츠의 수익률 변동은 일반 주식이나 다른 자산과 함께 연계되어 움직이지만 리츠의 수익률은 다른 자산과 지그잭(역방향)으로 변동하는 것으로 알려져 포트폴리오의 변동성을 전반적으로 완화해준다는 것이다. 다각화 효과를 높이고자 리츠 종목별, 지역별, 심지어는 글로벌 시장까지도 적절한 다각화 전략을 펼친다. 이런 측면에서 리츠는 전통적으로 투자자들에게 위험을 줄이고 수익률을 높여주는 다각화 할 수 있는 효율적인 투자 수단을 제공해 왔다.

5) 부동산시장의 안정화 기여

부동산에 대한 인식과 거래 관행의 패러다임의 대전환이 필요하다. 전통적인 부동산에 대한 인식은 소유에 기초한 자본이득이었다. 이러한 일반 국민들의 인식은 아파트, 오피스, 상업용부동산 등의 최유효이용보다 일회성거래에 치중하여 부동산가격 상승, 불공정한 거래, 단타성거래, 투기의 만연, 자본이득의 불공정 배분 등의 문제와 더불어 부동산시장에 대한 불신, 사회적 갈등, 행정력의 지나친 소모 등의 문제를 야기시킨다. 이와 같은 문제들을 완화하고 자금 유동성 부족 문제 해결을 통한 부동산시장 활성화, 소액투자자들이 부동산에 투자할 수 있는 기회 확대, 부동산 장기보유에 기반 한 소득이득으로의 투자목적의 인식의 전환을 정착시키고자 도입된 것이 리츠 제도이다. 또한 부동산 자산관리, 컨설팅, 정보, 금융조달 기법, 자산운용, 단기거래 관행 등 비제도화된 분야를 효율적으로 제도화 시킬 수 있는 방안이 리츠 제도이다.

이제 부동산시장의 거래 관행의 인식도 시대와 환경의 변화에 따라 소유에서 이용중심으로의 전환이 필요한 시기이다. 외환위기와 글로벌 금융위기 이후 국경을 초월한 자본이동과 해외투자 확대, 다국적 부동산 투자회사들의 국내 진입으로 영세하고 전문성이 떨어지는 부동산 회사들의 경쟁력은 약화될 수밖에 없다. 이러한 영세한 부동산 회사들의 경쟁력 강화를 위해 부동산 투자, 운영, 개발, 관리, 금융 등 선진화된 리츠 경영기법의 도입 필요성이 강하게 요구된다. 예를 들면, 민간임대리츠는 시장기재적(mechanism)접근으로 저소득층의 주거안정을 위한 주택공급 확대에 기여할 수 있고, 도심재생리츠는 재개발, 재건축사업 활성화를 통한 삶의 질 제고와 주거복지 실현을 할 수 있을 뿐만 아니라 건전한 부동산시장 육성과 안정화를 위해 리츠 개념을 적절히 잘 활용하면 국민경제에 크게 기여할 것이다.

이러한 부동산시장의 선진화를 위한 리츠 제도의 도입은 시대적 요청에 부응하는 것이다. 그러나 리츠 제도의 긍정적 효과보다 부정적 효과가 강조되는 방만한 운용, 비전문가에 의한 자산관리, 회계장부 조작, 부실한 공시 등을 철저히 관리 감독하고 대책을 마련해야 한다.

6) 결론

리츠 제도는 부동산시장을 안정화 시켜줄 뿐만 아니라 21세기 신성장 동력의 잠재력을 가진 산업분야이다. 기관투자가들이나 일반투자자들에게 장기적인 투자상품으로 안정적인 높은 소득의 흐름을 제공한다. 특히 코로나 팬데믹과 같이 경기를 예측할 수 없고 불황일 때는 다각화 투자를 해야 한다. 투자자의 입장에서 분산투자를 해야 한다면 포트폴리오에 어떤 종목을 담아야 하는가 고민을 하지 않을 수 없다. 미래가 불확실한 상황에서 투자가의 목적지까지 안전한 항해의 중심추 역할을 할 수 있는 종목이 바로 리츠로서 다각화 이점을 높여 주게 된다. 리츠는 부동산투자의 특성에 적합하게 도입되어 부동산에 대한 전문 지식이 없어도 누구나 쉽게 투자할 수 있는 부동산 간접투자상품이다. 이런 점들이 리츠에 주목하는 이유이다.

3 본서의 전개방향

리츠 제도가 2001년 4월 초 우리나라에 처음 도입되어 근 20여년의 세월이 흘렀다. 리츠 제도의 처음 도입 취지는 일반인들의 부동산에 대한 건전한 투자를 활성화 하여 국민경제에 기여함에 있었다. 그러나 20여년의 세월이 흘렀지만 부동산에 대한 건전한 투자수단의 저변확대와는 거리가 있어 보인다. 리츠가 부동산 대체 투자수단으로 잘 알려지지 못한 이유는 여러 요인이 있을 수 있다. 무엇보다 리츠의 홍보와 교육의 부진이 아닐까 판단된다. 또한 리츠 설립의 까다로운 조건과 빈약한 세제지원을 무시할 수 없다. IT 기술의 급격한 변화에 보조를 맞추지 못하는 리츠의 수동적인 조직구조와 운영방식도 리츠 대중화의 장애 요인으로 작용할 수 있다.

본서는 리츠 제도를 선구적으로 도입한 미국 리츠 개념에 대한 이해와 진화, 리츠의 구조, 리츠의 투자 성과, 리츠 경영의 다양한 형태와 문제점 등에 대하여 다양한 문헌과 자료들을 분석하고 체계적으로 정리하여 독자들의 리츠 개념과 진화과정의 이해, 세제상의 변화, 이용 능력에 대한 통찰력을 높이고자 출발하였다. 이러한 관점의 틀에서 리츠에 대한 문헌적 자료 분석을 통해 리츠의 진화과정, 리츠의 조직구조, 리츠의 투자성과 등에 대하여 분석하여 독자들에게 제시하고자 한다. 또한 진화 과정에 나타난 다양한 문제점들을 분석 정리하여 이를 기반으로 4차 산업혁명 시대에 리츠가 지향해야 할 발전 방안을 모색하여 제시하고자 한다. 본서는 일반 독자, 투자자, 학계, 리츠 산업 종사자, 정부 정책입안자 및 부동산 분야 학생들에게 흥미로운 지침서가 되기를 기대한다.

참고문헌

한국은행, http://www.bok.or.kr , 2017년 국민대차대조표(잠정)

통계청, http://kostat.go.kr

Brad Case, Listed Equity REITs: 25 Years of Income and Capital Growth, NAREIT, 2015. 12. 5.

Bhuyan, R. Kuhle, J.L. Al-Deehani, T.M. Mahmood, M. 2015.
    Portfolio Diversification Benefits Using Real Estate Investment Trusts-An Experiment with US Common Stocks, Equity Real Estate Investment Trusts, and Mortgage Real Estate Investment Trusts. International Journal of Economics and Financial Issues 5(4) : 922-928

Chen, H.C. Ho, K.Y. Lu, C. Wu, C.H. 2005. Real Estate investment trusts. Journal of Portfolio Management 31 : 46-54.

Fama, E.F. and Schwert, G.W. 1977. Asset Return and Inflation. Journal of Financial Economics 5(2): 311-325.

Gyourko, J. and Linneman, P. 1998. Owner-occupied homes, income-producing properties, and REITs as inflation hedges : Empirical findings. Journal of Real Estate Finance and Economics 1 : 347-72.

Kuhle James. 1987. Portfolio Diversification and Return Benefits—Common Stock vs. Real Estate Investment Trusts (REITs). The Journal of Real Estate Research 2: 1-9.

Parajuli, R. and Chang, S. J. 2015. Real Assets and Inflation: Which Real Assets Hedge Inflation. Agricultural and Applied Economics Association (AAEA) 〉 2015 AAEA & WAEA Joint Annual Meeting, July 26-28, San Francisco, California.

Samols, M. and Lewis, G. 2008. REITs-An Effective Inflation Hedge. RJ Insight. RaymondJames, June 16.

Swedroe, L. The Role of REITs in a Diversified Portfolio. 2017. 8. 21.

NAREIT, https://www.reit.com

J.P.Morgan Asset Mangement, https://www.jpmorgan.com

제 **2** 장

리츠의
기원과 진화

---

1 리츠의 기원

2 리츠의 진화

제 2 장 리츠의 기원과 진화

1 리츠의 기원

부(wealth)를 추구하려는 인간의 욕망은 끝이 없다. 수익을 추구하려는 투자자의 목적과 자본증가를 도모하려는 기업가의 목적을 효과적으로 연결하기 위하여 고안된 목적 적합성(goal congruence)의 증권(shares)이 리츠(REITs)이다. 오늘날 우리가 알고 있는 리츠의 기원은 19세기 초까지 거슬러 올라간다. 리츠의 초기 형태는 메세추세츠(Massachusetts)주의 보스턴에서 영업신탁(business trust)법에 의해 설립되었다. 주법은 회사가 사무실이나 공장을 설립하기 위한 목적 외에 투자 목적의 부동산 소유는 금지하였지만, 영업신탁은 투자 목적의 부동산 소유를 허용하였다. 아마도 리츠의 초기 형태는 회사형(corporation)이 아닌 영업신탁형 이었을 것이다. 메세추세츠 영업신탁은 회사가 주식(shares)을 통하여 자금을 조달할 수 있는 것처럼 신탁(trust)의 주식을 자유롭게 거래할 수 있는 장점을 살려 자금을 조달하여 부동산 투자를 할 수 있었다. 메세추세츠 영업신탁은 투자의 매력에 매우 중요한 이점을 하나 제공하였는데 연방 차원의 신탁 세금면제와 투자가의 임대소득에 세금을 면제함으로 세제상 유리한 취급을 받도록 하는 것이다. 초기의 리츠는 소수의 부동산 소유자들에게 부를 제공하기 위한 도관(pass-through)으로 만들어 졌으나 후에는 소액 투자가들에게도 문을 개방하였다.

해를 거듭할수록 실수로부터 얻은 교훈의 결과로 메세추세츠 영업신탁은 보스턴에서 성공을 거둔 후, 시카고, 오마하, 덴버와 같은 다른 도시로 확산되어갔다. 1909년 소득세법에 따라 신탁의 부동산투자는 연방차원의 세금이 부과되었으나, 1913년 제16차 연방헌법개정 비준에 따라 소득세법 개정이 이루어져 그동안 영업신탁에 부과되었던 세금이 면제되었다. 그래서 1913년부터 1935년까지 미국세법(IRC: Internal Revenue Code)은 리츠가 회사나 합자회사의 형태가 아니므로 세금부과를 할 수 없다고 선언하고 세금부과를 하지 아니하였다. 그러나 1935년 연방법원은 영업신탁에도 세금부과 판결을 하였다.

메세추세츠 영업신탁을 통한 부의 추구는 연방대법원이 그동안의 조세우대(법인세와 배당금에 대한 소득세) 지위를 1935년에 제거하기 전까지는 부동산투자를 위한 통로로 지속하였다. 조세우대가 사라지자 많은 메세추세츠신탁(Massachusetts trust)의 기반은 흔들리기 시작하였고, 잔존 신탁사들은 1940년대까지 조세우대를 받는 투자회사(1940년 투자회사법에 의해 창설된 폐쇄형 뮤추얼 펀드(closed mutual fund)) 및 부동산 신디케이트(syndicate)들과 자금을 모집하기 위해 힘겨운 경쟁을 하였다. 잔존 신탁사들 중 하나인 미국부동산신탁(the Real Estate Trust of America)을 포함한 신탁사들이 1940년 투자회사법에 의해 설립된 뮤추얼 펀드(mutual fund)에 부과하는 세금 수준의 지위를 얻기 위해 끊임없는 로비로 1960년 미 의회가 세법을 수정함으로 마침내 보상을 받게 되었다.

미 의회에 의해 개정된 세법의 산물인 리츠는 소액투자가들이 적은 비용, 낮은 위험, 최소한의 투자금으로 면세혜택을 받으면서 전문적인 투자운용인력이 운용하는 부동산에 투자할 수 있는 부동산 간접투자상품으로 만들어졌다. 세금혜택을 받는 리츠를 1960년 미 의회가 승인하기 전까지 리츠 산업은 몇 차례의 기복을 거듭하였다. 침체의 일부는 세법 변화와 같은 외적요인과 리츠 경영자 및 소유주들의 경험 미숙과 탐욕의 내적요인에 기인한다. 우리가 알고 있는 현대 리츠의 역사는 100년 이상도 더 되었지만, 아직도 완벽한 상태와는 거리가 멀고 진화만이 리츠 산업의 환경변화에 생존할 수 있을 것이다.

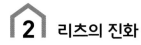

2 리츠의 진화

1) 1960년대 리츠

오늘날 투자 수단으로 많은 관심을 불러일으키는 리츠가 어떻게 탄생되어 여기까지 왔는가를 살펴보는 것은 두 가지 관점에서 흥미롭다. 첫째, 리츠의 탄생과 역사의 흐름을 살펴보는 것은 리츠의 역사적인 교훈을 얻을 수 있다. 둘째, 리츠 역사의 교훈을 바탕으로 리츠 산업의 미래를 가늠해 볼 수 있기 때문이다. 리츠는 미국 의회가 미국세법에 856조부터 858조에 리츠 관련 조항을 추가하여 아이젠하워(Eisenhower) 대통령이 관련 법률(Real Estate Investment Trust Act of 1960, HR 10960)에 서명하여 탄생하게 되었다.[1]

1960년에 법률은 리츠를 수탁자관리와 수익증권을 양도할 수 있는 비법인협회로 규정하였다. 이런 규정은 의도적으로 리츠로 하여금 폐쇄형 투자회사들을 모방하도록 한 것이다. 리츠는 투자회사들처럼 대중들에게 주식(shares)을 발행할 수 있었고, 이런 주식의 가치는 리츠 자체의 순자산가치보다 상회하거나 하회하기도 하였다. 법률은 리츠의 운영 및 투자에 상당한 제한을 두기도 했다. 세금 우대 지위를 유지하기 위해 리츠는 다음과 같은 제한 사항을 충족시켜야 했다.[2]

1. 최소한 과세대상 소득의 90% 이상을 매년 주주들에게 지급할 것;
2. 적어도 100명 이상의 주주를 보유해야 하고, 신탁이 발행한 총주식의 50% 이상을 5인 이하가 소유 금지 할 것(5인 규칙);
3. 중개업자가 아닌 부동산투자자일 것;
4. 적어도 총 수입의 90%가 이자소득, 임대료, 부동산 판매에 의한 이익, 다른 신탁의 주식, 기타 부동산으로부터 나와야 함;
5. 총 수입의 최소 75%가 부동산의 물권, 부동산 판매에 의한 이익, 다른 신탁의 주식, 기타 부동산으로부터 나와야 함; 그리고
6. 최소한 총 자산의 75%를 부동산, 모기지, 현찰, 정부 채권 형태로 소유해야 함.

이런 제약 사항들 중 어느 하나라도 충족시키지 못하면 리츠는 특별 세금면제조치 대상 자격을 상실하거나 그 소득의 일부에 대하여 기업차원의 면세조치를 받을 자격을 상실하게

---

1) Dockser, W.B. 1962. Real Estate Investment Trusts: An Old Business Form Revitalized, University of Miami Law Review, 12(2): http://repository.law.miami.edu/umlr.
2) 최초의 리츠 관련 세법은 담배 소비세와 관련한 세법 수정 법률이 1960년 미 의회에서 통과되면서 탄생되었다. 이때 제정된 세법조항을 Real Estate Investment Trusts Act(REITs)라 부른다. 자세한 법률체계는 리츠 조직에서 후술하기로 한다.

된다. 이렇게 제정된 리츠 법의 기본 토대는 60년의 세월이 흐른 지금에도 유지되고 있다는 것에 유념해야 한다.

리츠는 1960년대 후반까지도 투자 수단으로서 인기가 없었다. 보스턴 모델 위에 설립된 리츠는 초창기의 리츠처럼 투자의 대상이 부동산에 한정되었다. 리츠의 초창기에 대한 인기에도 불구하고 인기를 얻지 못한 것은 1962년 5월에 주식시장 침체가 발목을 잡았다. 또한 연방법이나 주법은 리츠가 성숙할 수 있을 정도로 개정을 요하지 않는 완벽한 법도 아니었고, 투자자와 리츠 애널리스트들조차 리츠에 대한 충분한 정보가 부족하였다. Elliot(1965)은 그의 저서에서 1965년에 존재했던 리츠는 대략 65개 정도였으며, 이들 대부분은 1962년 시장 침체 이전에 창립된 것들이라고 밝히고 있다. Schulkin(1971)의 저서에서 1963년과 1968년 사이에 리츠의 총자본금은 완만하게 성장하였고, 최초의 주식공개(IPO)를 통해 미화 1천만 불 이상을 조성한 리츠는 소수에 불과하다고 지적하고 있다. 그러나 리츠 주식이 자본시장과 좀 더 편안한 관계가 이루어지면서 은행, 저축금융기관, 보험회사들은 법령과 규정의 제한사항들 때문에 건설 및 개발(C&D) 부문에 대한 여신활동이 위축되었다. 따라서 건설 및 개발 부문의 늘어나는 자금수요는 리츠 설립을 촉진시키는데 인센티브로 작용하게 되었고, 또한 은행, 저축금융기관, 보험회사들은 전통적인 부동산 금융(mortgage loan)과 건설 및 개발자금 수요에 자금을 공급하기 위한 예금에 대해서는 높은 이자를 지급해야하기 때문에 자금 조달의 제약에 직면하게 되었다. 반면, 이자율에 대한 규제가 비교적 약한 모기지형 리츠는 좀 더 위험한 모기지와 건설 및 개발 부문에 여신을 제공하고자 조달하는 자금에 대해서는 더 높은 이자를 지급할 수 있었다. 그 결과, 많은 은행과 다수의 개발업자들은 단기적이고 리스크가 높은 건설 및 개발 부문 여신수요를 충족시키기 위해 자체적으로 모기지 신탁(mortgage trust)을 설립하였다. 결과적으로 많은 은행과 개발업자는 그들의 모기지 신탁이 추구하는 고위험 건설 및 개발 부문에 필요한 자금을 충족시키는 방향으로 여신을 맞추게 되었다. 이런 은행들은 빈번히 자신들이 보유하고 있는 모기지신탁의 자문가 역할을 했다.

이 당시 설립된 대부분의 리츠는 부동산 신디케이트나 부동산회사가 부동산의 매수 또는 매도, 관리운영을 활발하게 하여 수익성을 창출할 수 있는 것과는 달리 자산구성 및 거래에 제한을 두어 장기투자 수단의 수동적인 형태로 고안되어 리츠가 적극적으로 부동산자산을 운용하는 것이 금지되었다. 그래서 부동산자산을 운용하기 위해 부동산관리회사를 통하여 부동산 임대를 하였고, 리츠의 경영 및 투자정책의 도움을 받고자 자문회사를 이용하였다. McMahan(1994)은 리츠 자문회사에서 일한 경영자들은 자신들이 경영하고 있는 리츠 주식에 대규모로 투자할 가능성은 낮아보였다고 지적하였다. 이 문제는 리츠 경영자의 의사결정이 주주들의 의사결정과 반드시 일치하지 않았기 때문에 리츠 경영인과 주주들 간의 구조적인 내적 이해상충의 불씨로 남게 되었다. 이 기간에 설립된 대부분의 리츠는 모기지형 리츠(mortgage reits)와 지분형 리츠(equity reits)이었지만, 혼합형 리츠(hybrid reits)도 등장하였다. 1960년대 후반과 1970년 초반의 이런 활동들은 리츠 산업이 크게 성장할 수 있는 단초를 제공하는 기간이었다. 〈표 2-1〉, [그림 2-1]은 공개적으로 거래되는 리츠 주식의 시가총액과 연평균 수익률 추이다.

〈표 2-1〉 상장 리츠 주식의 시가총액과 연평균 수익률 추이

연도	주식시가 총액(백만불)	연평균 수익률(%)	지수	리츠수
1971	903	29.45	100.0	24
1972	1,152	11.19	111.2	35
1973	853	−27.22	80.9	42
1974	481	−42.23	46.8	41
1975	588	36.34	63.7	34
1976	825	48.97	95.0	49
1977	937	19.08	113.1	51
1978	916	−1.64	111.2	52
1979	1,121	30.53	145.2	51
1980	1,452	28.02	185.8	56
1981	1,519	8.58	201.8	57
1982	2,205	31.64	265.6	50
1983	2,929	25.47	333.3	45
1984	3,596	14.82	382.7	45
1985	6,433	5.92	405.3	69
1986	7,962	19.18	483.0	80
1987	7,920	−10.67	431.5	91
1988	9,763	11.36	480.5	96
1989	10,306	−1.81	471.8	99
1990	8,101	−17.35	389.9	101
1991	11,372	35.68	529.1	114
1992	13,944	12.18	593.5	119

1993	29,481	18.55	703.6	167
1994	41,315	0.81	709.2	204
1995	53,308	18.31	839.1	202
1996	83,081	35.75	1,139.1	186
1997	135,196	18.86	1,353.9	202
1998	133,385	−18.82	1,099.1	201
1999	122,674	−6.48	1,027.9	193
2000	136,063	25.89	1,294.0	180
2001	151,083	15.50	1,494.7	173
2002	158,418	5.22	1,572.6	169
2003	218,987	38.47	2,177.6	164
2004	301,255	30.41	2,839.8	186
2005	324,885	8.29	3,075.2	189
2006	429,937	34.35	4,131.5	176
2007	307,749	−17.83	3,394.9	147
2008	190,518	−37.34	2,127.2	133
2009	270,458	27.45	2,711.2	138
2010	389,295	27.58	3,458.9	153
2011	450,501	7.28	3,710.7	160
2012	603,415	20.14	4,458.0	172
2013	670,334	3.21	4,601.2	202
2014	907,426	27.15	5,850.4	216
2015	938,852	2.29	5,984.3	233
2016	1,018,730	9.28	6,539.7	224
2017	1,133,698	9.27	7,145.9	222
2018	1,047,641	−4.10	6,852.7	226
2019	1,328,806	28.07	8,776.2	226

자료: NAREIT, REIT Market Data, 2019년 말 기준

주) 1. 주식 시가총액과 리츠수는 지분형 리츠와 모기지형 리츠의 합이다.

2. 혼합형 리츠는 2009년 말을 기점으로 통계자료에서 잡히지 않아 데이터 연속형의 일관성을 유지
하고자 생략하였다.

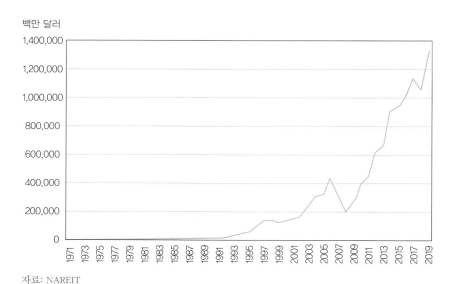

자료: NAREIT

[그림 2-1] 상장 리츠 주식의 시가총액 추이

2) 1970년대 리츠

초창기에 리츠는 상당한 성과를 거두었지만, 모기지 리츠는 단기 높은 이자로 조달된 자금을 위험성이 높은 건설 및 개발 부문에 집중적으로 대출하면서 위험에 노출되기 시작하였다. 모기지 리츠들은 건설 및 개발 부문의 충분한 타당성 검토 없이 부실한 투자결정을 하였다. 그 결과 부동산 건설 붐(boom)을 초래하였으나 과잉개발은 머지않아 건설 및 개발사들이 이내 위기로 몰리고 말았다. 부동산 건설 붐은 종종 끝장을 본 그런 방식("부실한 투자 결정과 과잉개발")으로 끝나게 되었다. 특히 1973년 모기지 리츠들은 콘도미니엄 및 아파트의 건설 및 개발금융으로 장기대출을 하면서 부동산 과잉공급에 직면하게 되었다. 동시에 이자는 건설비용과 함께(주로 상승하는 인플레이션과 건설자재 부족이라는 원인으로) 동반 상승을 하였다. Hines(1975)는 이러한 상황들이 부동산대출 상환불이행과 개발업자의 파산으로 이어졌다고 지적하고 있다. 이런 상황은 부분적으로는 대출자 간의 경쟁에서 비롯된 것이었는데, 이와 같은 경쟁은 많은 리츠들로 하여금 미심쩍은 프로젝트에 투자를 하게 만들었다. 많은 경우에 리츠 경영자들은 부동산 투자에 미숙했으며, 이들 중 리츠라는 수단이 부동산 개발을 위한 자금원으로써 갖고 있는 한계성을 이해하고 있는 자들의 수는 매우 적었다. 그 결과로 대부분의 신규 리츠는 만기가 30일에서 60일인 상업어음과 같은 단기 자금원을 이용하여 장기 모기지(저당권 설정에 의한 대출)에 금융을 제공하였다. 만기가 짧은 이들 금융재원은 상승하는 이자를 부담하며 자금을 차용할 수밖에 없도록 만들었으며, 이로 인해 수익성은 압박을 받았고, 많은 경우에 자금조달 비용과 리츠 투자에 대한 수익 간에는 역 스프레드 현상이 발생하였다. 더욱이, 건설 및 개발(C&D) 분야 대출을 위한 투자 자문가들은 종종 부동산시장에 대한 전문지식이 결여된 자들이었다.

Robertson(1975)는 이러한 문제들이 은행, 리츠, 리츠 조언자 사이에 내재하고 있는 이해관계의 상충과 결부되어 이러한 리츠들로 하여금 문제성이 있는 대출을 하도록 압력을 조성했다고 기술하고 있다. 예상된 바와 같이, 은행과 리츠 자문가들이 수수료 소득을 올리려는 욕망과 주주들 간에 이해상충을 자극하였다. 자문가의 수수료는 대출자금 총액을 기준으로 했기 때문에 자문가들은 리츠로 하여금 새로운 대출자금을 더 많이 빌리도록 밀어 붙이고 싶은 강한 동기를 가지고 있었다. 문제점은 부실한 투자 판단, 높은 차입자본 이용 수준, 은행들의 발기인과 은행들의 리츠 자회사 간에 존재했던 이해상충뿐만이 아니었다. 리츠의 자격을 얻는데 필요한 엄격한 요건들이 리츠가 침체하고 있는 시장에 적응할 수 있는 융통성을 크게 축소시키는 역할을 한 것이다. 예를 들면, 리츠는 미국세법 1,031조의 "유사 현물" 교환 조항을 이용하여 자신들의 포트폴리오에 있는 부동산을 교환할 수 있지만, 리츠 자산의 취득과 매각에 대한 제한사항들은 리츠가 자신의 자산 포트폴리오를 적절히 다양화하거나 혹은 실적이 저조한 부동산을 자산으로부터 모두 제거시킬 수 있는 능력을 억제하고 있다.

1975년, 회계 전문가는 리츠에 대손 충당금 및 예상 미래 비용을 인식하도록 요구하는 새롭고 보다 보수적인 회계 기준이 부과되었을 때 리츠의 수입은 더욱 압박을 받았다. 1975년 초까지 리츠는 은행에 110억 불의 부채를 지고 있었는데, 이것은 전체 리츠 자산의 절반 이상에 해당하는 것이었다. 많은 리츠들이 그들의 소득(현금 흐름)이 크게 성장할 것이라는 기대를 가지고 그들의 활동에 자금을 끌어들여 온 것이었다. Stevenson(1977)은 소득의 성장이 리츠의 주가를 끌어 올릴 수 있기 때문에 부채가 자기자본으로 전환될 것이라는 기대 하에 몇몇 리츠는 전환사채를 발급하기도 하였다고 언급하였다. 그러나 개발업자의 파산 숫자가 늘어감에 따라 모기지형 리츠는 그들의 포트폴리오 상에 점점 불어나는 무수익 여신(nonperforming loan)을 안게 되었다.

미국부동산투자신탁협회가 발행한 1986년판 리츠 Fact Book과 2019년 말 NAREIT REIT Market Data에 의하면 1973년 오일 쇼크로 리츠의 총 수익률은 1973년 말과 1975년 말 사이 약 35%, 2007년 말 서브프라임모기지 사태[3]로 2007년과 2008년 말 사이 약 27% 가량 감소([그림 2-2])하였다. 특히, 서브프라임모기지 사태는 모기지회사의 모기지를 증권화한 부채담보부증권(Collateralized Debt Obligations, CDO)[4]이 부실화되면서 이런 증권에 투자한 헤지펀드(hedge fund)와 투자은행 등의 부실로 파급되었다. 이는 결국 전 금융기관의 부실로 이어지면서 금융기관 시스템리스크와 경기침체와 맞물리면서 미국을 비롯한 전 세계 경기침체로 번진 것이다.[5] 리츠 수익률 감소의 몇 차례의 위기는 경영주의 도덕적 해이(moral hazard), 경제적 이득의 지나친 탐욕과 감독기관의 관리감독 부재로 부터 비롯되었으며, 이는 새로운 형태의 부동산투자 수단을 잉태하는 고통의 시기였고 리츠 경영진과 투자가들이 자신들의 한계를 인정하고 투자의 패러다임을 변경할 수밖에 없도록 만들었다.

1970년대는 특히 리츠 산업이 혼란스러운 시기였다. 1973년 유가 인상으로 촉발된 인플레이션이 건설 및 개발 부분의 원자재 가격 상승을 견인하였고, 모기지 리츠들이 높은 부채비용을 지급하는 조건으로 조달된 자금이 상업용 오피스 빌딩의 장기 건설비용으로 과도하게 집중되면서 미국 전역에 수백 개의 상업용 오피스들이 건설되었고, 건설시장은 수요가 공급을 따라갈 수 없어 오피스 빌딩 가격은 약세로 돌아서자 모기지 리츠의 주가는 폭락했다. 투자자들은 모기지 리츠 투자를 외면하였고 남아있는 모기지 리츠들은 고비용 저효율의 뼈아픈 학습효과를 통하여 살아남기 위해 은행과 재협상과 함께 은행채무를 줄이기 위해 부동산을 스와핑(swapping) 하거나 판매하여 자신들의 포트폴리오 개선에 역량을 집중하였다. 모기지 리츠들의 파산은 얄팍한 수수료 수입을 챙기고자 금융기관들이 모기지 리츠의 대출을 부추겼던 댓가는 금융산업의 위기로 연결되었다. 이런 혼란스러운 리츠 산업의 위

---

3) 서브프라임모기지 사태는 2007년 3월 12일 미국의 2위 모기지 회사인 New Century Financial의 영업중단으로 시작되어, 7월 31일 Bear Stans의 소속 헤지펀드에 대한 파산신청 및 환매중단, 8월 6일 미국 모기지 회사인 American Home Mortgage Investment Co.의 파산신청, 8월 13일 Goldman Sachs와 City Group의 대규모 손실을 발표, 이후 S&P와 Moody's 사들은 서브프라임모기지 관련 MBS, CDO의 등급을 하향조정하면서 확산되었다.
4) CDO란 금융기관이 보유한 대출채권이나 회사채등을 한데 묶어 유동화 시킨 신용파생상품을 말한다.
5) 함정호 편저, 한국금융의 새로운 패러다임, S&R경제경영연구원, 2008.

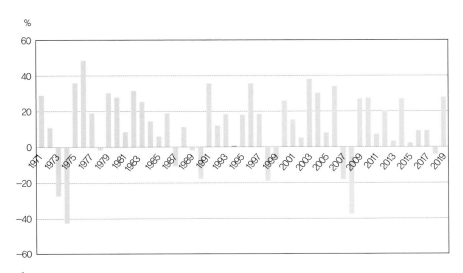

자료: NAREIT

[그림 2-2] 상장 리츠 주식의 연평균수익률 추이

기를 모면하고자 정부는 모기지 리츠 지위의 까다로운 조항들을 수정하고 1975년 조세개혁법(Tax Reform Act of 1975)을 비롯한 3차례 법률을 개정하였다. 1970년대 이런 일련의 노력은 보다 개선된 조건에서 리츠를 운영할 수 있는 토대가 되었다.

1976년 조세개혁법(Tax Reform Act of 1976)은 리츠 지위 조건에 불리한 상당수 세금조항들을 개정하였다. 부동산 임대와 관련하여 동산으로부터 수취한 임대료를 수입으로 인정하는 것과 배당금 지급요구를 90%에서 95%로 인상, 영업손실과 양도소득에 대해 회계처리에 있어 손실을 8년간 이월할 수 있도록 완화하는 조치를 취했다. Sanger, Sirmans and Turnbull(1990)은 세법개정이 리츠의 리스크를 감소시키면서 운영을 효과적으로 개선시키는데 기여했다고 주장한다. 한편 이런 와중에도 금융기관의 대출을 적게 받은 지분형 리츠들은 모기지 리츠들이 헐값에 팔아버린 상업용 부동산을 싼 값에 사들이면서 이들 부동산 가격이 상승하면서 지난 10년간 불경기를 느끼지 못하고 견실한 성장을 이루어 왔다.

〈표 2-2〉에서 확인할 수 있듯이 1971년에 모기지형 리츠 및 지분형 리츠가 각각 12개였으나 2019년 말 모기지형 리츠는 40개이고, 지분형 리츠는 186개로 모기지형 리츠에 비하여 지분형 리츠가 12.2배 더 증가되어 리츠 산업이 지분형 리츠 중심으로 빠르게 개편되고 있음을 알 수 있다.[6]

〈표 2-2〉 상장 리츠 유형별 수와 주식시가총액

연도	지분형 리츠			모기지형 리츠		
	수	주식시가총액 (백만 불)	수익률 (%)	수	주식시가총액 (백만 불)	수익률 (%)
1971	12	332	0	12	571	0
1972	17	377	8.01	18	775	12.17
1973	20	336	−15.52	22	517	−36.26
1974	19	242	−21.4	22	239	−45.32
1975	12	276	19.3	22	312	40.79
1976	27	410	47.59	22	416	51.71
1977	32	538	22.42	19	398	17.82
1978	33	576	10.34	19	340	−9.97
1979	32	744	35.86	19	377	16.56
1980	35	942	24.37	21	510	16.8
1981	36	978	6	21	541	7.07
1982	30	1,071	21.6	20	1,133	48.64
1983	26	1,469	30.64	19	1,460	16.9
1984	25	1,795	20.93	20	1,801	7.26
1985	37	3,270	19.1	32	3,162	−5.2
1986	45	4,336	19.16	35	3,626	19.21
1987	53	4,759	−3.64	38	3,161	−15.67
1988	56	6,142	13.49	40	3,621	7.3
1989	56	6,770	8.84	43	3,536	−15.9
1990	58	5,552	−15.35	43	2,549	−18.37
1991	86	8,786	35.7	28	2,586	31.83
1992	89	11,171	14.59	30	2,773	1.92
1993	135	26,082	19.65	32	3,399	14.55
1994	175	38,812	3.17	29	2,503	−24.3
1995	178	49,913	15.27	24	3,395	63.42
1996	166	78,302	35.27	20	4,779	50.86
1997	176	127,825	20.26	26	7,370	3.82
1998	173	126,905	−17.5	28	6,481	−29.22
1999	167	118,233	−4.62	26	4,442	−33.22
2000	158	134,431	26.37	22	1,632	15.96
2001	151	147,092	13.93	22	3,991	77.34
2002	149	151,272	3.82	20	7,146	31.08
2003	144	204,800	0	20	14,187	57.39
2004	153	275,291	65	33	25,964	18.43
2005	152	301,491	12.12	37	23,394	−23.19

2006	138	400,741	2.7	38	29,195	19.32
2007	118	288,695	−23.68	29	19,054	−42.35
2008	113	176,238	−31.03	20	14,281	−31.31
2009	115	248,355	15	23	22,103	24.63
2010	126	358,908	17.39	27	30,387	22.6
2011	130	407,529	11.11	30	42,972	−2.42
2012	139	544,415	10	33	59,000	19.89
2013	161	608,277	24.24	41	62,057	−1.96
2014	177	846,410	−4.88	39	61,017	17.88
2015	182	886,488	5.13	41	52,365	−8.88
2016	184	960,193	−2.44	40	58,537	22.85
2017	181	1,065,948	2.5	41	67,750	19.79
2018	186	980,315	−4.04	40	67,326	−2.52
2019	186	1,245,878	28.66	40	82,927	21.33

자료: NAREIT, REIT Market Data, 2019년 말 기준.

3) 1980년대 리츠

1970년대 모기지형 리츠의 시련으로 지분형 리츠로 개편되면서 투자수단으로 리츠에 대한 호감이 조금씩 자라나기 시작했다. 이런 증거는 〈표 2-1〉에서 확인할 수 있듯이 70년대 말 공개적으로 거래되는 리츠 주식의 시가총액이 11억 불 수준에서 2019년 말 1조 3,288억 불을 상회하여 무려 1,208배나 높은 놀라운 성장을 보인 것에서 알 수 있다. 모기지형 리츠들은 부채를 줄이고, 투자금액 회수에 비교적 긴 시간이 소요되는 건설 및 개발 부분 대출을 정지시키는 일련의 조치들을 취하면서 부동산투자 사업의 방향을 선회해 나갔다. 또한 보험회사들과 저축대부기관(savings and loan organization, S&Ls)들도 모기지형 리츠에 융자개설을 줄임으로서 모기지형 리츠들도 위험을 줄이는 모기지 대출시장으로 진출하였다.

---

6) Hybrid 리츠는 2009년 말을 기점으로 통계자료에 잡히지 않아 데이터 연속성의 일관성을 유지하고 자 생략하였다.

7) 파트너십은 프로젝트를 관리하는 무한책임주주라 불리는 일반파트너(general partner)와 유한책임 주주인 유한파트너로 구분한다. 유한파트너는 투자자금의 범위 내에서 의무와 손실을 부담하며 일 상의 관리업무에는 관여하지 않는다. 유한파트너는 소득, 자본이득, 세제효과를 취하지만 일반파트 너는 수수료와 자본이득의 일정비율 및 소득을 취하게 된다.

1981년 경제회복법(Economic Recovery Act of 1981)은 투자가들에게 상당한 세금회피(tax shelter) 수단이 가능하도록 한 유한파트너십(real estate limited partnerships: RELPs)[7]이라는 새로운 투자상품을 탄생시켰다.[8] 유한파트너십은 일반인으로부터 모집한 자금과 금융기관에서 대출받은 융자금과 합하여 부동산을 구입하여 운영소득에서 감가상각비와 이자비용을 차감하게 되면 투자 손해가 나는 구조이다. 이렇게 되면 유한파트너십은 투자가들에게 투자지분 비율만큼 투자손실을 세금신고 시 공제 받을 수 있도록 한 투자상품이다. 유한파트너십은 대규모 차입을 통해 높은 절세수입을 얻을 수 있다는 점과 손실을 투자가들에게 세금공제를 받을 수 있는 수단이 될 수 있다는 점에서 투자가들의 관심을 끌었다. 그러나 유한파트너십은 유한파트너를 운용하는 자산운용가들이 대규모 대출자금으로 터무니없는 높은 가격으로 부동산을 매입하는 방만한 운영으로 리츠 산업의 붕괴의 요인이 되었다. 한동안 세금회피 수단으로 투자가들로부터 인기를 받았지만, 사회적으로 투자과열과 세금회피수단으로 문제점이 점점확대 되면서 미 의회는 1986년 리츠를 다시 한 번 변모시키고자 조세개혁법(Tax Reform Act of 1986)을 단행하였다. 이 법의 핵심내용은 수동적인 투자손실의 세제상의 혜택들을 사실상 제거시켰다는 것이다.

Knight and Lee(1987)은 파트너십에서 얻은 간접소득상의 손실을 다른 사업소득이나 간접소득상의 이익을 상쇄할 수 있는 자격을 제거시켰다. 이런 이익의 상쇄가 파트너십의 중요한 강점 중 하나였다. 또한 조세개혁법은 세제상으로 인정받지 못하는 자산에 투자한 경우도 1년간은 세제상 부동산으로 인정받을 수 있도록 허용하므로 리츠의 재량권을 어느 정도 인정하였다. 리츠가 임차인들에게 일정한 관습적인 서비스를 제공하며, 외부의 자문에 의하기보다는 적극적인 관리를 허용하므로 리츠 경영진과 주주들 간의 내재해 왔던 이해상충을 어느 정도 감소시키는데 도움을 주었다.

4) 1990년대 리츠

리츠 산업은 1980년대 무절제에서 벗어 났지만, 여전히 짐스러운 제약적인 조건들로 인하여 1990년에 또 한 번 뼈 아픈 역사로 기록되었다. 1987년부터 반등하기 시작한 리츠는 1990년

---

8) 한국토지신탁 금융사업팀, REITs (부동산투자신탁사), 부연사, 2000, pp.27-29.

에 연평균 수익률이 -17%(〈표 2-1〉)로 하락했다. 이런 투자손실은 어느 정도 예측된 사실이다. 1980년대에 모기지 리츠를 중심으로 사무실, 콘도미니엄, 호텔 등 대규모 부동산 개발로 인한 부동산의 공급과잉, 부동산가격 하락, 은행 및 저축대부기관(saving and loan, S&L)의 무수익 여신이 속출 하였다. 과거에 부동산 붐이 끝장을 본 그런 방식으로 과다한 차입금을 기본 자산으로 부동산 건설 및 개발 자금 용도로 대출한 모기지형 리츠, 혼합형 리츠를 필두로 부동산업계와 금융기관들은 파산의 위기에 직면하게 되었다. 이런 국가적인 위기를 극복하고자 부도난 상업용 부동산과 금융기관의 무수익 채권을 인수하여 처리하는 부실채권 정리기관인 정리신탁공사(Resolution Trust Corporation, RTC)를 미국 정부는 도입하였다. 이는 IMF 외환위기를 극복하고자 우리나라가 도입한 자산관리공사나 예금보험공사와 유사한 것이다.

(1) 리츠 붐

한차례의 소낙비가 지나가면 무지개가 뜨듯이 1990년 부동산가격 붕괴는 리츠의 새로운 도약을 마련하는데 발판이 되었다. 1990년 말과 비교하여 1995년 말에는 리츠의 수익지수는 215% 상승하였고, 리츠의 시가총액도 81억 불에서 533억 불로 약 7배로 증가하였고, 주식시장에 상장 거래되는 리츠의 수도 101개에서 202개로 2배 수준으로 늘어났다. 리츠 산업도 모기지 리츠에서 지분형 리츠로 빠르게 이동하였다. 1990년대 모기지형 리츠가 43개에서 1995년에는 24개로 절반 수준으로 감소하였으나 지분형 리츠는 58개에서 178개(〈표 2-2〉)로 3배를 웃도는 성장을 보였다. 이 기간 중 모기지형 리츠가 고전을 면하지 못한 이유는 다음 두 가지 이유로 정리될 수 있다. 첫째는 대규모 차입금에 의존한 모기지 리츠들의 연평균 수익률이 지분형 리츠의 수익률보다 변동성이 커서 연평균 수익률이 지분형 리츠의 수익률보다 밑돌았다.

Brown(2000)은 1980년대 후반에서 1990년 초에 모기지형 리츠가 약세를 보인 것은 대규모 차입금을 기본으로 상업용 부동산 건설 및 개발에 주로 대출을 하였고, 부동산가격이 하락하면서 심각한 재정문제를 초래하였다고 주장한다. 재정상의 어려움은 모기지형 리츠가 유질처분을 피하기 위해 대출금 재협상을 할 수 있는 인센티브를 갖고 있지 않은 상태에서 유질처분 된 부동산을 낮은 가격으로 처분할 수밖에 없었다. 싼 값의 부동산을 지분형 리츠가 매입하여 수익을 개선하면서 모기지형 리츠에서 지분형 리츠로 산업이 재편하게 되었다.

둘째는 사유부동산을 용이하게 하는 엄리츠(umbrella partnerships REIT, UPREIT) 조직 혁신이었다.[9] 엄리츠는 지분형 리츠가 사유부동산을 직접관리(전통적인 리츠는 부동산을 직접관리하는 것이 아닌 부동산 운영회사에 위탁관리 하도록 하여 운영비를 지급함)하도록 허용하여 관리비용을 절감하여 수익을 개선할 수 있게 되자 상당한 자금을 지분형 리츠로 끌어들이는 유인이 되었다. 이런 리츠의 수나 시가총액이 크게 증가한 요인은 높은 차입에 의존하였던 모기지 리츠들이 기업정리를 하고자 무수익 여신을 지분형 리츠가 저가로 매입하면서 지분형 리츠 중심의 수익 개선, 신규 리츠 공개의 증가, 시장 친화적 리츠 관련 세법개정, 기관투자가들의 포트폴리오에 리츠 편입 및 리츠가 분산투자의 대안으로 서서히 부상하면서 리츠 붐(boom)을 맞이하게 되었다.

(2) 1990년대 리츠 성장의 모멘텀

리츠가 1990년대 투자가들에게 매력적인 투자상품으로 다가오기까지 쓰라린 실패를 거울삼아 시장 친화적 세법개혁의 조치들을 지속적으로 단행해 왔다는 점에서 시사점을 찾을 수 있다. 그 첫째 조치는 1993년 일괄예산조정법(The Omnibus Budget Reconciliation Act of 1993)이다. 리츠가 장기 고배당 수익을 주는 상품으로 당연히 연기금에도 투자의 문을 개방하여 투자의 기회를 주어야 함에도 불구하고 리츠 지위 조건인 5인 규칙(5/50룰)을 연기금에 엄격히 적용하는 까닭에 연기금이 투자 주체가 될 수 없었다. 그러나 법을 수정하여 연기금에도 적용할 수 있도록 조치를 취하게 되었다. 이는 연기금에 적용되는 리츠 주주의 주식소유 요건을 변경하는 조치이다. 즉, 종전에는 연기금을 리츠 주주의 하나로 취급하였으나 이제는 연기금을 하나의 주주가 아닌 연기금에 소속되어 있는 모든 수익자들을 투자 목적상 개인으로 간주하는 실질주주(look-through) 개념을 도입하여 5/50룰을 수정하였다. 이런 일련의 세법요건 변화는 연기금으로 하여금 그들의 포트폴리오에 리츠를 더 많이 편입시키도록 하는 촉진제가 되어 리츠의 성장을 견인하게 하였으며, 리츠의 충분한 자금유치와 저금리, 기관투자가들의 리츠 투자 참여, 전문적인 증권분석가들의 리츠 정보제공, 무엇보다 리츠의 약세시장에서도 시장을 떠나지 않는 인내심 많은 투자가들이 우호적으로 시장을 지켜왔기 때문이다.

---

9) 부동산 소유자가 그들의 부동산을 UPREIT 주식과 교환할 수 있는 기회를 부여하기 위해 만들어졌다. 따라서 이러한 과정은 미국세법(IRC) 섹션 721의 표준에 따라 이루어지며, 이 섹션은 부동산과 주식의 교환을 통한 주식 보유자의 보호를 중요시한다.

둘째 조치는 업리츠의 구조 혁신이다. 업리츠는 평가된 부동산을 판매하고자 할 때 양도소득세 납부를 연기하거나 완전히 피하는 방법과 같은 1031조의 유사 교환에 대한 대안이다. 부동산 소유주는 부동산을 매각하는 대신 "운영파트너십 유닛"이나 "유한파트너십 유닛"이라고 하는 유가증권과 교환하여 업리츠에 부동산을 맡긴다. 파트너십 단위는 평가된 부동산가격과 동일한 액수이다. 부동산 소유주는 실재로 부동산을 판매하지 않기 때문에 과세가 발생하지 않게 되고 리츠는 파트너십 발행으로 부동산을 운용하여 수익을 얻을 수 있기에 많은 자본금을 동반하지 않고도 수익용 부동을 그들의 리츠에 자산으로 편입할 수 있어 1990년대 리즈 성장을 견인하는 요인이 되었다.[10] 업리츠 구조는 운영파트너로 하여금 이러한 전환에 따르는 조세혜택이 가장 커지는 시점까지 양도소득세를 유보하도록 허용함으로서 부동산의 증권화를 용이하게 하였다. 개인 소유의 부동산을 업리츠로 이동하게 하는 동기는 세제혜택을 얻기 위함이다. 1993년과 1994년에 걸친 신규 지분형 리츠의 자본금 67%와 89%가 대부분은 업리츠 구조 수단으로 조성되었다.

셋째, 중요한 변화는 아파트, 사무실, 산업용 부동산, 쇼핑몰, 창고, 호텔, 모텔 등의 유형에 전문화된 리츠의 수가 크게 증가한 것이다. 리츠가 부동산 대상별로 전문화되면서 투자가들에게 투자기회의 선택의 폭을 넓혀주며 부동산 부분별 특화된 운영방식을 리츠 경영자가 추구하도록 하였다. 이러한 현상은 리츠 경영효율을 개선하고 수익성을 제고하도록 하는 결과를 가져오게 하였다.

(3) 리츠 단순화법 및 리츠 현대화법

1990년대 말 리츠 성장의 새로운 도약의 전기가 마련될 수 있는 법률이 개정되었다. 그 하나는 리츠 단순화법(REIT Simplification Act of 1997, REITSA)이고 다른 하나는 리츠 현대화법(REIT modernization Act of 1999)이다. 우선 리츠 현대화법(REITSA)의 요지는 리츠가 세제상 자격을 인정받지 못하는 서비스를 임차인에게 제공했을 경우 세금 목적상 리츠의 임대소득으로 인정받을 수 있는 자격을 상실하게 할 수 있는 조항들을 제거시켰다. 또한 장래에 배당되는 유보된 양도소득을 수령하는 주주들에 대한 세금을 면제시켰고, 장기투자로 간주되지 않는 자산매각으로 얻어지는 총소득의 30% 이상을 리츠가 받지 못하게 하는

---

10) Chen, J. What is an UPREIT, Dec. 21 2017.
https://www.investopedia.com/terms/u/upreit.asp

법칙을 철폐하였다.[11] 리츠 현대화법(RMA)은 1999년에 리츠 단순화법을 좀 더 확장시킨 법으로 과세대상 자회사(Taxable REIT Subsidiares)를 100%까지 소유할 수 있도록 하는 조항을 도입하여 2001년 부터 시행할 수 있도록 개정하였고, 과세대상 배당소득요건을 95%에서 90%로 낮추어 좀 더 많은 자금을 리츠가 내부에 유보하여 활용할 수 있는 기회를 갖게하였다. 이런 일련의 세법개정으로 인하여 1989년 99개 리츠가 1999년에는 193개로 2배 증가하였고, 리츠의 시가총액도 103억 달러에서 1,226억 달러로 무려 10배 이상의 폭발적 증가를 보였다. 이런 양적인 증가에 수익률은 1989년 −17.35%에서 1999년 말 역시 −6.48% 다소 부진을 보였다. 그러나 1990년 초와 1999년 말을 제외한 기간의 리츠 연평균 수익률은 20%를 보여 동일한 기간 주식수익률 S&P500 17.96%보다 높은 성과를 시현하여 리츠가 더 나은 투자수단이 될 수 있다는 것을 시장에서 확인되었다.[12] 1990년 초반과 1999년 말 저조한 리츠 수익률의 요인은 리츠 수익률의 특성을 간파하지 못한 변덕스러운 투기꾼(momentum traders)들의 단타 매매가 시장의 변동성을 가속화 시켰기 때문이다. 그럼에도 불구하고 기관투자가들의 기금 운용자들이 리츠를 포트폴리오에 더 많이 자주 편입시키면서 뚜렷한 부동산공개 증권화가 1990년대 본격화되어 리츠 투자의 대중화를 가져오는 계기가 되었고, 리츠 경영의 효율성을 제고하고자 인수 및 합병(M&A)도 더 빈번히 이루어져 규모의 이점을 노리는 대규모 리츠 들도 출현하기 시작했다.[13]

5) 2000년대 리츠

미국에서 시작된 부동산과 주식이 결합된 리츠는 미국뿐만 아니라 영국 호주를 비롯한 유럽, 아시아, 아프리카 전 대륙 35개국 이상에서 투자가들의 유혹을 뿌리칠 수 없는 투자상품으로서 지위를 서서히 다져왔다. 지난 반세기 동안 리츠 산업은 영욕의 시소 개임을 통하여 어떻게 생존할 수 있는가를 시장에서 너무나 값비싼 비용을 치루고 배워 왔다. 성공의 단맛은 잠깐이지만, 쓰라린 실패는 성공의 어머니라는 너무나 평범한 교훈의 역사를 통하

---

11) NAREIT, Real Estate Provisions of the Taxpayer Relief Act of 1997
12) NAREIT, Annual Returns. The Power of Dividends Past, Present, and Future, HARTFORDFunds, insight 2020. www.hartfordfunds.com > pub > w...
13) 리츠의 기원과 진화는 최차순외 2인의 '부동산투자신탁' 내용을 재정리 하였음.

여 변화무상한 리츠 산업의 환경 속에서 어떻게 살아남을 것인가 지혜를 배워 다시는 종전과 같은 전철을 밟을 수 없다는 다짐과 각오는 인터넷, IT기술 등과 융합하여 보다 투자가들이 선호하는 투자상품으로 살아남고자 변모에 변모를 거듭하고 있다.

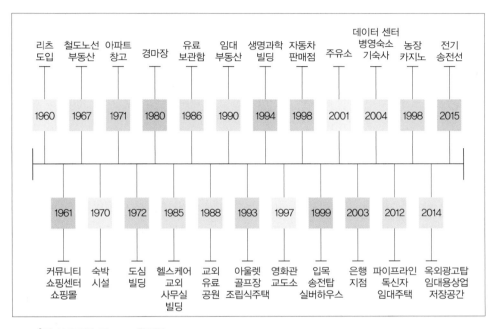

자료: NAREIT, History of REITs

[그림 2–3] 리츠의 부동산 투자 목록

그 변화의 첫 단계는 리츠의 투자대상 부상군의 다양화로 나타났다. 과거에는 상상하지 못하였지만 단독주택, 주유소, 농장, 카지노, 옥외광고탑, 군대막사나 기숙사, 전기송전선, 교도소, 학생용주택 데이터 센터, 물류창고, 통신탑 등과 같은 수익률을 낼 수 있는 부동산뿐만 아닌 준부동산의 영역까지 투자영역을 넓혀 왔음을 미국부동산투자신탁협회의 리츠의 역사에서 확인할 수 있다.

리츠 경영진들은 투자가들에게 적정 수익을 가져다주고, 리츠 지위를 유지하는데 걸림돌이 되지 않는다면 투자 영역을 가려서 투자해야 한다는 소극적인 경영마인드로 리츠 산업의 미래를 바라보지 않는다. 오히려 리츠의 수익률을 높일 수 있는 부동산군이 있다면 리츠 경영진은 더 적극적인 자세로 과거에 그렇게 해 왔듯이 가능한 로비와 우호세력을 동원하여 부동산군을 그들의 리츠 부동산 투자 종목으로 확대하려 할 것이다.

1960년 미국에서 리츠 제도를 도입한 이후 60여 년이 지난 2019년 말에 상장 리츠의 시가 총액은 1.3조 달러로 성장하였고, 리츠의 총 자산은 약 3조 달러로 추산된다. 뿐만 아니라 상장 리츠와 비 상장 리츠를 합한 리츠의 시가총액은 2조 달러를 상회하는 것으로 추정된다. 이런 성장은 다른 산업에서 유래를 찾아 볼 수없는 매우 놀라운 성장을 보여 주는 것이다. 성장의 추세는 그 시기와 종목의 다양성 측면에서 과거보다 시간을 더 단축하여 점점 새로운 모습으로 투자가들의 욕구를 자극할 것으로 기대된다.[14]

2001년에 미국 의회는 호텔 리츠가 그들의 부동산을 더 쉽게 운용할 수 있도록 한 과세기반 리츠 구조법을 만들었다. 이 법은 호텔 리츠가 임차인을 직접 찾는 대신에 과세를 부과할 수 있는(taxable reit subsidiary, TRS) 법인 숙박시설(회사형태)에 리스를 허용하는 구조이다. 즉, 리츠가 세금을 부과하는 회사(숙박시설)를 소유하는 구조가 호텔 리츠이다. 호텔 리츠는 호텔 자산을 직접 운용할 수 없지만 호텔을 독립적으론 운영할 수 있는 유자격자를 고용하므로 호텔의 사용 수익권을 얻게 된다. 호텔을 관리할 수 있는 유자격자를 리츠가 고용하여 호텔을 관리 사용하여 수익을 얻게 되므로 리츠의 사업 영역은 더 넓어지게 되었다. 2008년에는 미국 의회가 호텔 리츠에 적용하였던 조건으로 헬스케어(health care) 리츠를 허용하였다. 리츠는 헬스케어를 직접운용하지는 않지만 헬스케어를 운용할 수 있어 사업의 다각화를 하면서 수익기반을 확대하여 투자가들에게 투자의 기회를 확대하고 있다.[15] 지난 60여 년 동안 조세법상의 변화가 리츠 산업의 성장에 복합적으로 영향을 준 것은 분명하며, 리츠 성장에 짐스러운 제약들을 하나씩 제거시키는 노력의 결과로 리츠의 시장 친화적 진화는 희소식이 아닐 수 없다.

---

14) NAREIT, History of REITs, https://www.reit.com/what-reit/history-reits.

15) Goldberg, S.H. and P.A. Glicklich,P.A. 2009. Selected US Tax Developments, Canadian Tax Journal, Revue Fiscale Canadienne 57(4): pp.960-971.

16) Case, B. REIT Performance Under Different Macro Conditions, 4. 22. 2016 https://www.reit.com/news/blog/market-commentary/reit-performance-under-different-macro-conditions

Case(2016)는 미국의 거시경제 자료인 명목 국민총생산(GDP)과 소비자 물가지수(CPI)를 이용하여 1972년부터 2015년까지 리츠 수익률과 S&P500 수익률 성과 간의 분석을 통하여 의미 있는 시사점을 제시하였다.[16] 미국은 약화할 수도 있는 경제를 지속하기 위해 지난 44년 동안 인플레이션을 어느 정도까지 감내하면서도 통화를 완화해야 한다는 기본입장을 견지 해왔음을 거지경제 지표인 국민총생산과 인플레이션 데이터를 통해 확인할 수 있다. 지난 44년간 통화 평창이 높은 경제 성장과 높은 인플레이션을 유발하기도 하였고, 상대적으로 양호한 경제 성장이 안정된 인플레이션을 유지하였고, 낮은 경제 성장 하에 인플레이션이 높은 스테그플레이션(stagflation)을 경험한 시기도 있었고, 낮은 경제 성장에 낮은 인플레이션을 보였던 기간도 있었다.

어느 정도 인플레이션 압력을 증가시킨다 하더라도 보다 거시경제 성장을 추진하는 데 찬성하는 합리적인 주장도 있다. 예를 들어 부동산 투자자의 경우, 일반적으로 높은 성장률은 인당 임대료 증가율(즉, 명목 임대료 증가율)을 증가시키고 이는 순 영업 수익을 증가시킬 것으로 예상된다. 또한 인플레이션 상승은 부채 상환의 실질 비용을 감소시키는 효과가 있다. 또한 역의 논리로 성장률을 억제하더라도 인플레이션을 억제해야 한다는 데 찬성하는 동일한 합리적인 주장도 있다. 예를 들어, 거시경제적 안정성이 확대되면 대출이나 건설에서 새로운 거품이 점화될 가능성이 줄어들 수 있다. 리츠 투자가들은 거시경제 성장의 강세 또는 약세, 그리고 높은 인플레이션 또는 낮은 인플레이션 시기에 대해 어떻게 대처 했을까? 이 질문에 답하기 위해, Case(2016)는 거시경제 자료인 명목 GDP와 소비자물가 상승률인 인플레이션(Consumer Price Inflation, CPI)의 데이터를 사용하여 1972년 초(NAREIT가 처음 상장한 리츠의 자료 수집 시점)부터 2015년까지 다음 네 개의 거시경제 영역을 정의하여 분석하였다.

I. 중위수 상 GDP와 중위수 상 인플레이션

제1영역의 GDP 중위수 값은 GDP 성장률이 1.43%(연율 5.71%) 이상인 분기별 구

---

17) GDP 자료는 The Bureau of Economic Analysis에서 발표하는 데이터를 이용하였고, 인플레이션 자료는 The Bureau of Labor Statisticsd에서 발표하는 소비자 물가지수를 이용하여 1972년 1분기부터 2015년 4분기까지 GDP와 인플레이션의 중위수 값을 구하여 4개 영역으로 구분하였다. 리츠 수익률 자료는 미국부동산투자신탁협에서 발표하는 상장 거래된 지분형 리츠의 수익률 지수를 이용하여 산출하였고, 주식 수익률은 S&P500 지수를 이용하여 산출하였다.

간이고 인플레이션의 중위수 값은 인플레이션이 0.80%(연율 3.18%) 이상인 분기별 구간이다.[17] 예를 들어, 1978년 2/4분기 GDP성장률은 5.8%(연평균 23.2%)로 증가했고, 인플레이션은 2.5%(연평균 10.1%)로 급격히 증가한 영역에 해당된다. 1972~1980년 기간은 GDP 성장과 인플레이션 증가율이 높다고 생각되지 않지만 중위수 값을 초과했다.

Ⅱ. 중위수 하 GDP와 중위수 상 인플레이션

제2영역의 GDP 중위수 값은 GDP 성장률이 1.43%(연율 5.71%) 미만인 분기별 구간이고, 인플레이션의 중위수 값은 인플레이션이 0.80%(연율 3.18%) 이상인 분기별 구간이다. 예를 들어, 2009년 2분기 GDP 성장률은 −0.3%(연간 −1.2%)로 실제로 줄어들었고, 인플레이션은 1.1%(연평균 4.3%)로 정상보다 높았다. 이런 현상이 2000년대에 30회 정도 발생하였다.

Ⅲ. 중위수 하 GDP와 중위수 하 인플레이션

제3영역의 GDP 중위수 값은 GDP 성장률이 1.43%(연율 5.71%) 미만인 분기별 구간이고, 인플레이션의 중위수 값은 인플레이션이 0.80%(연율 3.18%) 미만인 분기별 구간이다. 예를 들어, 2015년 1/4분기 GDP 성장률은 0.2%(연평균 0.8%)로 실제로 감소하였고, 디플레이션이 −0.3%(연평균 −1.0%)로 하락한 영역에 해당한다. 이런 현상이 58회 일어났으며 최근에 두드러진 경향이 있다.

Ⅳ. 중위수 상 GDP와 중위수 하 인플레이션

제4영역의 GDP 중위수 값은 GDP 성장률이 1.43%(연율 5.71%) 이상인 분기별 구간이고, 인플레이션의 중위수 값은 인플레이션이 0.80%(연율 3.18%) 미만인 분기별 구간이다. 예를 들어, 1997년 2/4분기 GDP 성장률은 1.8%(연평균 7.1%)로 증가했고, 인플레이션은 0.3%로 상대적으로 낮았다. 이 현상이 1990년대 30회 정도 발생했다.

이상의 영역을 기준하여 그래프로 나타내면 [그림 2-4]와 같고, 위 4개 영역 기간 동안에 리츠 투자 수익률 성과와 주식의 대표지수라 할 수 있는 S&P500 수익률과 비교 분석하여 투자의 시사점을 제시하였다.

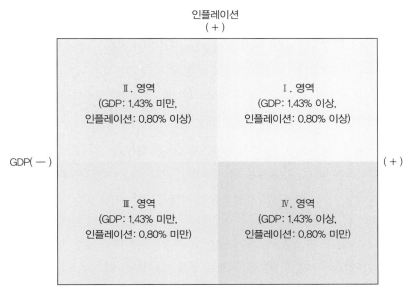

인플레이션
(+)

Ⅱ. 영역
(GDP: 1.43% 미만,
인플레이션: 0.80% 이상)

Ⅰ. 영역
(GDP: 1.43% 이상,
인플레이션: 0.80% 이상)

GDP(−) (+)

Ⅲ. 영역
(GDP: 1.43% 미만,
인플레이션: 0.80% 미만)

Ⅳ. 영역
(GDP: 1.43% 이상,
인플레이션: 0.80% 미만)

[그림 2-4] GDP와 인플레이션의 중위수 값의 기준 영역

제Ⅰ영역의 기간은 주로 1970-1980년 기간에 해당한다. 이 기간은 비교적 높은 경제 성장과 인플레이션이 일어났던 시기로 상장 거래되었던 리츠의 실질 수익률(리츠의 명목 수익률에서 인플레이션을 차감한 수익률, 이하 동일하게 적용)의 총 평균 수익률은 3.8%로 인플레이션율 보다 높았으나 주식의 실질 수익률인 S&P500의 총 평균 수익률은 2.0%로 인플레이션율 보다 낮은 실적을 [그림 2-5]에 볼 수 있다. 이는 높은 인플레이션이 리츠 수익률을 잠식하는 효과를 가져와 부동산가격이 상승한다 하더라도 물가가 상승하면 인플레이션 비용으로 인하여 리츠 수익률이 상세 된다는 것을 의미한다.

제Ⅱ영역의 기간은 2000년대 기간에 해당한다. 이 기간은 낮은 경제 성장과 높은 인플레이션 시기로 상장 거래된 리츠의 실질 총 평균 수익률은 5.4%를 시현한 반면, 주식의 실질 수익률인 S&P500의 총 평균 수익률은 6.5%를 보여 리츠 수익률을 상회하였다.

제Ⅲ영역은 기간은 주로 2010년 이후의 기간에 해당한다. 이 기간은 비교적 낮은 경제 성장과 낮은 인플레이션이 일어났던 시기로 상장 거래되었던 리츠의 실질 총 평균 수익률은 16.5%로 인플레이션율 보다 무려 5배 상회하는 수익률을 보였고, 반면 주식의 실질 수익률인 S&P500의 총 평균 수익률은 11.5%로 나타나 리츠 수익률이 S&P500보다 4.7% 더 높은 수익률을 투자가들에게 가져다주었다.

제IV영역의 기간은 주로 1990년대 기간에 해당한다. 이 기간은 높은 경제 성장과 낮은 인플레이션을 보였던 시기로 상장 거래된 리츠의 실질 총 평균 수익률은 8.7%를 보여 인플레이션율보다 높았고, 주식의 실질 수익률인 S&P500의 총 평균 수익률은 9.5%로 나타나 리츠수익률보다 더 높은 수익률을 보였다.

다음의 〈표 2-3〉은 위 4개의 거시경제 영역에서 수익률뿐만 아니라 변동성, 상관관계 및 위험조정수익률을 비교한 것이다. 제1영역 기간 동안 리츠 수익률의 변동성(15.9%)이 S&P500(15.5%)보다 다소 높았지만 위험조정 수익률은 S&P500(0.12%)보다 리츠(0.23%)가 조금 높게 나타났다. 리츠와 S&P500의 상관관계는 67%로 조금 높게 나타났다. 제2영역 기간 동안 리츠 수익률의 변동성(18.2%)이 S&P500(17.5%)보다 다소 높았지만 위험조정 수익률은 S&P500(0.42%)이 리츠(0.34%)보다 조금 높게 나타났다. 리츠와 S&P500의 상관관계

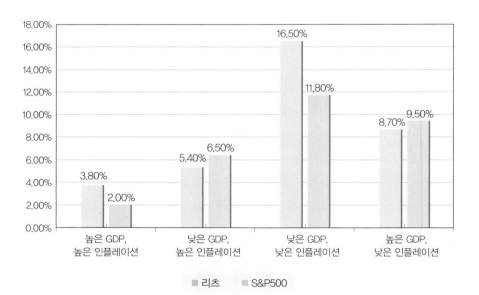

자료: NAREIT

[그림 2-5] 리츠 및 S&P500의 실질[18]총평균 수익률

---

18) 실질 수익률이란 명목수익률에서 인플레이션율을 차감한 수익률

는 70%로 가장 높게 나타났다.

〈표 2-3〉 리츠와 S&P500의 수익률, 변동성, 상관관계 및 위험조정수익률 비교

영역	영역 분기 수	기간	지분형리츠		S&P500		Russell2000		상관 관계
			리츠	S&P 500	리츠	S&P 500	리츠	S&P 500	
높은 GDP 높은 인플레이션	58	1970- 1980	3.8%	2.0%	15.9%	15.5%	0.23%	0.12%	67%
낮은 GDP 높은 인플레이션	30	2000S	5.4%	6.5%	18.2%	17.5%	0.34%	0.42%	70%
낮은 GDP 낮은 인플레이션	58	최근	16.5%	11.8%	20.9%	17.1%	0.71%	0.59%	64%
높은 GDP 낮은 인플레이션	30	1990S	8.7%	9.5%	13.9%	17.5%	0.51%	0.45%	51%

자료: NAREIT

제3영역 기간 동안 리츠 수익률의 변동성(20.9%)이 S&P500(17.1%)보다 아주 높았지만 위험 조정 수익률은 리츠(0.71%)가 S&P500(0.59%)보다 아주 높았다. 리츠와 S&P500의 상관관계는 64%로 다소 낮았다. 제4영역 기간 동안 리츠 수익률의 변동성(13.9%)이 S&P500(17.5%) 보다 아주 낮았지만, 위험조정 수익률은 리츠(0.51%)가 S&P500(0.45%)보다 다소 높았다. 리 츠와 S&P500의 상관관계는 51%로 가장 낮게 나타났다. 이상의 분석에 비추어 보면 지난 44년간 거시 경제적 환경 속에서 리츠의 수익률이 S&P500 수익률보다 높은 구간은 높은 GDP 및 높은 인플레이션, 낮은 GDP 및 낮은 인플레이션 영역인 제1영역과 제3영역으로 나 타났다. 리츠는 거시 경제적 환경이 좋은 때 보다 나쁠 때 투자 수익률이 훨씬 높았다는 점 을 시사한다. 이와 같은 분석이 미래에도 동일하게 적용될 수 있다는 추정은 지나친 금물이 며 단지 이와 유사한 거시 경제적 환경 속에서 리츠의 투자가가 그들의 포트폴리오에서 리 츠를 왜 선택하여 왔는지 지혜를 배울 수 있다.

리츠 개념은 100여 년 전 이 개념이 만들어진 후 놀랄만큼 진화해 왔다. 리츠 산업이 먼 길 을 왔고 조직 및 운영 구조에 있어 많은 변모를 해오고 있지만, 핵심적인 리츠 개념과 리츠 를 도입하여 운영하고자 하는 열의는 예측 가능한 장래에도 동일한 상태로 남아 있을 것임 이 분명하다. 리츠의 미래에 대해서는 본서의 끝 부분에 자세히 다루기로 한다.

참고문헌

최차순 · 노영기 · 김인수. 2005. 부동산투자신탁, 박영사.

한국토지신탁 금융사업팀. 2000. REITs, 부연사.

함정호 편저. 2008. 한국금융의 새로운 패러다임, S&R경제경영연구원.

Baily, N.F. 1966. Real estate investment trusts: An appraisal. Financial Analysts Journal 22 (May/June): 107-14.

Bergson, S.M. 1983. Send in the clones: REITs come up with new twists to attract investors. Barron's (13 February)

Brown, D.T. 2000. Liquidity and liquidation: Evidence from real estate investment trusts. Journal of Finance 55 (1):469-85

Case, B. REIT Performance Under Different Macro Conditions, April 22 2016

Chen, J. What is an UPREIT, Dec. 21 2017.

https://www.investopedia.com/terms/u/upreit.asp

Doherty, E. 1983. Ex-REIT's back from the brink. Financial World 152 (15 August): 28

Dockser, W.B. 1962. Real Estate Investment Trusts: An Old Business Form Revitalized, University of Miami Law Review, 12(2)

Edmunds, J.C. 1982. Why REIT stocks are undervalued. Real Estate Review 12 (Fall): 96-99

Edwards, T. 2000. At your service: REITs modernized. Real Estate Portfolio (March/April): 43-46

Elliot, R.J., Jr. 1962. More room at the top? Real estate investment trusts have come to Wall Street and Main Street. Barrons National and Business Financial Weekly 30:3+.

Elliot, R.J., Jr. 1965. Fresh appraisal: The rewards and risks in real estate investment trusts. Barrons National and Business Financial Weekly 45:3+.

Goebal, P.R, and Kim, K.S. 1989. Performance evaluation of finite-life real estate investment trusts. Journal of Real Estate Research 4:57-69.

Goldberg, S.H. and Glicklich, P.A. 2009. Selected US Tax Developments, Canadian Tax Journal. Revue Fiscale Canadienne 57(4): pp.960-971.

Hines, M.A.. 1975. What has happened to REITs? Appraisal Journal 43:252-60

Knight, R.A, and Lee, G.K. 1992. REITs reemerge as attractive investment vehicles. Real Estate Review 22:42-48.

Korobow, L. and Gelson, R.J. 1972. REIT's: Impact on mortgage credit.
Appraisal Journal 40:42-54.

McMahan, J. 1994. The long view: A perspective on the REIT market.
Real Estate Issues 19:1-4

McMahan, J, and Galloway, M. 1997. A strategic alliance: The BRE-RCT merger.
REIT Report 17:27-33

Menna, G.G. 1998. The UPREIT structure after two years: Where do we go from here?
Washington D.C.: NAREIT.

Mueller, G. 1998. REIT size and earnings growth: Is bigger better or a new challenge?
Journal of Real Estate Portfolio Management 4 (2):149-57

National Association of Real Estate Investment Trusts (NAREIT). 1976. REIT Fact Book
/ 1976. Washington, D. C.: NAREIT.

National Association of Real Estate Investment Trusts. 1997. The real estate provisions
of the Taxpayer Relief Act of 1997. Washington, D.C.: NAREIT.

National Association of Real Estate Investment Trusts. 1999. White paper on funds
from operations. Washington, D.C.: NAREIT.

National Association of Real Estate Investment Trusts. 2000. Statistical digest.
Washington, D.C., NAREIT.

Nossiter, D.D. 1982. Building values: REIT's adapt to changes in the business climate.
Barrons National and Business Financial Weekly 62:11+.

Phillips, L.C. and Cowan, S.S. 1977. Tax reform implications for ral estate investment
trusts. Tax Magazine 55:84-91.

Reier, S. 1985. The return of the REIT's. Institutional Investor 19:31+.

Robertson, W. 1996. How the bankers got trapped in the REIT disaster. Fortune
91:113-15+.

Rogers, R.C. and Owers, J.E. 1985. The investment performance of real estate limited
partnerships. AREUEA Journal 13 (2):153-66

Sagalyn, L. 1996. Conflicts of interest in the structure of REIT's. Real Estate Finance
13:153-56.

Sanger, G.C., Sirmans, C.F. and Turnbull, G.K. 1990. The effects on tax reform on real estate: Some empirical results. Land Economics 66:409-24.

Schulkin, P.A. 1971. Real estate investment trusts. Financial Analysts Journal 27:33-40+.

Seligman, D. 1964. Personal investing: The rise of the R.E.I.T.'s. Fortune 69:177-78.

Smith, K. and Shulman, D. 1976. The performance of equity real estate investment trusts. Financial Analysts Journal 31:61-66.

Smith, K. V. 1980. Historical returns of real estate equity portfolios. In the investment manager's handbook, ed. Sumner Levine, 426-42.

Stevenson, H.H. 1977. What went wrong with the REIT's? Appraisal Journal 45:249-60.

Thomas, D.L. 1974. Real estate fall-out: REIT collapse puts lots of property up for grabs. Barrons National and Business Financial Weekly 54:3+.

Valachi, D.J. 1977. REIT's: A historical perspective. Appraisal Journal 45:440-45.

Vinocur, B. 1986. Master limited partnerships, REIT's both gain from tax reform. Barrons National and Business Financial Weekly 66:78.

Wang, K., Young, L. and Zhou, Y. 2002. Non-discriminating foreclosure and voluntary liquidating costs. Review of Financial Studies 15:959-85.

Wang, Ko, and Yuqing Zhou. 2000. Overbuilding: A game-theoretic approach. Real Estate Economics 28:493-522.

Wurtzebach, C. 1977. An institutional explanation of poor REIT performance. Appraisal Journal 45:103-09

제 **3** 장

리츠란 무엇인가

⌂**1** 부동산의 증권화

⌂**2** 리츠는 증권인가 혹은 부동산인가

⌂**3** 일반주식과 다른 리츠 주식

⌂**4** 리츠를 선호하는 이유

[제 **3** 장] 리츠란 무엇인가

1 부동산의 증권화

리츠는 다수의 투자가들로부터 주식을 발행하여 모은 자금으로 부동산에 투자·운용하거나 금융을 제공하여 얻은 수익을 투자가들에게 배당하는 것을 목적으로 설립한 회사(corporation)나 영업신탁을 말한다.[1] 개인이 고층빌딩, 화려한 쇼핑몰, 럭셔리한 호텔, 번화가의 오피스텔, 대단지 임대주택 등에 투자하기 어려운 이들 부동산 상품을 다수의 투자가들이 공동으로 투자하여 그 수익을 나누어 갖는 구조이다. 리츠의 개념은 소액투자가들이 부동산에 투자하여 수익을 얻을 수 있도록 부동산을 증권화한 부동산 간접투자상품이다. 이의 개념을 미 의회는 부동산투자신탁(REITs)이라고 한다. 리츠가 자금조달을 위해 발행된 주식은 뉴욕증권거래소(NYSE), 미국증권거래소(AMEX), 나스닥(NASDAQ) 등에 상장되어 거래되기 때문에 높은 유동성을 가지게 된다. 리츠의 투자 대상은 모든 종류의 수익용 상업부동산이다. 리츠는 부동산에 투자·운용하여 얻은 수익(자본이득, 임대소득, 개발이득 등) 혹은 금융을 제공하여 얻은 수익(이자소득, 배당소득 등)을 투자자에게 배당하는 것을 목적으로한 부동산투자회사이다. 리츠는 부동산을 개발, 관리, 판매, 이용할 수 있도록 효율적인 방법을 개발하는 부동산 종합전문회사이다.

전통적인 리츠는 기본적으로 부동산이나 모기지 관련자산, 또는 이들 양자 모두를 보유하도록 고안된 폐쇄형 펀드이다. 이 투자 수단은 투자가들이 부동산에 투자할 수 있는 기회 및 동시에 투자신탁회사 주주들에게 제공되는 것과 같은 이익을 누릴 수 있는 기회를 제공

---

1) 미국부동산투자신탁협회(NAREIT; National Association of Real Estate Investment Trusts)

한다는 특별한 목적을 위해 1960년 미 의회가 창설하였다. 리츠를 좀 더 매력적인 투자대상으로 만들기 위해 의회는 리츠에 적용되는 세법이 규정한 조건을 충족시키는 리츠의 경우에는 회사차원의 소득세 부과를 면제하였다. 리츠는 재산의 처분으로 발생하는 자본이득(capital gain)이나 운용으로부터 발생하는 임대소득(rental income)을 주주들에게 배분하는 도관체(pass-through entity)이다. 이러한 요건을 미국세법(IRC, Internal Revenue Code)은 엄격히 규정하고 있다. 세법조항의 자격요건에 부합할 때 리츠는 그 수입에 대하여 과세 부담을 지지 않는다. 그러나 주주들에게 분배된 소득에 대해서는 자본이득으로 과세가 된다.

최근 몇 년 동안 세법의 개정으로 리츠는 자체적으로 보유하고 있는 부동산을 직접 관리하고 임차인들에게 부동산 관련 서비스를 제공 할 수 있게 되었다. 이 점에서 현대적 개념의 리츠 일부(전통적인 투자신탁회사와 같은 순수한 폐쇄형 펀드라기보다는)는 운영회사로 간주될 수도 있다. 그러나 이러한 현대적인 리츠의 경우에도 보유 부동산이 여전히 그들 자산의 가장 중요한 부분을 이루고 있다. 이러한 점을 감안하면 대부분(전통적 혹은 현대적인)의 리츠는 주식시장에서 거래되는 부동산군(혹은 모기지, 또는 이 양자)으로 보아도 무방하다. 리츠는 자본이 부동산시장과 자본시장에 상호 순환적으로 흐를 수 있도록 연결하는 메커니즘으로서 소액투자가들도 부동산에 투자할 수 있는 부동산 간접투자상품이다.

2 리츠는 증권인가 혹은 부동산인가

리츠 투자가들은 건실한 투자결정을 위해 부동산시장과 주식시장 모두를 이해할 필요가 있다. 일부 투자가들은 부동산시장에 대한 투자에 상당한 경험을 갖고 있고 다른 일부 투자가들은 주식시장을 잘 이해하고 있을지 모르나, 양 시장 모두를 넘나들며 능숙한 투자를 할 수 있는 투자가는 그 숫자가 아주 적다. 사실, 부동산시장과 주식시장 사이에는 꽤 많은 차이점들이 있다. 외관상 주식시장의 가격 변동 패턴은 부동산시장의 그것과는 크게 다르다. 리츠 주식의 가격변동은 매분마다 상당한 등락을 거듭할 수 있지만 리츠의 기초가 되는 부동산가격의 변동은 하루사이에도 큰 변화를 보이지 않는 것을 알 수 있다. 리츠에 내재하고 있는 복잡한 평가문제, 리츠의 독특한 펀드형 조직구조, 세법 규제로 인한 경영전략 상의 제약, 분산된 소유구조 등이 주식시장에서 리츠를 독특한 주식 군(a group of stocks)이 되게 한다. 실제로, 일부의 재무분야 연구원들(특별히 최초의 주식 공모, 혹은 IPO를 연구하는)은 주식시장의 특별한 현상을 분석하고자 할 때 자신들의 표본에서 특별히 리츠를 제외시키는 경우도 있다. 리츠는 주식시장의 간접투자상품인 뮤추얼펀드(mutual fund)처럼 부동산시장에서 부동산 간접투자상품이다. 또한 리츠는 우수한 부동산 전문가들을 보유하여 부동산을 개발·운영·매매·관리하여 효율적인 수익을 창출할 수 있는 부동산 전문회사이다. 미국의 리츠는 간접투자 형태로 조성된 펀드로 부동산을 구입·관리하여 연간 6~9% 수준의 배당과 투자 부동산의 5~10% 가격상승으로 다른 투자상품보다 높은 투자기회를 제공하여 왔다.[2] 리츠는 부동산을 기초자산으로 증권화한 부동산 간접투자상품으로 일반주식의 특성을 가지고 있으나 일반주식과는 다른 독특한 특성을 가지고 있다.

3 일반 주식과 다른 리츠 주식

리츠에 대한 연구가 왜 필요한가라는 의문이 제기될 수도 있다. 시중에 있는 모든 주식을 다루고 있는 재무분야 문헌만을 공부하면 리츠에 대한 이해를 할 수 있지 않을까? 결국은 리츠도 일반 주식시장의 일부임에 틀림없다. 그러나 리츠가 일반 주식시장에서 거래되고 있지만 증권을 연구하는 연구자들은 리츠를 일반 주식으로 취급하는 것을 망설였다. 앞서 언급한대로, 많은 재무분야 연구원들은 리츠가 일반 주식시장에서 다른 일반회사 주식들과 다르게 반응한다는 이유로 그들의 연구 표본에서 특별히 리츠를 포함시키지 아니하였다.

더욱이 중요한 점은, 리츠는 시중의 다른 종류의 주식과 다르게 반응하거나 혹은 다른 주식들이 공유하고 있지 못한 어떤 독특한 특징(혹은 요소)이 존재한다는 것을 많은 문헌에서 확인할 수 있다. 이러한 문헌들은 수익예측, 가격결정 과정, 배당정책, 자본구조, 기업공개 및 유상공모(seasoned public offerings)에 의한 공모, 합병과 같은 주제를 고찰하고 있다.

---

2) 한화 리츠팀 옮김, 부동산투자신탁, 청림출판, 2000. p.19.

사실 독특한 신탁구조와 세무 규정을 감안할 때 리츠는 다른 주식과 똑 같이 반응할 수는 없는 것이다. 리츠의 독특성 때문에 리츠를 보다 잘 이해하기 위해서는 기존 리츠 연구들을 종합적으로 분석하여 이해할 필요성이 분명해진다. 다시 말하면, 시중의 한 학생이 일반 주식시장에서 얻은 지식을 그대로 리츠 주식시장에 적용 한다면 주가의 시장 특성선이 다르다는 놀라운 사실을 경험하게 될 것이다.

4 리츠를 선호하는 이유

전 세계의 부동산 가치가 정확히 얼마인지 알지 못한다 할지라도 세계 각국의 부(wealth)에서 부동산이 상당한 부분을 점유하고 있다는 사실을 부인할 수는 없다. 미국의 경우 부동산이 국부의 40~50% 점유한다는 것에 별 이견이 없다.[3] 대부분의 미국 가정은 자신의 집을 소유하고 있지만, 상업용 부동산의 대다수는 여전히 투자가들의 수중에 있다. 만일 상업용 부동산의 대부분이(리츠를 통해) 주식시장에서 거래된다면 어떤 일이 일어날 것인가? 이러한 일이 일어나지 않을 것이라고 생각할만한 이유가 있을까?

우리는 많은 대형 상업용 부동산의 가치가 증권시장에서 거래되는 대형 제조업이나 IT회사의 자산가치보다 높다는 것을 알고 있다. 만일 자본 규모가 작은 회사들의 주식이 주식시장에서 거래될 수 있다면, 자본의 규모가 큰 부동산도 당연히 거래될 수 있을 것이다. 실제로, 부동산이 일반회사처럼 주식시장에서 거래되지 말라는 법은 없는 것이다. 리츠 시장의 규모가 증대하고 있으므로 우리가 현재 리츠 시장을 이해하고 있는 것보다 훨씬 더 잘 리츠 시장을 이해하는 것이 중요하다.

---

3) Ibbotson and Siegel(1983)의 문헌을 참조할 것.

〈표 3-1〉 리츠와 비(非)리츠(Non-REITs)의 상장된 주식의 시가총액 비교

연도	리츠		비 리츠 주식 시가총액(백만 달러)	리츠의 비 리츠시가총액 비율(%)
	회사 수	시가총액(백만 달러)		
1980	75	2,298.60	1,357,498	0.17
1981	76	2,438.90	1,261,121	0.19
1982	66	3,298.60	1,453,566	0.23
1983	59	4,257.20	1,804,777	0.24
1984	59	5,085.30	1,597,074	0.32
1985	82	7,674.00	2,293,183	0.33
1986	96	9,923.60	2,528,018	0.39
1987	110	9,702.40	2,522,065	0.38
1988	117	11,435.20	2,768,505	0.41
1989	120	11,662.20	3,370,571	0.35
1990	119	8,737.10	3,084,711	0.28
1991	138	12,968.20	4,146,627	0.31
1992	142	15,912.00	4,529,932	0.35
1993	189	32,158.70	5,218,920	0.62
1994	226	44,306.00	5,093,433	0.87
1995	219	57,541.30	6,894,485	0.83
1996	199	88,776.30	8,391,721	1.06
1997	211	140,533.80	10,629,609	1.32
1998	210	138,301.40	12,784,279	1.08
1999	203	124,261.90	14,653,125	0.85
2000	189	138,715.40	14,969,036	0.93
2001	182	154,898.60	13,828,767	1.12
2002	176	161,937.30	10,892,493	1.49
2003	171	224,211.90	14,042,053	1.60
2004	193	307,894.70	16,015,831	1.92
2005	197	330,691.30	16,670,173	1.98
2006	183	438,071.10	19,130,901	2.29
2007	152	312,009.00	19,610,270	1.59
2008	136	191,651.00	11,398,626	1.68
2009	142	271,199.20	14,806,086	1.83
2010	153	389,295.40	16,894,156	2.30
2011	160	450,500.60	15,190,206	2.97
2012	172	603,415.30	18,064,918	3.34
2013	202	670,334.10	23,364,519	2.87
2014	216	907,425.50	25,423,164	3.57
2015	233	938,852.00	24,128,687	3.89

2016	224	1,018,729.90	26,333,470	3.87
2017	222	1,133,697.60	30,987,004	3.66
2018	226	1,047,641.30	29,388,672	3.56
2019	226	1,328,806.20	36,360,449	3.65
1980-89	86	6,778	2,095,638	0.32
1990-99	186	66,350	7,542,684	0.88
2000-09	172	253,128	15,136,424	1.67
2010-19	181	848,870	24,613,524	3.45

자료: 리츠 data는 NAREIT 자료를 이용하였고, 비 리츠 주식의 data는 KNOEMA의 World Development Indicators 자료를 이용하였음(https://knoema.com). 2020.1.18. 기준

1) 리츠의 상장활동 증가

현존하고 있는 상업용 부동산의 일부를 증권화 하여 주식시장에서 거래하는 것이 가능할까? 이에 대한 답변은 아마 "그렇다"라고 할 수 있을 것이다. 증권화 과정이 얼마나 빨리 이루어지느냐가 또 하나의 중요한 관건이다. 부동산시장의 규모를 감안할 때 주식시장이 부동산시장에 있는 부동산의 극히 일부만을 증권화 하는 데도 긴 시간이 소요될 것이다. 부동산 증권화에 관한 다양한 통계 자료에 의하면 부동산 증권화가 확대되고 있다는 것이다.

〈표 3-1〉은 1980년부터 2019년까지 증권시장에 상장된 리츠와 비리츠(리츠 이외의 일반회사)의 시가총액을 보여주고 있다. 단일 산업으로 리츠의 시가총액이 주식시장 전체 시가 총액의 2.4%를 점유할 정도로 상당한 부분을 차지하고 있음을 알 수 있다. 상장된 리츠의 수는 1980년에 75개였으나 2019년에는 226개로 지난 40년 동안 3배나 증가하였고, 리츠의 시가총액은 22억 98백만 달러에서 1조 3,288억 6백 만 달러로 무려 578배나 증가하였다. 같은 기간 일반 주식의 시가총액은 26배 성장하는데 그쳤다. 리츠의 주식시장 상장은 1980년대 평균 86개였으나 1990년대는 186개로 2.2배나 급격히 증가하였다. 1990년대 리츠 산업이 급격히 성장할 수 있었던 요인은 1980년대 모기지형 리츠의 뼈 아픈 실패의 경험을 통하여 1986년 조세개혁법, 1993년 일관예산조정법, 1997년 리츠 단순화법 등 짐스러운 제약 요인들이 제거되고, 실패의 경험을 교훈으로 리츠 운영의 효율성이 제고되면서 급격한 성장이 가능하였다. 무엇보다 관심을 끄는 것은 지난 40년 동안 상장 리츠의 수가 크게 증가하면서 시가총액이 578배 증가하였다. 이런 폭발적인 성장은 경험을 통한 학습 효과가 리츠를 장기

적으로 고수익을 가져다줄 수 있는 투자상품으로 투자가들이 인식하면서 가능하였다. 리츠의 상장활동 확대는 성장성과 포트폴리오의 다변화로 수익성을 높일 수 있는 가능성이 높아지면서 투자가들이 리츠를 선호하게 되었다.

2) 가치의 놀라운 지속성과 안정성

부동산은 토지와 그 정착물이다. 부동산은 점유자에게 명확한 가치를 부여하는 유형자산이다. 또한 가치의 본질은 놀라운 지속성과 안정성을 제공한다. 지구상에 가용할 수 있는 토지의 양은 한계가 있어 특정 부분의 토지만 유형의 가치를 제공한다(즉, 아라비아 사막은 농지로 적합하지 않다). 토지는 사람들의 주거, 식량 재배를 위한 농지, 제품을 생산하는 공장, 물품을 보관하는 창고 등으로 필요하다. 부동산은 4차 산업혁명으로도 대체할 수 없는 생존을 위해 절대적으로 필요하다. 부동산은 용도의 다양성과 부동산 개발에 따른 수익의 영속성으로 가치가 있는 재화이다. 이러한 특성으로 인해 투자가들이 부동산을 선호하게 된다.

3) 예측 가능한 장기 평가

부동산이 좋은 위치에 있고 견고한 임차인이 점유하고 있는 한 장기적으로 크게 잘못될 수는 없다. 물론 주기는 있을 수 있지만 장기적인 궤도에서 크게 이탈하지 않는다. 현재 지구상에는 70억이 넘는 인구가 살고 있고 2050년경에는 100억 명이 넘을 것으로 미래학자들이 추정한다. 이 모든 사람이 살면서 거주할 수 있는 주택도 있어야 하고 쇼핑할 공간도 필요하다. 신도시가 건설되고 교통과 인프라가 양호한 곳에 주택을 건설하려는 욕구는 수요 증가로 이어진다. 이러한 일련의 수요 증가는 장기적으로 높은 임대소득으로 귀결되어 장기 평가가 가능하다. 장기 평가의 가능은 합리적인 투자와 소비의 가능성을 높여준다.

4) 헷징과 고소득

부동산은 사람과 기업에 필수 재화이다. 경제환경 변화를 떠나 부동산 수요의 순환성은 크게 위축될 수 없다. 불경기가 되면 임차인들의 점유율을 높이기 위해 임차료를 인하하지만, 장기적으로 보면 전체 임대소득은 주기에 걸쳐 탄력적이고 일관성을 유지 한다. 2008년 글로벌 금융위기 기간 동안에 리츠의 순운영소득(NOI)은 하락하였지만, 회복하는데 오랜 시간이 걸리지 않았다. 리츠 수익률 상한선이 조금 내려가기는 했으나 여전히 연 6-7% 견실한 수익률 상한선을 제시하는 우량 리츠에 대해서 투자가들이 앞 다투어 투자하는 것을 꺼리지 아니한다. 저금리 시대 레버리지 활용으로 연 10% 내외의 고수익을 제공할 수 있는 투자수단이 리츠이다. 미국부동산투자신탁협회에 따르면 리츠 투자 유형별로 순운영소득(NOI)의 다소간의 차이는 있지만 2003년 이후 2018년까지 지속적으로 상승하였음을 [그림 3-1]에서 볼 수 있다. 이것은 리츠가 장기적으로 인플레이션에 대한 헷징과 고소득을 제공하는 상품이라는 것을 의미한다.

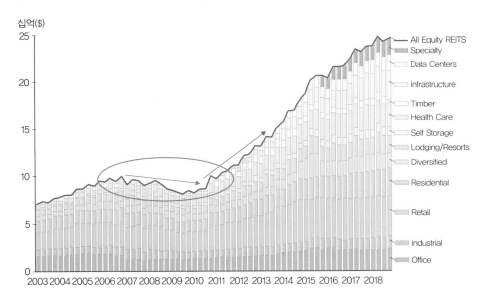

자료: NAREIT

[그림 3-1] 상장 리츠의 순운영소득 추이

오늘날 많은 투자가의 주요 관심사는 수십 년 동안 지속될 수 있는 은퇴 기간 동안 충분한 수입을 확보하는 방법이 무엇일까 늘 생각한다는 것이다. 낮은 인플레이션 환경에서도 장기간에 걸친 인플레이션 누적 효과는 포트폴리오 자산의 구매력을 약화시킬 수 있다. 은퇴자들의 딜레마는 고정 수입 증권으로 인플레이션 앞에 머무르기가 쉽지 않을 것이기 때문에 투자 위험을 줄이기 위해 보통 인플레이션 헷징을 한다는 것이다. 인플레이션 헷징이란 인플레이션이 발생하면 화폐의 구매력이 감소하여 소득 감소효과를 초래하기 때문에 현금보다는 인플레이션 효과를 얻을 수 있는 부동산 등을 보유하여 소득 감소효과를 최소화하기 위한 자산가치 감소 방어수단을 의미한다. 그래서 안정적인 노후 생활비 수단으로 다른 어떤 투자상품보다 리츠를 선호하게 된다.

5) 채권보다 높은 현금흐름

채권과 부동산 투자의 차이는 크지 않다. 두 상품의 경우 투자의 대가로 현금흐름의 소득이 발생되는 계약이 이루어지게 된다. 채권의 경우는 채권 구입자가 자금을 지불하고 약정 기간에 따라 이자소득을 지급받고, 임대의 경우 임대인이 임차인과의 계약에 따라 부동산을 대여하고 임대소득을 지급 받게 된다. 이렇게 하여 채권 구입자와 임대인은 이자와 임대료를 받는다는 측면에서 용어는 다르지만 기본적인 개념은 동일하다. 부동산을 기초자산으로 하는 리츠 투자는 채권보다도 장기적으로 안정적으로 높은 현금흐름의 혜택을 누릴 수 있기에 투자를 선호한다.

6) 저금리 고주가

주가는 연일 사상 고공행진을 기록하고 있으나 상당수 종목이 그들의 내재가치보다 상당히 고평가되어 거래되고 있다. 또한 정치 및 경제적 요인 등으로 인하여 불확실성과 변동성이 증가하여 안정적인 수익을 기대하기란 쉽지 않다. 한편 금리는 세계적 불경기와 코로나로 인하여 가장 낮은 수준에 머물러 있어 채권 투자에 대한 위험은 낮지만 주식만큼 고수익을 기대할 수 없어 매력적이지 않다. 저금리 시대 채권보다 수익률이 높고 주식보다는 수익률이 낮으나 장기적으로 안정적인 높은 수익을 원하는 투자가들에게는 리츠가 특히 매력적인 상품이 아닐 수 없다.

7) 세금혜택

리츠 투자는 직접 부동산 매입 시 납부해야 하는 다양한 세금혜택을 누릴 수 있다. 특히 감가상각의 공제는 현금이 아닌 비용으로 처리되어 시간의 흐름에 따라 자산가치가 높아진다. 또한 리츠는 회사 차원의 법인세를 지불하지 않으며 개인에게 부과되는 소득세만 납부하면 이중과세도 피할 수 있다. 또한 과세이연의 혜택도 있다. 미국은 지난 1993년 양도소득세 과세이연을 골자로 한 '업 리츠(UP-REITs) 제도'가 도입된 후 리츠 시장이 폭발적으로 성장했다. 한편 우리나라도 2016년 조세감면특별법을 개정하여 법인이 소유한 부동산을 공모 상장 리츠에 현물출자 시 양도소득세가 주식 매각 때까지 이연된다.[4] 비록 한시적이지만 리츠 투자와 활성화에 긍정적으로 작용할 것이다.

8) 퇴직자에게 안정적인 노후 생활비

리츠는 장기적이고 안정적인 노후 생활비를 마련해야 하는 퇴직자에게 적합하다. 부동산을 매매하는데 따른 번거로움과 전문적인 지식이나 경험이 없어도 장기적으로 일관된 소득을 보장 받을 수 있어 퇴직자에게 이상적인 투자상품이다. 리츠는 1997년부터 2016년까지 20년 동안 S&P500보다 총 4배나 높은 수익률을 기록했다. 리츠 투자는 아래 [그림 3-2]에서 볼 수 있듯이 여전히 매력적이다.

투자자들이 리츠보다 실물부동산 투자를 회피하는 이유는 가치 있는 부동산을 찾기 위해서는 시간과 비용을 들여 임장활동을 해야 하는 번거로움이 있다. 그리고 부동산을 전액 자기자본으로 매입할 것인가 아니면 대출을 받을 것인가 판단해야 하고, 금융기관 선정과 대출 조건 등을 꼼꼼히 살펴야 한다. 부동산을 매입한 후에는 온라인 광고, 오픈 하우스 호스팅, 양질의 임차인을 선정하여 임대 계약서를 작성하고 임차료 수취의 어려움이 발생하지

---

4) 정부는 '리츠 활성화를 위한 조세특례제한법 개정안'을 2016년 12월 8일 통과시켜 법인이 소유한 부동산을 공모 상장 리츠에 현물출자 시 양도소득세가 주식 매각 때까지 이연되도록 하였다(2019년까지 한시적 적용 · 기존에는 3년 간 분할과세 하도록 함). 또한 이번 조특법 개정안에는 올해로 끝나는 임대주택리츠에 대한 세제 지원, 배당소득세 분리과세는 2018년, 임대사업자에 대한 소득세와 법인세 감면은 2019년까지 일몰이 연장되는 안도 통과시켰다.
서울경제, 부동산, 2016. 12. 8. https://www.sedaily.com/NewsView/1L56209NNW

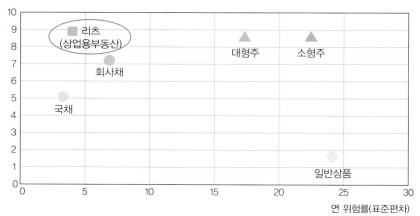

연 총 수익률

자료: Thomson Reuters Datastream, 기간 1993-2013

[그림 3-2] 지난 20년 주요 자산의 수익률

않도록 법적 업무를 수행해야 한다. 이런 까다로운 관리 노력에 에너지를 집중해야 하기 때문에 실물부동산 대신에 리츠를 선호하게 된다.

리츠는 장기적으로 높은 성장성을 기대할 수 있고, 위험을 감소시킬 수 있고, 규모의 경제를 실현할 수 있어 다른 투자 수단에 비하여 경쟁 우위를 제공한다. 일부 연구에 따르면 리츠는 다른 직접 부동산 투자에 비해 비용 절감 효과로 인해 매년 4% 수준의 이익이 앞선 상태에서 출발한다는 것이다. 이런 주장을 뒷받침하는 J.P. Morgan의 자산별 지난 20년 동안 연 평균 수익률 성과 지표를 나타내는 [그림 3-3]에서 확인할 수 있다. 모든 자산의 연평균 수익률은 2.6%로 인플레이션율 2.1%를 간신히 넘겼다. 리츠의 수익률은 9.1%로 S&P500 7.2%, 금 7.8%보다 높게 나타났다. 이는 장기 높은 수익성과를 보여주는 것으로 투자가들이 왜 리츠를 그들의 포트폴리오에 담는 것을 망설이지 않는 이유를 알 수 있다.

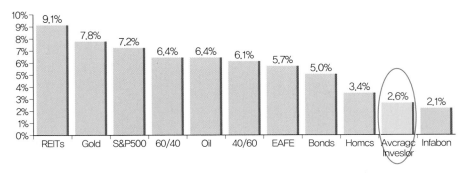

자료: J.P. Morgan Asset Management.

[그림 3-3] 자산별 지난 20년 동안 연 평균 수익률(1998~2017)

이상과 같은 몇 가지 이유 때문에 대부분의 투자자는 높은 현금소득, 장기 주가 상승 기대, 인플레이션 헷징, 포트폴리오의 다각화 등의 이점 때문에 리츠를 가장 매력있는 투자대상으로 선호하게 된다. 또한 더 이상 부동산이 거액의 자본가들만이 누리는 전유물이 아니고 소액의 투자가들에게도 투자혜택을 누릴 수 있는 기회를 제공하게 되어 분배를 개선하는데 기여하게 된다.

참고문헌

최차순·노영기·김인수. 2005. 부동산투자신탁, 박영사.

한화리츠팀. 2000. 부동산투자신탁, 청림출판.

Ibbotson, R.G. and Siegel, L.B. 1983. The World Market Wealth Portfolio. The Journal of Portfolio management 9(2): pp.5-17.

서울경제, 부동산, 2016. 12. 8.

https://www.sedaily.com/NewsView/1L56209NNW

제 **4** 장

리츠의
구조와 평가

1 리츠의 구조

2 리츠의 평가

4

제 4 장

리츠의 구조와 평가

1 | 리츠의 구조

1) 리츠 구조의 배경

부동산과 모기지를 보유할 목적으로 회사는 다양한 유형의 조직 형태를 선택을 할수 있다. 자산을 보유하여 상장을 전제로 하는 조직 형태는 리츠, 영업신탁, 파트너십 (partership), 주식회사 등이 될 수 있다. 부동산을 보유할 목적으로 리츠를 선택한다면 리츠 구조가 아닌 일반회사에 비하여 많은 세금혜택의 이점을 누리게 된다. 그러면 혹자는 부동산과 모기지를 소유하는데 리츠 구조가 비용이 발생하지 않는다면 모든 기업이 리츠 구조를 선택하지 않을까? 의문을 제기할 수 있다. 이런 의문에 대한 대답은 그리 간단하지 않다. 그 이유는 리츠가 세제상 혜택의 효과를 누리는 긍정적인 측면도 있지만 리츠 경영상의 재량권을 상실하는 부정적인 측면도 있기 때문이다. 따라서 부동산을 대상으로 하는 어떤 구조의 기업의 형태를 선택할까 여부는 리츠 구조의 선택으로 기대되는 장점과 단점을 검토하여 비용보다 혜택이 큰 경우 선택하게 된다.

리츠 구조를 선택함에는 혜택과 비용이 상충하는 바 그 순효과가 부정적인지 혹은 긍정적인지에 대하여 살펴볼 필요가 있다. 혜택과 비용은 개별 리츠 별로 상이하지만 Gyourko and Sinai(1999), Damodaran, John and Liu(1997)의 두 연구결과는 리츠 구조가 일반적으로 유의한지 여부에 대하여 시사점을 제시한다. Gyourko and Sinai(1999)는 리츠 구조 선택과 관련한 세금혜택과 자금조달에 드는 비용(flotation cost)간의 상충관계(trade-off)분석에서 혜택이 비용보다 크다고 주장하였다. 리츠 구조를 선택함으로 세금혜택과 비용절감

효과를 얻을 수 있는 두개의 장점과 배당에 따른 사내 유보금 부족으로 성장을 위한 자금 조달이 어렵다는 하나의 단점을 제시하였다. 이러한 점을 감안할 때 리츠 구조로 존재하는 데 순수한 혜택은 이 산업의 자기자본 시가총액의 약 2.5~5.5%이며, 이것은 리츠의 전체 자본금으로 보면 엄청난 금액이다. 더욱이 낮은 배당 기업일수록 리츠 구조를 유지하는 것이 유리하다는 것이다. 그래서 Gyourko and Sinai(1999)는 리츠 구조가 세금회피 수단과 높은 배당률로 인하여 지난 40년 동안 고객들이 선호하는 투자수단으로 선택을 받아 지속적으로 성장해 왔다는 것이다.

Damodaran, John and Liu(1997)은 일반회사가 리츠 구조로, 리츠 구조에서 일반회사의 형태로 변경한 상태의 변화 전후 효과를 분석하였다. 변화 전후 분석의 결과는 일반회사가 리츠 구조로 변경하는 것이 일반회사의 비용 수준을 리츠 구조가 크게 개선시킬 수가 없다는 분석 결과를 제시하였다. 그럼에도 불구하고 리츠 구조가 처음 도입된 1962년 2개로 출발하여 2019년 12월말 상장 거래되는 리츠의 수는 226개로 놀랍게 성장하였다. 리츠 유형별로 보면 지분형 리츠의 수는 179개, 모기지형 리츠의 수는 40개, 혼합형 리츠는 2008년까지 4개가 존재 했으나 현재는 더 이상 시장에서 거래되지 않는다.

리츠의 상장 존폐와 관련하여 주목할 것은 1993-2000 기간을 살펴보면 특별히 두드러지게 나타나는 데, 이 기간 중에 많은 기업들이 공개 거래되는 리츠가 되었고 동시에 다른 많은 기업들은 증권시장에서 상장이 폐지되었다. 1993-2000은 리츠 산업이 조직 구조상 크게 변모했던 기간이었고, 기업들은 자신들이 이러한 변모의 이점을 살릴 수 있는지 여부에 따라 리츠 구조의 존속 여부를 선택하였다. 특히 1980년 중반 이후부터 조세개혁법(TRA 86), 일괄예산조정법(OBRA 93), 리츠단순화법(REIASA 97), 리츠현대화법(RMA 99) 등의 세법개정이 리츠 산업의 성장을 촉진하는 주요 요인이 되었고, 또한 2018 년부터 시행되는 세금감면 및 일자리 법(TCJA: Tax Cuts and Jobs Act)은 통상적인 리츠 지분보유자가 리츠 배당 소득의 20% 선에서 소득공제를 적용할 수 있어 개별 리츠 주주들이 실질적인 혜택을 제공받게 되었다. 유사 도관체의 수신기업 공제와 달리 리츠 주주들은 지급된 임금과 적격재산의 기준에 따라 이 공제에 제한을 받지 않는다. 또한 리츠는 외국 투자가들이 미국 연방이나 주차원의 세금 신고 의무를 최소화하기 위해 리츠를 "블로커(방패막이)"로 사용할 수 있는 상당한 혜택을 누릴 수 있다. 뿐만 아니라 미국인이 주식가치의 50% 이상을 직·간접적으로 보유하여 통제 가능한 리츠는 외국인 투자자가 보유한 리츠 주식에 대하여 미국 세금을 부

담하지 않고 리츠 주식을 팔 수 있도록 허용하는 것을 구조화 할 수 있다.[1]

2) 리츠의 일반구조

리츠의 구조는 일반구조와 특수구조[2]로 나눈다. 리츠는 최대의 수익창출, 세금감면이나 자본금의 용이한 조달, 제도 변화의 흐름에 따라 적응하기 위하여 다양한 형태로 진화해 오고 있다. 이는 경영환경의 변화에 생존하고 지속적인 성장을 도모하기 위하여 필연적인 선택의 연속적 과정이다. 리츠의 일반구조에 대해서는 우리나라 리츠의 예를 들어 설명한다.

리츠는 부동산 지분(equity)을 증권화한 금융상품으로 부동산시장과 금융시장의 투자가들 및 이들을 지원해주는 외부 이해관계자들과 상호 연결된 구조로 [그림 4-1]과 같이 구성되어 있다. 회사 형태를 취하는 리츠는 내부구조와 외부구조로 구별할 수 있다. 내부구조는 주주총회, 이사회 및 대표이사, 감사 또는 감사위원회 및 자산운용전문인력 등으로 구성되며, 최고의결 기구인 주주총회에서 대표이사와 이사, 감사 등을 선임하게 된다. 이사회 및 대표이사는 리츠의 경영과 운영, 관리 전반을 관장하며 건전한 경영과 주주의 이익을 최대화하기 위하여 권한과 책임을 행사한다. 감사 또는 감사관은 회사의 정관과 감사 규정에 의하여 기업경영, 회계 및 재무관리, 공시 등 제반 사항에 대한 필연적 상설기관으로 감사기능을 수행하게 된다. 자산운용 전문인력은 자산을 투자·운용함에 있어 회사의 지속적인 성장과 주주의 이익을 창출하기 위하여 업무를 수행하게 된다. 리츠 구조는 이와 같이 자본시장으로부터 자금을 모집하여 리츠 내부구조로 자본을 끌어들여 부동산을 매입, 개발, 임대, 관리, 모기지 등의 업무를 수행할 수 있도록 구성된 조직체이다.

외부구조는 참여 주체에 따라 다양한 구성원으로 이루어지는 데 다음과 같다. 첫째, 【리츠】는 자본시장에서 각종 유가증권을 발행하여 투자자로부터 자금을 모집하여 부동산을 매입, 개발, 임대, 처분, MBS, ABS 등을 운영한다. 둘째, 【투자자】는 자본시장에서 개인투

---

1) Green, Eric, Why Real Estate Companies Should Consider REIT Structures to Attract Domestic and Foreign Investor Capital by Arkadiy. 2018. 9. 12.

2) 일반적으로 리츠의 구조는 주식회사나 신탁의 형태를 취하지만, 세금감면이나 자본금의 용이한 조달 또는 최대의 수익을 창출하기 위하여 리츠가 자회사나 파트너십의 형태를 가지는 리츠를 특수구조 리츠라 한다.

자가와 기관투자가로 구분할 수 있다. 기관투자가들은 은행, 보험회사, 연기금, 투자은행, 뮤추얼펀드, 증권회사, 각종 공제기관 등 다양하다. 이들은 미국의 리츠 성장과정에서 볼 수 있듯이 리츠의 성장 과정에 지대한 공헌을 하여왔다. 보험회사, 연기금, 각종 공제기관 및 투자은행은 자금의 성격상 장기적으로 운용이 가능하며, 뮤추얼펀드는 중·단기적으로 리츠 시장에 참여하게 된다. 기관투자가들은 리츠 시장에 단순히 투자가로서 자금을 제공할 뿐만 아니라 리츠의 운용성과 분석, 자금조달 비용 저렴화, 리츠의 주가관리, 리츠의 신인도 제고, 리츠의 자금 확충 및 M&A 등의 유용한 정보를 제공하며, 리츠와 지속적인 견제와 보완의 관계를 유지하며 상호발전의 패턴을 보여 오고 있다. 셋째, 【자산보관기관】은 부동산, 유가증권 및 현금의 보관과 이에 따른 부대 업무를 일정기관과 위탁계약을 체결하게 하고, 실자산을 유지하여 투자자를 보호하고, 리츠 운영상의 효율성을 제고한다.

넷째, 【부동산투자자문회사】는 자산의 투자·운용방법에는 부동산의 취득, 개발, 관리, 개량 및 처분, 부동산의 임대차, 유가증권의 매매, 금융기관에의 예치 및 각종 법률 및 경영에 대하여 종합적으로 자문을 수행하고 위탁계약을 체결하여 투자자문에 대한 수수료를 받는다. 리츠가 부동산투자 자문회사에 지분을 출자하여 자회사로 둔 경우에는 배당금을 지급 한다. 다섯째, 【감독기관】은 증권거래소(SEC), 국토교통부 및 금융감독원 등이 있다. 증권거래소는 리츠의 IPO, 상장요건 및 상장 유지, 유가증권의 공시 등에 대한 제반사항을

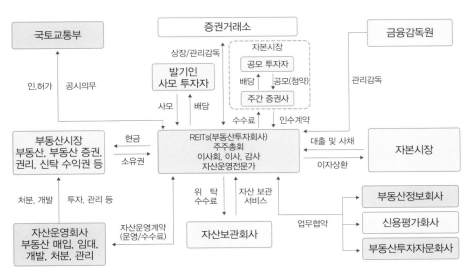

[그림 4-1] 리츠의 일반 구조

관리 감독하고, 국토교통부는 리츠의 발기, 영업 및 인·허가, 리츠의 법적 요건, 리츠의 성과 공시 등을 관리 감독한다. 금융감독원은 리츠의 공정거래 및 유통과정, 건전한 금융시장 안정성을 감독·감시하는 역할을 한다. 여섯째, 【기타참여기관】은 증권사, 부동산정보회사, 신용평가회사, 회계 및 법무법인 등이 있다. 증권사는 주간증권사로 리츠를 대신하여 기업공개(IPO: Initial Public Offering)와 유상증자 시 간사회사 또는 인수회사로 참여하게 된다. 부동산정보회사는 부동산 증권화에서 가장 중요한 사항중의 하나인 투자자 보호 및 부동산 투자의 투명화를 위한 부동산 정보공시 및 투자·운용에 필요한 유용한 정보를 제공하고 이에 대한 정보수수료를 받는다. 또한 유가증권과 관련하여 경제 - 산업 - 기업분석(E-I-C analysis)의 기본적 분석과 기술적 분석을 토대로 투자자에게 유용한 정보를 제공하게 된다.

신용평가회사는 리츠가 기업어음 발행 시 신용등급을 평가하고, 리츠의 유가증권에 포함된 기업어음, 회사채, 금융채, 공기업이 발행하는 특수채, ABS(자산유동화증권), MBS(주택저당담보증권), Mortgage Loan 등의 금융상품에 대하여 신용등급을 분석 평가하여 원리금이 약정대로 상환될 것인지 확실성의 등급을 공시함으로 투자가들의 포트폴리오 관리(portfolio management)에 필요한 정보를 제공하게 된다. 회계법인은 리츠가 작성하는 재무제표에 대하여 외부감사의견을 표명하고 세무 및 자산실사 등의 서비스를 제공하고, 법무법인은 리츠와 관련된 법률자문 및 소송대리 등의 서비스를 제공한다.

3) 리츠의 특수구조

리츠의 특수구조는 조세혜택과 수익창출 등을 누리고자 다양한 유형의 파트너십(Partnership)의 지분을 소유할 목적의 투자 수단이다. 파트너십이 리츠와 긴밀한 관계를 맺는 주요한 이유는 부동산 소유자들이 부동산을 파트너십에 제공할 경우 양도소득세가 이연되는 세법상의 혜택 때문이다. 부동산 소유자들은 부동산을 처분하면서 조세이연 효과와 함께 지분으로 교환하여 유동성을 높일 수 있는 메리트를 가지게 된다. 부동산 소유자는 부동산을 리츠 또는 리츠의 종속회사(subsidiaries)에 출연하고, 이전된 부동산의 반대급부로 지분(unites)을 수령한다. 수령된 지분은 리츠의 종속회사인 UPREIT 또는 DOWNREIT의 파트너십 지분이다. 이러한 파트너십 지분은 일정한 기간 보유 후 증권거래소에서 유통되는 주식(stocks)으로 전환된다. 부동산 소유자가 부동산을 제공한 대가로 취득하는 지분은 현금은 아니지만 그렇다고 유동성이 낮은 부동산도 아니고, 자산처분에 따른 과세이연 혜택과 현금화할 수 있는 환금성이 주어진다.

리츠는 1960년에 리츠를 처음 도입할 때부터 파트너십 지분을 소유할 수 있었다. 현재 대부분의 리츠는 UPREIT 또는 DOWNREIT를 통하여 파트너십의 지분을 소유하거나 유한파트너십(Limited partnership)의 지분을 투자대상으로 하고 있다. 파트너십은 일종의 도관(pass-through) 성격을 가진 사업의 주체로 우리나라의 합명회사와 비슷한 성격을 가지고 있다.[3] 이런 특수구조와 투자자의 욕구에 부응하는 리츠 구조의 끊임없는 변화가 지난 60년 동안 리츠 산업을 비약적으로 성장시키는데 동력이 되었다. 이제 전통적인 리츠에서 파트너십을 통한 여러 유형의 리츠의 특수구조를 살펴보자.

(1) UPREIT(Umbrella Partnership REIT)

UPREIT는 부동산 소유자가 부동산을 UPREIT에 제공한 대가로 UPREIT의 지분과 교환할 수 있는 고유한 부동산투자신탁(REITs)을 의미합니다. UPREIT는 미국세법(IRC: Internal Revenue Code) 타이틀 26의 섹션 721의 교환 규정의 적용을 받는다. 부동산 소유자가 UPREIT와 긴밀한 관계를 가지게 되는 것은 부동산 처분에 따른 과세를 이연시킬 수 있다는 이점 때문이지만, 부동산 교환의 대가로 취득한 지분이 증권시장에서 거래될 시에는 리츠에 적용되는 표준적인 세금까지도 면세되는 것이 아니다. 리츠가 UPREIT와 밀접한 관계를 가지게 되는 것은 리츠가 UPREIT 지분을 취득하여 UPREIT 운영권(OP: Operating Partnership)) 확보를 통한 UPREIT의 무한파트너(unlimited partner)로서 UPREIT를 실질적으로 지배하면서 수익을 창출할 수 있기 때문이다. 여기서 부동산 소유자 개인이 UPREIT에 부동산을 양도하고 지분(unites)과 교환하게 되면 부동산 양도인은 유한파트너(limited partner)가 되고, 리츠가 UPREIT 운영권 취득 목적으로 UPREIT 지분을 취득하게 되면 리츠는 무한파트너인 제너럴파트너(general partner)가 되어 리츠의 사업 영역은 훨씬 넓어지게 된다. UPREIT의 기본 구조는 [그림 4-2]를 보면 이해할 수 있다.

---

3) 한국토지신탁 금융사업팀, 부동산을 움직이는 REITs, 부연사, 2000, pp.70-71.

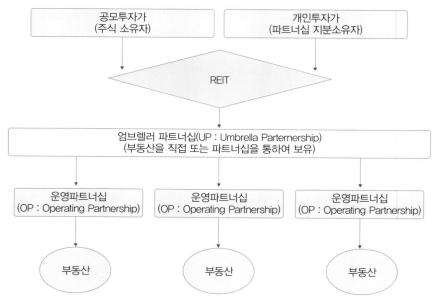

[그림 4-2] UPREIT 구조

UPREIT 구조에서 리츠는 UPREIT 파트너십 지분을 취득하여 무한책임주주인 제너럴파트너(general partner), 또는 매니저가 되어 지배주주가 된다. 부동산 소유자는 부동산을 UPREIT에 양도하고 UPREIT 지분을 취득하여 유한책임주주인 유한파트너(limited partner)가 된다. 부동산과 교환된 지분은 리츠의 주식으로 전환하여 증권시장에서 현금화할 수 있다. 한편 리츠는 UPREIT 구조하에서 UPREIT하에 있는 운영파트너십(OP)을 확보하여 다양한 유형의 부동산 관리 운영하여 수익을 창출하게 된다. 전통적인 리츠는 부동산을 직접 소유할 수 있으나 UPREIT는 직접 부동산을 직접 소유할 수 없고 다만 운영파트너십 지분을 소유하게 된다.

UPREIT는 운영파트너십의 지분 및 운영권을 가지고 OP가 부동산을 소유하게 된다.

대부분의 리츠가 리츠의 지위를 유지하기 위해 특정 지위 요건을 요구 받듯이, UPREIT도 리츠의 지위 요건을 따르기 위해서는 부동산 및 관련 유가증권이 자산의 90% 이상을 구성해야 한다는 것을 요구하고 있다. UPREIT는 부동산의 틈새시장(niche market)을 공략하기 위한 일종의 투자전략이라 할 수 있다. 섹션 721은 부동산 소유주가 부동산을 UPREIT의 주식으로 교환할 수 있는 지침을 제공하고 있다. 섹션 721 조항은 미국세법(IRC) 섹션 1031조의 부동산을 주식으로 교환할 수 있는 대안적 투자수단에 근거를 제공하고 있다. 섹션 1031 교환을 통해 부동산 소유자는 부동산을 매각하고 수익금에 대한 세금을 피하기 위해 같은 유형의 교환에 투자 할 수 있다. 이런 리츠의 특수구조는 D. D. Eisenhower가 처음으로 도입한 리츠 모형과는 아주 다르다. 시장 환경의 변화와 다양한 투자자의 투자 욕구에 부응하고자 대안적인 리츠 구조로 진화되어 왔다

UPREIT의 장점

UPREIT가 리츠나 일반투자가 들에게 관심을 집중시킬 수 있었던 것은 부동산을 UPREIT에 양도하고 지분과 교환함으로서 과세이연 시기를 자신에게 유리하게 조정할 수 있을 뿐 아니라 지분을 주식으로 전환하여 현금화 할 수 있는 투자수단이기 때문이다. 부동산 소유자가 리츠에 직접 부동산을 매각하면 양도소득세 납부를 해야 하지만 UPREIT에 양도하게 되면 양도소득세 이연과 유동성이 높은 주식으로 전환하여 현금화 할 수 있는 장점이 있다. 그러나 주식 보유자는 일반적인 리츠 과세 표준에 따라 과세를 납부해야 한다. 이런 이점 때문에 부동산 소유자는 세금을 이연시킬 목적으로 이러한 유형의 투자방법을 선택하게 된다. UPREIT 구조는 리츠의 기업공개(IPO)뿐만 아니라 기업공개 후에도 부동산 투자 시 UPREIT의 운영파트너십을 이용하여 부동산 매도인의 양도소득세를 이연시킬 수 있다. UPREIT는 운영파트너십의 인수합병(M&A)을 통하여 특정 부동산에 직접투자 할 수 있어 사업을 확장시키기가 용이하고 관리를 효율적으로 할 수 있다. 이때 리츠는 운영파트너십의 무한책임주주(general partner)가 되어 운영파트너십이 보유하는 리츠 자산에 대하여 실질적인 소유주로서 운영권이 있어 수익창출을 극대화 할 수 있는 장점이 있다. UPREIT는 부동산 소유자가 부동산을 리츠에 양도하고 장래 리츠의 주식과 교환할 수 있는 운영파트너십의 지분(unites)을 수령하면서 과세이연(tax deferral)의 혜택을 누리게 되는 것이다. 운영파트너십의 지분을 소유한 자는 운영파트너십의 지분을 매각하거나 리츠 주식으로 전환될 때 까지 자본이득에 대한 조세납부를 연기할 수 있게 된다.

UPREIT의 단점

UPREIT의 단점은 전통적인 리츠에 비하여 복잡하다는 것이다. UPREIT를 설립하는 기업가

는 미국세법 세션 721이 요구하는 까다로운 조건들을 충분히 이해해야 한다. 뿐만 아니라 기업의 지배구조 및 재무정보에 관한 문제들을 적절히 처리할 수 있어야 한다. 따라서 투자가와 리츠 에널리스트들이 UPREIT 기업공개 내용을 분석하고 평가하는데 많은 시간과 비용이 따른다. 또한 부동산 양도자인 유한파트너와 UPREIT의 운영권을 가지고 있는 무한파트너인 리츠와 과세 대상 부동산 처분과 관련하여 이해상충(conflict of interest)이 발생하기도 한다. 이런 갈등을 피하기 위해서는 부동산 양도 시 충분한 소통으로 문제 소지가 있는 내용들은 계약조건으로 명확히 할 필요가 있다. 부동산을 리츠에 양도하고 운영파트너십(OP)의 지분을 소유한 자는 여전히 부동산의 과세납부에 연관되어 있기 때문에 리츠가 부동산 양도자와 상의 없이 임의로 부동산을 매각하거나 부동산에 설정된 채무를 축소하는 경우에는 부동산 양도자에게는 과세대상 소득의 할당부분이 과세당국에 인지되어 세금 납부를 해야 한다. 이 경우 부동산 양도자의 과세이연(tax deferral)과 채무상환(liabilities recapitalize) 계획과 차질이 빚어질 경우 갈등이 생길 수 있다.

(2) DownREIT 구조

DownREIT는 리츠가 파트너십 운영권을 취득할 목적으로 현금이나 리츠 보유 부동산을 제공한 대가로 지분을 획득하여 파트너십의 무한책임주주로 운영자의 역할을 하는 형태이다. DownREIT 구조는 [그림 4-3]과 같다. DownREIT는 부동산 소유주와 리츠 간의 파트너십 계약을 통해 부동산 소유주자의 부동산 매각 시 자본소득에 부과되는 세금을 이연하도록 하는 이점이 있다. DownREIT에 부동산을 제공하는 부동산 소유자는 파트너십으로 운영 지분을 받는다. 부동산 지분을 소유한 투자자는 유한책임주주(limited partner)가 된다. UPREIT 구조에서는 하나의 파트너십(umbrella partner)이 모든 운영파트너십의 부동산을 직·간접적으로 소유하지만 DownREIT 구조하에서는 각각 분리된 여러 개의 파트너십이 부동산을 직·간접적으로 소유 및 운영하는 형태이다.

DownREIT의 경우 리츠의 다른 부동산도 리츠가 직접 소유한다. 부동산 소유와 관련이 없는 UPREIT와 달리 DownREIT는 부동산 소유가 포함된다. 이 부동산의 일부는 완전 소유이며, 일부는 부동산에 기여한 사람들과의 파트너십을 통해 소유할 수도 있다. DownREIT는 UPREIT보다 널리 이용되고 있지 않다. 그 이유는 UPREIT와 동일한 세금 혜택이 없기 때문입니다. DownREIT에 자산을 제공하는 것은 전문적인 세금 및 투자 지침을 따라야

하는 복잡한 거래이다. 거래가 극도로 주의하여 구조화되지 않은 경우, 미국세법(IRS)은 영업 단위를 위장 판매 또는 남용 방지 규칙에 따라 과세 대상 거래로 간주하여 세금을 부과할 수 있게 된다. UPREIT는 1990년대 부동산 경기 침체 이후 부동산 산업에 대한 자본 투자를 촉진하기 위해 고안되었고, DownREIT는 UPREIT에서 파생되었다. DownREIT는 UPREIT보다 제한적인 부동산 취득의 형태나 UPREIT처럼 세제이연 혜택과 리츠 주식으로 전환하여 현금화할 수 있는 이점을 가지고 있다. 그러나 주식을 한꺼번에 대량으로 매매할 수 없도록 미국세법 세션 721에 엄격히 제한 규정을 따르도록 하고 있다.

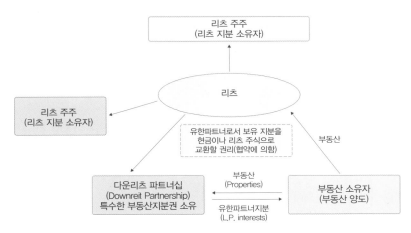

자료: https://corporate.findlaw.com

[그림 4-3] DownREIT 구조

4) 리츠 구조는 존속할 것인가?

리츠가 소액투자가들에게도 부동산에 투자할 수 있는 기회를 제공하기 위해 고안된 것이지만, 리츠는 개인 투자가 및 기관투자가 모두를 위한 부동산 및 모기지를 보유할 수 있는 수단으로 진화해 왔다. 리츠의 구조는 지난 60년간 진화에 진화를 거듭하면서 진화해 오고 있다. 리츠의 조직 구조가 미래에도 존속할 것인가의 물음에 대답 하는 것은 의미가 있을 수 있다.

이 물음에 대답하기 위해서는 Case(2019)의 2019년 리츠 경제저망 보고서를 살펴볼 필요가 있다. 이 보고서에서 2016년 말부터 2018년 3월 까지 기술주의 수익률은 53.36%, 대형주의 수익률은 38.58%, 소형주의 수익률은 8.47% 이지만 리츠의 수익률은 1.92%로 아주 부진한 성과를 나타내었다고 보고하고 있다. 하지만 2018년 12월 14일 종료된 지난 9주 동안의 정 보통신주의 수익률은 −8.84%, 대형주의 수익률은 −7.23%, 소형주의 수익률은 −8.27%로 마이너스 수익률을 보인 것과는 대조적으로 리츠의 수익률은 6.60%를 보여 뚜렷한 회복세 를 보여 리츠의 미래는 건실한 성장세를 이어갈 것으로 전망하였다. 이런 전망의 근거로 첫 째는 리츠의 순 운영소득(NOI)이 2.5~4% 수준으로 지속적으로 성장하고 있고, 둘째는 부 동산의 신축이 GDP의 1.5%를 밑도는 수준에서 이루어지고 있어 수급의 안정성이 유지되 고 있고, 셋째는 2000년 1분기 이후 리츠 소유 부동산의 평균 이용률이 95.43%까지 높아지 고 있기 때문이다. 또한 NAREIT 자료에 의하면 2013년 12월부터 2018년 12월까지 5년 평균 리츠의 평균 수익률이 8.32%, 다우존스이 9.70%, 소형주가 4.41%, S&P500이 8.49%로 리츠 의 수익률이 소형주보다는 2배 높고, S&P500과 근사한 수익률 성과를 보였다.

미래에도 세제상의 이익 때문에 투자가들이 특별히 리츠 조직구조를 이용할 가능성이 매우 높은데, 그 이유는 리츠 운용비용의 절감과 리츠 구조 운용의 걸림돌이 되는 규제를 없애고 자 지속적인 노력의 경주를 해왔기 때문이다. 따라서 리츠의 조직 구조는 투자가들이 좋은 투자 선택의 수단으로 변모해 갈 것이 분명하다.

2 | 리츠의 평가

1) 리츠의 평가지표

(1) 운영수입(FFO)의 정의

리츠 주식의 가치를 평가하기 위한 대표적인 지표로 운영수입(FFO; Fund From Operation) 이 있다. 운영수입(FFO)은 순이익(REIT net income)에서 부동산 감가상각비용(real estate depreciation)을 더하고 부동산 매각으로 인한 자본이득(gain on sales of assets)을 차감 한 것이다. 운영수입(FFO)은 현금흐름을 나타내는 리츠의 중요한 판단 기준이 된다. 운영수입(FFO)은 리츠의 가격과 부동산가격 산정의 중요한 기준이 된다. 즉, 리츠의 가치[4]와 부동산의 가격[5]은 운영수입을 자본환원율(capitalization rate)[6]로 나누어 주면 각각 그 가격이 결정된다. 운영수입을 총 발행주식으로 나누면 일반주식의 주당순이익(EPS: earing per share)과 동일한 개념으로 리츠의 가치를 평가할 수 있다. 주당순이익(EPS)이 증가한다는 것은 당기운영수입이 증가한다는 것을 의미하고, 반대로 전환사채의 주식전환이나 증자로 주식수량이 늘어나면 낮아지게 된다. 운영수입의 증가는 리츠가 수취하는 임대수입이 운영비용을 상회한다는 것과, 자본비용보다 수익률이 높은 부동산을 매입하였다는 것과 부동산 개발 수익이 개발비용보다 높다는 것을 의미한다. 운영수입의 증가는 배당여력도 증가되어 미래 주식 가격을 증가시키는 중요 요인으로 작용한다. 동시에 배당금이 얼마나 안정적인가에 대한 배당금 평가 지표로도 사용할 수 있다. 따라서 EPS보다 리츠에서 배당금 지급 여력 여부를 검증하는 것이 중요함으로 EPS보다 현금유입량을 가늠해보는 운영수입 지표가 핵심적인 평가지표가 된다.

그런데 리츠에서 운영수입의 지표는 일반기업의 순이익(net income)과 개념상 약간의 차이가 있다. 그것은 일반기업의 경우 감가상각(depreciation)은 항상 비용처리가 되지만, 리츠에서 감가상각은 회계적으로 비용처리가 되더라도 실제 부동산가치는 증가하거나 그대로 유지할 수 있기 때문이다. 즉, 부동산 유지관리를 잘하면 부동산의 가치가 그대로 유지되거나 상승할 수 있어 감가상각으로 비용처리는 리츠의 운영성과를 제대로 반영 못할 수도 있다. 운영수입의 계산 과정을 살펴보자.

---

4) 리츠의 가치 = 운영수입(FFO)/자본환원율

5) 부동산의 가격 = 운영수입(FFO)/자본환원율

6) 자본환원율이란 미래현금흐름을 현재가치로 전환하기 위해 적용하는 이자율을 말한다. 상업용부동산이나 비상장기업의 수익가치를 산정할 때 사용된다. 즉, 다시 말하자면 자본환원율 = 순수익 ÷ 부동산가격이며, 부동산가격 = 순수익 ÷ 자본환원율이다. 자본환원율이란 용어는 주로 부동산학에서 많이 사용하는데 금융론에서 이자율과 동일한 개념이다.

| 운영수입(FFO) 계산 흐름 |

리츠의 총수입(임대수입)

- 리츠의 운영비용(operating expense)
- 감가상각과 이연상각(depreciation and amortization)
- 이자비용(interest)
- 일반관리비용(general and administration expense)

= 순이익(REIT net income)

+ 부동산 감가상각비용(real estate depreciation)
- 부동산 매각으로 자본이득(gain on sales of assets)

= 운영수입(FFO)

임대수입 = 임대차 공간 면적 × 단위면적당 임대료

운영비용 : 인건비, 시설 관리비, 등

감가상각[7]: 감가상각이란 토지를 제외한 유형자산(건물, 구축물, 기계장치, 차량운반구, 공기구비품 등)의 원가를 체계적이고 합리적인 방법으로 각 회계기간에 배분(비용화)하는 과정이다.

이연상각 : 창업비, 개업비, 신주발행비, 사채발행비, 연구개발비, 환율조정치 등의 비용을 말하며, 일반적인 감가상각비 처리기준과 비슷하다.

일반관리비: 임원이나 사무원의 급료, 수당, 수선비, 사무용소모품비, 통신비, 보험료, 교재비 등

이렇게 산정되는 운영수입은 리츠에 따라 다양하며, 약간의 결점도 가지고 있다. 첫째, 운영수입은 모든 부동산의 가치가 영속적으로 유지된다는 전제하에 산출된다. 그러나 현실은 그렇지 않다. 부동산의 가치는 시간의 흐름에 따라 가치가 상승할 수도 있고 하락할 수도

---

7) 기계를 취득하는 것은 그 기계로부터 수익을 얻기 위함이고, 그 기계로부터의 수익은 1년 안에 다 얻어지는 것이 아니고, 그 기계가 경제적 효익(economic benefit)을 제공하는 기간에 걸쳐서 얻어지게 된다. 따라서 기계취득 비용을 취득당시에 모두 비용화 시키게 되면 기계로부터 발생하는 수익은 여러 해에 걸쳐 발생하는데 비해 비용은 한 번에 처리되어 회계학의 대원칙 중 하나인 수익비용 대응이 어렵게 된다. 따라서 수익과 비용을 일치시키기 위해 비용을 나누어 매 기간 처리하게 된다. 감가상각이라는 용어가 다음과 같이 있다. depreciation은 유형자산의 상각, amortization은 유형 및 무형자산의 원가를 정기적 배분, depletion은 천연자원상각(감모상각)이라 한다.

있다. 이 경우 감가상각비를 단기순이익에 더하면 운영수입이 과대 혹은 과소 계상될 수 있다는 것이다. 둘째, 당기순이익을 산정할 때 감가상각비를 회계적으로 차감하는데 운영수입을 계산할 때 감가상각비를 더하는 것은 감가상각비를 공제하지 않는 다는 모순을 가지고 있다. 셋째, 임대 중개수수료(rent commission)도 임대차계약 시 지불된 비용임에도 불구하고 감가상각비와 비슷하게 처리되어 운영수입 과대평가 될 수 있다. 이런 운영수입의 상이함으로 객관적 평가에 다소간에 어려움이 있을 수 있다. 따라서 NA리츠는 리츠 평가의 일관성을 유지하고자 운영수입의 표준적인 측정방법을 1991년 도입하였다.

| NAREIT의 운영수입 계산 흐름 |

리츠의 총수입(임대수입)

  – 리츠의 운영비용(operating expense)
  – 감가상각과 이연상각(depreciation and amortization)
  – 이자비용(interest)
  – 일반관리비용(general and administration expense)

= 순이익(REIT net income)

  + 부동산 감가상각비용(real estate depreciation)
  – 부동산 매각으로 자본이득(gain on sales of assets)
  ± 비연결 종속회사에 대한 연결조정(adjustment for unconsolidated partnership and joint ventures)
  – 부채 구조조정에 따른 이익(gain from debt restructuring)

= 운영수입(FFO)

이와 같은 프로세스를 통하여 산출된 운영수입은 일반적으로 인정되는 회계원칙(GAAP: Generally Accepted Accounting Principles)기준 하에서 나타날 수 있는 몇 가지 단점을 보완한 평가지표로 1995년과 1999년에 개념이 명확히 정의되어[8] 현재는 거의 모든 리츠가 적용하고 있다. 이와 같은 방법에 의하여 미국에 상장된 지분형 리츠의 2003년부터 2018년

---

8) 레포트월드, 미국 리츠 협회의 운영수입 보고서, 2012. 11. 18,
   https://www.reportworld.co.kr/business/b737926

까지 분기별 운영수입의 실적은 2009년 서브프라임모기지 사태를 제외하고 완만한 상승곡선을 보여 왔다. 다만 2018년 운영수입은 후반에 약간 둔화된 실적을 [그림 4-4]에서 볼 수 있다. NAREIT에 따르면 2018년 운영수입의 총계는 157억 달러를 달성하였다. 2018년 4분기의 운영수입은 2017년보다 7.4% 상승하였으나 최근의 추세에는 약간 감소하는 것으로 나타났다. 특이한 점으로 최근에 데이터 센터 리츠의 운영수입이 증가된 것을 볼 수 있다.

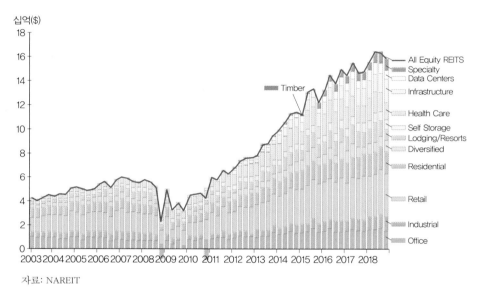

자료: NAREIT

[그림 4-4] 미국의 상장된 지분형 리츠의 운영수입(FFO) 추이

(2) 조정운영수입(AFFO: Adjusted Funds From Operations)

운영수입이 회계원칙(GAAP) 기준으로 계산된 당기 순이익보다 운영수입을 잘 나타내지만 리츠의 현금흐름을 잘 반영하는 지표로 보기에는 거리가 있다. 운영수입보다 현금흐름을 잘 보여주는 지표로 운영수입에 운영으로 인한 임대수익, 임차인을 위한 유지비, 자본지출을 조정해준 지표가 조정운영수입(AFFO)이다. 조정운영수입은 현재 리츠의 현금 창출능력을 평가할 때 유용한 척도가 될 수 있다. 조정운영수입의 계산 프로세스는 아래와 같다.

| AFFO의 계산 흐름 |

리츠의 총수입(임대수입)

- 리츠의 운영비용(operating expense)
- 감가상각과 이연상각(depreciation and amortization)
- 이자비용(interest)
- 일반관리비용(general and administration expense)

= 순이익(REIT net income)

+ 부동산 감가상각비용(real estate depreciation)
- 부동산 매각으로 자본이득(gain on sales of assets)

추가 차감사항(additional minus items)
- 불균형하게 지불되는 임대수입의 균등화를 위한 조정(adjustment for rent straight lining)
- 연속적으로 발생되는 자본지출(recuring capital expenditures)
- 임차인 개선을 위하여 지불된 이연상각(amortization of tenant improvements)
- 지불된 임대 중개수수료를 자산화(capitalization)하고 그에 따라 발생한 이연 상각비용
  (amortization of rent commission)

= 조정운영수입(AFFO)

조정운영수입은 FFO보다 표준화되어 비교의 척도가 될 수 있다는 강점이 있다. AFFO를 이용해 투자가의 포트폴리오가 일정한 패턴을 보인다면 과거의 운영자금 성과를 통해 미래 운영자금의 흐름도 예측해볼 수 있는 이점이 있다. 아래 그래프는 2019년에 많은 관심을 받았던 모바일 통신타워 임대 리츠인 ATC(American Tower Corp)의 AFFO의 배당지급 비율 변동추이를 보여주는 것이다. 다음 [그림 4-5]에서 2019년 ATC의 주가가 상승하면서 AFFO도 동시에 상승하는 모습을 볼 수 있다.[9]

---

9) Lee, Ryan, 미국 리츠 주식으로 해외 건물주 되기: 당신도 뉴욕의 건물주가 될 수 있다. PUBPLE, 2019. 8. 30.

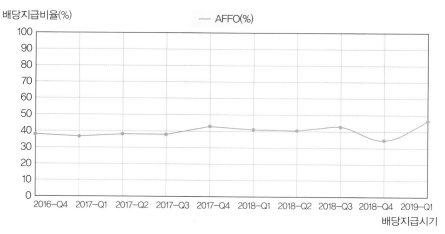

배당지급비율(%) —— AFFO(%)

배당지급시기

자료: Lee, Ryan, 미국 리츠주식으로 해외 건물주 되기: 당신도 뉴욕의 건물주가 될 수 있다(재인용).

[그림 4-5] ATC의 AFFO와 배당지급 비율 추이

조정운영수입의 과거 배당 현금흐름을 분석하여 미래 배당가능성을 예측할 수 있지만 재무제표에 일률적으로 나타나지 않아 비교를 위해서는 약간의 수고를 해야 얻을 수 있다. 리츠 투자의 의사결정에 도움을 줄 수 있는 보다 진전된 지표로 CAD(Cash Available for Distribution)과 FAD(Fund Available for Distribution) 등이 있다.

(3) 배당가능 현금 · 자금(CAD/FAD)

배당가능 현금·자금(CAD/FAD: Cash or Fund Available for Distribution)은 조정운영수입에서 비정기적으로 발생하는 대수선비와 같은 자본적 지출(capital expenditure)을 차감하여 산출한다.[10] 이 지표는 리츠 운영결과로 나타나는 실제 현금흐름을 보여주는 것으로 이중의 일부는 재투자를 위한 유보금으로 보유하고 나머지는 투자자들에게 배당 가능한 자금이 된다. 배당가능 현금·자금은 다음과 같다.

---

10) 김병우 · 이동훈, 부동산금융론, 두남, 2015, p.310.

| 배당가능 현금 · 자금(CAD/FAD)의 계산 흐름 |

리츠의 총수입(임대수입)

- 리츠의 운영비용(operating expense)
- 감가상각과 이연상각(depreciation and amortization)
- 이자비용(interest)
- 일반관리비용(general and administration expense)

= 순이익(REIT net income)

+ 부동산 감가상각비용(real estate depreciation)
- 부동산 매각으로 자본이득(gain on sales of assets)

추가 차감사항(additional minus items)
- 불균형하게 지불되는 임대수입의 균등화를 위한 조정(adjustment for rent straight lining)
- 연속적으로 발생되는 자본지출(recuring capital expenditures)
- 임차인 개선을 위하여 지불된 이연상각(amortization of tenant improvements)
- 지불된 임대 중개수수료를 자산화(capitalization)하고 그에 따라 발생한 이연상각비용
  (amortization of rent commission)

= 조정운영수입(AFFO)

- 비정기적 자본적 지출(non recurring capital expenditures)

= 배당가능 현금 · 자금(CAD/FAD)

자본적 지출: 고정자산의 기능 유지와 향상을 위해 내용연수를 연장시키거나 자산의 가치를
         증가시키는 지출을 의미한다. 자산의 가치를 증가시킨다는 의미에서 자산적 지
         출이라고도 한다. 그러나 유형자산의 가치가 증가하는 것이 아니라 유형자산의
         성능만을 정상적으로 유지시키는 지출을 수익적 지출이라는 개념도 있다.

배당가능 현금·자금이 운영수입이나 조정운영수입보다 리츠의 배당가능현금을 보다 정확
하게 보여주는 지표이기는 하나, 아직까지 통용적으로 정착된 개념은 아니다. 또한 계산과
정이 다소 복잡하고 비정기적 자본적 지출(capital expenditures) 이라는 용어를 회계처리
상 어떻게 인식하느냐에 따라 자본적 지출로 볼 것인가 아니면 수익적 지출로 볼 것인가 견
해가 다를 수 있다. 즉 지출이 어떤 목적으로 이루어졌느냐에 따라 당해 연도의 비용으로

계상될 수도 있고 자산의 원가에 포함되기도 한다. 이런 지출이 자산이나 기간 비용 가운데 어느 항목으로 인식되느냐에 따라 당기 순이익에 영향을 미칠 수 있기 때문이다. 따라서 유형자산에 대한 지출을 자본적 지출로 볼 것인가 아니면 수익적 지출로 볼 것인가에 대한 명확한 분류기준 설정이 요구된다.

(4) 주가 대비 배당가능이익(P/FFO)

P/FFO는 주가를 주당순이익(EPS: earing per share)으로 나눈 것으로 주가 대비 배당가능이익으로 리츠의 가치를 평가하는 대표적인 지표 중의 하나이다. 리츠가 수취한 한 단위의 이익에 대해 현재 주식시장의 투자가들이 얼마의 대가를 지불하는 가를 의미한다. 이는 일반주식시장에서 주가수익비율(PER)과 동일한 개념이다. PER를 계산하기 위해서는 기업의 가치와 현재 주가를 알아야 한다.[11] 어떤 주식에 투자를 할 것인가 적어도 가치 판단의 기준이 PER가 된다.

$$PER = \frac{주가(P)}{주당순이익(EPS)}$$

예를 들어 A리츠의 주가가 7만 5,000원이고 EPS가 1만 5,000원이라면 A리츠의 PER는 5가 된다. PER가 높다는 것은 주당순이익에 비해 주식가격이 높다는 것을 의미한다. 따라서 주가가 기업 가치에 비해 저평가 된 주식은 매입하고 고평가된 주식은 매도하는 전략이 그토록 강조해온 워런 버핏의 가치투자이다. 그런데 PER는 수익가치를 감안한 상대적 주가수준을 나타내는 것으로 업종마다 상이하다. PER 지표의 내재적 특성으로 인하여 해당 업종의 우량 리츠 여부를 판단하는데 절대적인 기준이 될 수 없다. 그래서 해당 리츠의 PER를 이용하는 방법은 동종 업종의 평균 PER와 비교를 해보거나, 해당 기업의 과거 시계열적 기대치 PER를 구하여 해당 업종의 PER와 비교하여 이용하는 것이 적절할 수 있다.

어떤 리츠의 운영수입이 1년에 10달러이고 주식의 가격이 50달러이면 P/FFO는 50/10으로 5가 된다. 이는 리츠가 향후 지금과 같이 5년 동안 꾸준히 수입을 만들어 내야 주식의 가격을 맞출 수 있다는 것이다. 운영수입 값이 높은 것이 좋겠지만 업종마다 서로 다를 수 있어

---

11) 김용하 · 김진영 · 박진우 · 최철 · 오성수 · 강전 · 박정은, 대학생을 위한 금융, 2018.1.17 금융감독원.

산업분야별 평균값을 이용하여 당해 리츠의 P/FFO를 비교하는 하는 것이 해당 리츠의 건전성을 파악하는 기준이 될 수 있다.[12]

2) 리츠의 자산가치 계산

리츠의 자산가치를 정확히 평가하기란 결코 쉬운 일이 아니다. 주식 투자를 위한 기본적 분석 중의 하나는 기업의 가치와 현재 주가를 비교하여 기업의 가치에 비해 현재 주가가 저평가되어 있다고 판단되면 주식을 취득하고 반대로 고평가되어 있으면 매도하는 전략이 일반적인 투자형태이다. 여기서 주가 자료는 주식시장에서 쉽게 얻을 수 있으나, 기업의 가치(내재가치)를 일반투자가들이 쉽게 알아내기란 거의 불가능에 가깝다. 그럼에도 불구하고 기업 가치와 주가를 비교하는 비교적 쉬운 방법으로 주가수익비율(PER: price earning ratio)과 주가장부가치비율(PBR: price book-value ratio)이 있다. 주가이익비율은 주가를 주당순이익(EPS: earning per share)으로 나눈 것이다. PER가 낮다는 것은 미래 주가 상승을 기대할 수 있고 반대로 PER가 높다는 것은 미래 주가가 하락할 수 있다는 것을 추정할 수 있으나 절대적인 기준은 될 수 없다. 왜냐하면 주가는 현재의 실적보다 기업의 미래 수익에 대한 기대치가 높아지면 상승할 수 있기 때문이다.

PER와 함께 주식투자에 널리 사용되는 지표 중의 하나가 주가장부가치비율(PBR: price book-value ratio)이 있다. 주가장부가치비율(PBR)은 주가를 주당순자산(BPS: book-vaue per share)[13]으로 나누어서 산출한다.

$$PBR = \frac{주가(P)}{주당순이익(BPS)} = \frac{주당시장가격}{주당장부가치}$$

여기서 주가장부가치비율(PBR)은 주가와 장부가치의 갭 정도를 평가하는 지표이다. 만약에 리츠의 PBR이 1보다 작다면 기업 청산 시 주주의 보통주 1주에 귀속되는 배분 몫이 크다는

---

12) Lee, Ryan, 전게서, 2019. 8. 30.
13) 주당순자산(BPS)은 기업의 순자산을 발행 주식수로 나누어 구한다. 여기서 순자산은 기업의 장부 상총자산에서 총부채를 차감한 값에 무형자산인 상표권, 영업권과 배당금, 임원상여금등을 제하여 구하는 방식으로 기업의 청산 시 장부상으로 주주가 배분받을 수 있는 금액이다.

것을 의미한다. 리츠의 PBR의 함정은 장부상의 자산 가격은 회계의 보수성으로 인하여 항상 가치가 작을 수밖에 없으나 기업의 브랜드 가치, 경영능력, 기술개발에 따른 특허권 등의 무형자산(soft asset)의 가치가 반영될 수 없다는 것이다. 리츠 주식의 건전성 여부를 평가하는 지표로 순자산가치(NAV)가 있다. 순자산가치의 계산 과정은 아래와 같다.

(1) 순자산가치(NAV; Net Asset Value)

부동산에서 발생하는 순수익(NOI) 또는 EBIDTA/자본환원율

　+ 부동산 이외에서 발생하는 수입(fee)
　− 부채(obligation)

= **순자산가치(NAV)**

± 조정(adjustment)

　리츠의 FFO와 배당금 성장 속도와 잠재력 분야에 대한 특화정도(sector specialization)
　지역특화정도(geographic specialization)
　경영진의 주식 소유상황(inside stock ownership)
　대차대조표에 의한 부채비율(balance sheet leverage)
　리츠의 간접비용(overhead)
　경영진과 주주 사이의 이해상충(conflict of interest)

= **주식가격(share price)**

순수익(NOI): 순운영수입(net operating income)
EBIDTA: Earings Before Interest, Tax, Dpreciation, and Amotization
부동산이외에서 발생하는 수입: 임대주택 로비의 자판기에서 판매 수수료, 청소나 용역제공에 따른 수수료
부채 : 대출액

주식가격이 순자산가치보다 높으면 할증(premium)되어 거래되고, 낮으면 할인(discount)되어 거래 된다. 따라서 투자가는 리츠의 주식 가격이 순자산가치(NAV)보다 낮다고 판단되면 매입할 것이고 반대로 높다고 판단되면 매도에 나설 것이다. 그러나 순자산가치는 청산을 가정하여 계산되는 고로 할증과 할인을 보정한 순자산가치를 투자의 기준으로 삼는 것이

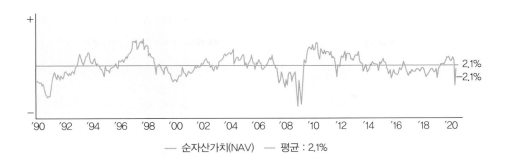

자료: Green Street Advisors, LLC,

[그림 4-6] 상장 리츠의 순자산가치(NAV) 변동 추이

적절할 것이다. [그림 4-6]은 미국 상장 지분형 리츠의 1990년부터 2020년 1분기까지 순자산 가치의 변동 추이를 나타낸 것이다. 순자산가치의 평균은 2.1% 수준이고 2008년 글로벌 금 융위기로 인한 2009년에는 -40%를 상회하는 폭락을 보였다[14] 이 후 점차 개선되어 2000년 대 후반에는 플러스를 보이다 2020년 1분기에는 우한 코로나 여파로 -2.1%를 보이고 있다.

이상을 종합하여 보면 리츠는 특수한 경우를 제외하고는 일반기업처럼 영속적인 기업이기 때문에 보정 없는 순자산가치 방식으로 리츠를 평가하는 방식은 청산시를 전제로 하므로 적절한 방법이 될 수 없다. 차라리 일반기업처럼 주가이익비율(PER)이나 주가 대비 배당가 능이익(P/FFO)의 지표로 주식을 평가하는 것이 바람직하리라 본다. 리츠 투자를 위한 평가 의 기준에 사용할 수 있는 절대적인 지표는 있을 수 없다. 리츠 성과를 현명하게 판단하기 위해서는 리츠의 내재가치 등을 살필 수 있는 기본적 분석(fundamental analysis)에 충실 해야 할 것이다.

(2) 리츠 가치평가모형

리츠의 투자자 입장에서 하나의 리츠 투자분석을 위해서는 다양한 가치평가모형을 이용할 수 있다. 기업가치평가에 대한 Ohlson and Feltham(1995)의 Ohlson 모형 혹은 Feltham-

---

14) Green Street Advisors, LLC, Green Street Advisors Average Premium to NAV,
   https://www.greenstreetadvisors.com/insights/avgpremnav

Ohlson 모형(이하에서는 Ohlson 모형이라 한다)을 간단히 소개하고자 한다. Ohlson 모형을 이해하기 위해서는 재무관리와 회계학 분야에서 기초가 되는 배당할인모형(DDM: Dividend Discount Model)과 현금할인모형(DCF: Discount Cash Flow Model)의 설명이 요구된다.

배당할인모형(DDM)은 주주들이 미래에 받을 배당을 자기자본비용으로 할인한 현재가치로 기업의 가치를 평가한다. DDM 모형은 미래 기대배당의 예측, 배당의 무한 예측과 잔여가치의 추정이 어렵다는 단점을 가지고 있다. 현금할인모형은 DDM 모형보다 미래의 기대현금흐름의 예측 문제는 해결될 수 있으나 역시 배당의 무한 예측과 잔여가치의 추정이 어렵다는 문제점을 가지고 있다. DDM 모형과 DCF 모형의 이론적 타당성을 수용하면서 실증분석에서 추정오차를 최소화하며 유용하게 적용될 수 있는 모형이 Ohlson 모형이다. Ohlson 모형은 기업의 초과이익에 의해 리츠의 기업가치를 평가할 수 있다는 장점이 있다.

기업 가치는 미래기대배당의 현재가치이다. 미래기대배당은 DDM 모형과 DCF 모형으로 도출될 수 있다. 기업 가치는 미래기대배당이 아닌 순자산장부가치 + 초과이익의 현재가치로 나타낼 수 있다. DDM 모형에서 기업가치(V_t)는 무위험수익률을 t 시점에서 $t+n$ 기간 동안 미래기대배당액의 합으로 구한다. DCF 모형에서 순자산장부가치(NAV_t)는 전기의 순자산가액에 t기의 운영수입을 합하여 t기의 배당액을 차감하여 구한다. Ohlson 모형의 기업가치(V_t)아래와 같다.

$$V_t = \sum_{n=1}^{\infty} R_f^{-n} E_t(D_{t+n}) \qquad (1)$$

$$BV_t = BV_{t-1} + Y_t - D_t) \qquad (2)$$

V_t : t기말의 주식가격

BV_t : t기말의 순자산 주식가격

Y_t : t기의 운영수입(FFO)

D_t : t기의 배당

R_f : 1+무위험수익률

초과이익은(Abnormal Earnings: AE_t^a)은 t기의 운영수입에서 기대이익(전기순자산가액에서 무위험수익률을 감안한 이익)을 차감하여 구한다. 이를 식으로 나타내면 초과이익(AE_t^a

t)을 아래 같이 나타낼 수 있다.

$$AE_t^a = Y_t - (R_f - 1)BV_{t-1} \qquad (3)$$

식 (3)을 Y_t에 대입하여 정리한 후 식 (2)에 대입하여 정리한 식 (4)를 다시 식 (2)에 대입하면 식 (5)를 도출 할 수 있다.

$$Y_t = AE_t^a(R_f - 1)BV_{t-1} \qquad (4)$$

$$BV_t = AE_t^a + (R_f \times BV_{t-1}) - D_t \qquad (5)$$

식 (5)를 D_t에 대하여 정리한 후 식 (1)에 대입하면 기업가치(V_t)는 t기의 순자산가치에 $t+n$기간 동안 무위험수익률을 감안한 초과이익에서 $t+n$기간 동안 순자산가치를 차감함 가액을 더하여 식 (6)과 같이 구할 수 있다.

$$V_t = BV_t + \sum_{n=1}^{\infty} R_f^{-n} E_t(AE_{t+n}^a) \qquad (6)$$

식 (6)의 기업가치(V_t)는 t기의 순자산가치에 무위험수익률을 감안한 $t+n$기의 초과이익의 합으로 구할 수 있다는 것이다.[15] 지금까지 다소 복잡한 과정의 수식으로 기업가치(V_t)를 구하는 흐름을 제시하였다. 우리나라도 리츠가 보다 활성화 되어 많은 데이터가 DB화 되면 개별 리츠의 기업평가와 함께 해외 리츠와 비교 분석한 자료를 투자가들에게 제시하게 되면 투자의사 결정에 보다 고급 정보를 제공할 수 있으리라 기대된다.

---

15) 김미영, 지식자산가치와 기업가치 관련성에 관한 연구, 박사학위논문, 경희대학교 대학원 경영학과, 2008. 8. pp13-17.

참고문헌

김미영. 2007. 지식자산가치와 기업가치 관련성에 관한 연구, 박사학위논문, 경희대학교 대학원 경영학과.

김병우·이동훈. 2015. 부동산금융론, 두남.

김용하·김진영·박진우·최철·오성수·강전·박정은, 대학생을 위한 금융, 2018. 1.17, 금융감독원
　　　(금융교육콘텐츠/금융교육교재).

최차순. 2005. VAR 모형을 이용한 REITs의 가격 예측에 관한 연구, 박사학위 논문, 중앙대학교 대학원
　　　경제학과.

한국토지신탁 금융사업팀. 2000. 부동산을 움직이는 REITs, 부연사.

레포트월르드, 미국 리츠 협회의 운영수입 보고서, 2012. 11. 18,
　　　https://www.reportworld.co.kr/business/b737926

Case, B. 2019. REIRs: A Look Back at 2018 and a Look Forward to 2019, REIT Economic Outlook,
　　　January, pp.8-13.

Damodaran, A. John, K. and Liu, C. 1997. The determinants of organization form changes:
　　　Evidence and implication from real estate. Journal of Financial Economics 45:169-92.

Green, E. Why Real Estate Companies Should Consider REIT Structures to Attract Domestic and
　　　Foreign Investor Capital by Arkadiy. September 12 2018.

Gyourko, J. and Sinai, T. 1999. The REIT vehicle: Its value today and in the future. Journal of
　　　Real Estate Research 18:457-85.

Green Street Advisors, LLC. Green Street Advisors Average Premium to NAV,
　　　https://www.greenstreetadvisors.com/insights/avgpremnav

Lee, R. 미국 리츠주식으로 해외 건물주 되기:당신도 뉴욕의 건물주가 될 수 있다. PUBPLE, 2019. 8. 30.

NAREIT, REIT Earnings Slowed in Q4 2018, 2019. 3. 20.

https://www.reit.com/news/blog/market-commentary/reit-earnings-slowed-q4-2018

제

5

장

리츠 유형

1 | 개념적인 측면에서의 리츠 유형

2 | 특징적인 측면에서의 리츠 유형

3 | 특수구조 리츠

제 5 장 리츠 유형

리츠의 유형은 1960년대 처음 도입할 때 전통적인 개념의 리츠 보다도 현재는 그 특성상 아주 다양한 유형의 리츠로 변모해가고 있다. 대부분의 리츠는 주식시장에서 자유롭게 거래가 되지만 어떤 유형의 리츠는 증권거래소에 등록은 되지만 상장 거래되지 않는 유형도 있고, 또 어떤 종류는 증권거래소와 상장이 원천적으로 제한되는 리츠도 있다. 대부분의 리츠는 지분형 리츠(equity REIT)와 모기지형 리츠(mortgage REIT)이고, 지분형과 모기지형이 결합된 혼합형 리츠(hybrid REIT)도 있다. 혼합형 리츠는 미국 주식시장에서 2008년까지 거래를 끝으로 시장에서 퇴출되어 별도 서술하지 않기로 한다. 이하의 절에서는 독자들의 이해를 돕고자 개념적인 측면에서의 리츠 유형, 특성적인 측면에서의 리츠 유형, 특수구조의 리츠 유형을 설명하고자 한다.

1 개념적인 측면에서의 리츠 유형

1) 지분형 리츠

지분형 리츠는 대부분의 투자자가 부동산을 직접 소유할 필요가 없는 다양한 유형으로 구성된 부동산 포트폴리오의 운영으로부터 수익을 창출하는 리츠를 말한다. 이 리츠(REITs; 부동산투자회사)는 사무실, 건물, 헬스케어, 쇼핑센터, 주택 등과 같은 부동산을 매매, 임대, 개발, 관리로부터 수익을 창출하게 된다. 이렇게 창출된 대부분의 수익을 리츠 지분(주식) 소유자인 주주들에게 배당을 하는 구조이다.

[그림 5-1] 지분형 리츠

(1) 지분형 리츠(equity reits)의 성과

지분형 리츠가 오늘날 리츠 시장의 대부분을 점유하고 있으며 미국 경제에 활력을 견인하고 있다. 이들 리츠는 미국의 모든 주(state)에서 거래되고 있으며 52만 개 이상의 부동산을 보유하고 있다.[1] 지분형 리츠는 표준산업분류 기준으로 분류되는 주요 부동산의 대부분을 구성한다. 지분형 리츠의 주요 특징은 아래와 같다.

- 지난 25년 동안 지분형 리츠의 연평균 수익률은 10.9%를 초과하는 성과를 보였다.
- 많은 연구가들은 리츠의 최적 포트폴리오 구성 비율은 5~15% 수준이라고 제시한다.
- 지분형 리츠의 연평균 배당률은 3.9%로 S&P500의 2%에 비하면 거의 2배 수준이다.
- 등록된 투자자문가의 80%는 투자 대상으로 지분형 리츠를 추천한다.
- 지분형 리츠의 투자 대상 부동산은 주택, 의료시설, 사무실, 쇼핑몰, 헬스케어, 데이터 센터, 크게 12개 카테고리로 분류하고 있다.

(2) 리츠 투자의 특성

리츠 투자의 가장 큰 매력은 첫째 배당소득이다. 리츠의 배당소득은 지난 25년 동안 우량주식의 포트폴리오인 S&P500보다도 2배 수준 높은 성과를 보였다. 이 때문에 많은 리츠 투자 자문가들은 장기 안정적인 고소득을 추구하는 투자가들에게 추천을 권고하고 있다. 고수익성과의 절반 이상이 배당에서 나온다. 둘째, 포트폴리오의 다양화이다. 리츠는 일반주

---

1) NAREIT, REITs by the Numbers.

식이나, 채권 등과의 상관관계가 상대적으로 낮기 때문에 포트폴리오 구성에 우수한 투자상품이다. 포트폴리오의 다양화는 부동산 종류별 및 지역별로 이루어진다. 셋째, 인플레이션 헷징 수단에 리츠가 적합하다. 오늘날 많은 투자가들은 지속적인 인플레이션 하에서 실질소득의 감소 없이 수입을 보장할 수 있는가에 주목하고 있다. 실질 소득 감소 위험에 대한 불안감을 최소화할 수 있는 수단이 바로 리츠이다. 은퇴자들이 고정수익 증권으로 인플레이션을 능가하는 수익을 보장받기가 쉽지 않다. 이런 우려를 잠재우고 리츠는 지난 45년 동안 고배당과 주가 상승의 매매 차익 실현으로 장기 안정적인 소득을 누릴 수 있는 투자상품으로 투자가들의 애호를 받아 왔다.

2) 모기지형 리츠

모기지형 리츠(mREITs)는 대출(부동산 구입) 및 부동산 개발 관련 대출, 주택저당증권(MBS), 기타 금융자산으로부터 이자소득을 창출할 목적으로 금융을 제공하는 구조이다. 개인이 모기지형 리츠에 투자하기 위해서는 일반적인 보통 주식과 마찬가지로 주식시장에서 살 수도 있고 아니면 뮤츄얼 펀드(mutural funds) 등을 통하여 구입 할 수 있다. 모기지형 리츠가 현재까지 존속할 수 있기까지는 여러 차례의 부침도 있었지만 투자가들은 역사적으로 비교적 높은 배당금을 수령한 경험이 있었기에 모기지형 리츠의 가치를 알고 있다.

미국에서 모기지형 리츠는 주택저당증권을 발행하고 매입함으로서 주택시장을 활성화 시키는데 큰 도움을 주어 경제에 중요한 역할을 해왔다. 실제로 미국의 180만 가구가 주택을 구입하는데 모기지형 리츠를 이용하였다. 또한 상업적인 측면에서 보더라도 모기지형 리츠는 개인이나 기업이 수익을 창출할 목적으로 부동산 매입 시 부족한 자금을 공여해주는 역

[그림 5-2] 모기지형 리츠

할도 해왔다.

(1) 모기지형 리츠(mortgage reits)의 비즈니스 모델

모기지형 리츠의 대차대조표에는 주택담보대출과 주택저당증권(MBS, 여러 유형의 유가증권과 대출이 포함돼 있다) 모기지형 리츠의 수익 구조는 모기지 대출로부터 기대되는 이자소득과 모기지를 발생시키기 위해서 조달하는 조달 금리와의 갭이다. 수익구조를 효율화 하고자 모기지 자산에 대한 이자소득과 자금조달 비용 간의 확대, 재매입 계약, 구조화된 금융, 전환 및 장기 부채, 그리고 다른 신용 조달을 포함한 다양한 자금 공급원 개발에 집중한다. 이렇게 함으로 모기지형 리츠는 자본시장에서 부채와 자본을 모두 증가시킨다.

(2) 주택 소유자, 기업 및 금융 시장에 대한 혜택

모기지형 리츠는 주택 소유자와 기업 모두에게 주택 담보 대출에 대한 자금을 제공한다. 모기지형 리츠는 민간 자본을 사용하여 주택 담보 및 주택저당증권(MBS)을 구입함으로써 주택 담보 시장에 유동성과 신용을 공여하는 데 도움을 주었다. 리츠의 자금 조달 활동은 180만 가구의 주택 구입 융자를 제공하는 데 도움을 주었다. 마찬가지로 상업용 주택담보대출과 상업용 담보부 증권(CMBS)의 매입은 상업용 부동산에 대한 담보대출 신용의 원천을 제공하였다.

(3) 리스크 및 리스크 관리

대부분의 모기지형 리츠는 증권거래위원회(SEC: Securities and Exchange Commission)에 등록되어 있으며 투자자와 분석가의 검토와 감시를 위해 정기적인 재무제표를 발행해야 한다. 모기지형 리츠가 직면하는 비즈니스 위험은 다른 금융 회사의 위험과 유사하다. 모기지형 리츠는 다양한 유형의 위험을 관리하는 축적된 경험을 가지고 있다. 금리 리스크, 단기 및 장기 이자율의 변동 효과를 관리하는 것은 모지기형 리츠의 필수 요소이다. 모기지형 리츠의 비즈니스 스타일, 이자율의 변동은 순이자마진에 영향을 미칠 수 있다. 모기지형 리츠(mREITs)는 일반적으로 이자율 스왑(interest rate swap), 스왑(swap), 이자율 칼라(interest rate collar), 이자율 캡(interest rate caps) 또는 이자율 플로어(interest rate floor) 및 기타 금융 선물 계약을 포함하여 널리 사용되는 재래식 위험회피(risk averse)전략을 통해 단기차입과 관련된 위험을 최소화 하려고 한다.[2] 이자율 변동 기간 동안 현금을 조달하거나 차입금을 줄이기 위해 차입금 및 자산 매도뿐만 아니라 차입금을 조정하기도 한다.

무엇보다 모기지형 리츠는 신용위험에 많이 노출돼 있다. 특정 담보물의 신용위험의 정도는 기초대출의 신용성과, 보안의 구조(즉, 어떤 종류를 먼저 지급하고, 어떤 종류를 나중에 지급하느냐)에 따라, 그리고 담보로서 보유하는 담보대출의 액면금액이 액면담보가치를 초과하는 과잉 담보의 정도에 따라 달라진다. 또한 중도상환에 대한 위험과 자금 대출과 조달간의 장단기 이자율 구조에 따른 위험에도 노출돼 있다. 단기자금을 조달하여 장기 대출 및 주택저당증권에 투자로 인하여 자금조달과 대출간의 이자율 구조 위험도 있다. 이러한 경우 예대의 이자율 마진율을 높이기 위해 자금조달과 대출의 기간구조를 조정하여 단기자금을 장기로 전환내지 연장하는 구조를 취하여 손실을 최소화 하고자 한다.

3) 등록된 비거래 리츠(PNLR)

등록된 비상장 리츠(PNLR: public non-listed REITs)은 증권거래위원회(SEC)에 등록되지만 주식시장에서 거래되지 않는다. 유동성 옵션은 다양하며 주식 재 구매 프로그램 또는 2차 시장 거래 형태를 취할 수 있지만(보유한 주식을 주식시장이 아닌 자본시장에서 할인 매매 등의 유통하는 형태) 일반적으로 제한이 따른다.

---

2) 이자율 스왑(interest rate swap)은 금융시장에서 차입자의 이미 존재하는 부채나 새로운 부채에 대한 차입 비용을 절감하고 금리 위험을 없애기 위하여 두 차입 자가 각자의 차입 조건을 서로 교환하는 계약. 일반적으로 변동 금리 부채를 고정 금리 부채로, 고정 금리 부채를 변동 금리 부채로 전환하는 형식을 취한다.
이자율 칼라(interest rate collar) 계약은 금리상한금리와 하한금리를 적당하게 조절하여 두 옵션의 프리미엄을 같도록 조절할 경우 제로코스트 옵션이 되는 계약을 말한다. 즉, 자금 차입자는 상한금리 이상으로 금리가 올라도 상한금리만큼만 지급하지만, 금리가 하한금리 이하로 떨어질 경우, 하한 금리 만큼은 지급 금리를 지급하는 계약이다.
이자율 캡(interest rate caps)은 이자율이 오르는 경우 변동 이율에 따라 수익을 지급받아 위험을 예방할 수 있다.
이자율 플로우(interest rate floor)는 정해진 수준보다 이자율이 낮으면 이득이 발생하는 옵션. 여기서 이자율은 정기적으로 조정되는 변동금리이다.

(1) PNLR의 규제

PNLR는 증권거래위원회에 등록은 되지만 주식시장에서 거래는 제한된다. PNLR은 거의 모든 다른 방법으로 리츠처럼 운영되지만, 일반적으로 그들의 유동성을 제한하는 현금화(환금성) 제약이 있다. 증권거래소에 상장된 리츠와 마찬가지로 상장되지 않은 공공 리츠 또는 등록된 비상장 리츠도 부동산을 소유하고 운영하며 또는 금융을 조달할 수 있지만 역시 일반 리츠와 마찬가지로 미국세법의 지배를 받게 된다. 그래서 PNLR은 분기별 및 연도별 재무보고서를 포함하여 정기적으로 증권거래위원회에 보고를 한다. 이러한 모든 PNLR의 정보들은 증권거래위원회의 EDGAR 데이터베이스를 통해 공개적으로 사용이 가능하다. PNLR은 상장된 리츠가 제공하는 것과 같은 유동성을 제공하지 않는다. 주식에 대한 환금성 기간은 회사마다 상이하며 제한되어 있다. 일반적으로 등록된 비상장 리츠(PNLR)는 투자의 최소 보유 기간이 존재한다.

(2) PNLR의 공개

PNLR은 증권거래위원회에 등록되지만 의도적으로 주식시장에 거래하지 않는 리츠의 구조이다. PNLR의 주식 공개는 일반적으로 "블루 스카이(blue sky)"라고 불리는 주(state)의 증권 감독위원회의 심사에 의해 이루어진다. 주식시장에 거래되지 않는다 하여 PNLR의 주식을 처분할 수 없는 것은 아니다. 유동성 옵션은 다양하며 주식매입 프로그램이나 2차 시장거래의 형태를 취할 수 있지만 일반적으로 제한이 있다. 거래 중개 비용은 회사마다 다르며 선결제 수수료 또는 총 거래액의 일정비율이 될 수 있다. 최소 투자 금액은 일반적으로 1,000~2,500달러 수준이며, 투자자들이 PNLR의 이사를 재선임할 수 있다. PNLR의 기업지배 구조는 상장 리츠와 동일한 주법과 부동산투자신탁에 관한 북미증권관리자협회(NASAA) 지침을 따르게 된다.

4) 사모 리츠(비공개 리츠)

사모 리츠는 증권거래위원회에 등록이 면제되고 주식시장에 거래되지 않는 부동산 펀드 또는 회사이다. 사모 리츠는 일반적으로 기관 투자자에게만 판매 할 수 있다. 또한 사모 리츠는 상장된 주식이나 등록된 비거래 리츠(PNLR)와 동일하게 공시 요구사항을 적용받지 않는다. 민간 리츠(Private Reits)라고도 불리는 사모 리츠는 1933년 증권법 규정 D에 따라 증권거래위원회 등록이 면제되고, 주식시장에서 의도적으로 주식을 거래하지 못하도록 발행된 주식이다. 사모 리츠는 일반적으로 대형 연금기금 또는 일반적으로 순자산 100만 달러(주거 제외) 이상 또는 2년 전 소득 20만 달러를 초과하는 개인(배우자와 함께 30만 달러)으로 정의되는 기관 투자자에게만 판매될 수 있다. 주식은 주식시장에 거래 할 수 없어 유동성이 낮지만 주식 현금화 프로그램은 회사마다 다르며 제한적이거나 존재하지 않거나 변경될 수 있다.

거래 중개 비용은 회사마다 다르지만 "승인 된 이자" 형태의 수수료, 연간 관리 수수료 및 수익에 대한 일정한 비율로 정해진다. 관리는 외부에서 주로 조언하고, 최소 투자액은 일반적으로 1,000~25,000달러 수준이며 기관 또는 공인 투자자를 위해 설계된 사모 리츠는 일반적으로 훨씬 높은 최소 투자액을 요구한다. 사모 리츠의 사외 이사는 1940년 투자고문법(Investment Advisers Act)에 따라 등록된 투자고문이 관리하지 않는 한 일반적으로 규제 요건 및 감독이 면제(exempt) 된다. 또 하나의 주요 특징은 증권거래소에 공시 의무(disclosure obligation)요건이 제외된 다는 것이다. 따라서 사모 리츠의 거래 내역을 추적 할 수 있는 자료를 구하는 일은 쉽지 않다. 현재 사모 리츠는 헬스케어 1개를 포함하여 13개 정도가 운영되고 있다.

2 특징적인 측면에서의 리츠 유형

1) 불특정 리츠(Blank or Blind Pool Check REITs)[3]

불특정 리츠는 투자가로부터 모집된 자금으로 투자대상과 방법을 제한하지 않는 투자수단이다. 전통적인 리츠의 개념은 투자가로부터 자금을 공모할 때 사업제안 설명서에 명시적인 투자대상과 방법에 대한 자세한 설명으로 인해 고객과 리츠 간에 신뢰가 높다. 그러나 불특정 리츠는 목표 수익률을 달성하기 위해 경영진의 재량에 따라 자산을 취득할 수 있도록 설

---

3) Investopia, https://www.investopedia.com/terms/b/blind_pool.asp

립된 특수한 구조이다. 불특정 리츠의 자금 모집은 리츠 경영진의 명성이나 발기인의 평판에 의해 이루어지다 보니 종종 경영진이나 발기인의 사기성에 의해 투자가들이 큰 손해를 보기도 한다. 이러한 불특정 리츠는 1980년대와 1990년대에 벤처 캐피탈과 엔젤 투자와 함께 인기를 얻었지만 사기 거래로 인해 불명예스러운 오명과 함께 시장에서 퇴출되기도 하였다.

2) 특정 리츠(Purchasing or Specified REITs)

특정 리츠는 투자가로부터 모집된 자금으로 투자대상과 방법을 사업설명서에 명시적으로 제한하는 전통적인 투자수단이다. 리츠가 취득하고자 하는 부동산과 지역, 방법을 자금 모집 시 제시하므로 리츠 경영진과 투자자 사이에 발생될 수 있는 갈등이 최소화 될 수 있는 이점이 있다.

3) 차입유무에 따른 리츠(Leveraged or Unleveraged REITs)

금융차입 리츠(leveraged REIT)는 자금조달 금리보다 더 높은 수익률이 기대될 때 부채(debt)를 이용하는 리츠 구조이다. 일반적으로 많은 리츠 들은 부동산 구입 시 부채를 이용하여 거래를 하고 있다. 부채를 많이 이용한다는 것은 위험 요인(risk factors)이 될 수도 있지만 적정한 부채비율(D/E)은 레버리지 효과(leverage effect)로 작용하기도 한다. 이에 비하여 리츠가 부동산 등을 매매 시 채무를 사용하지 않는 리츠를 무차입 리츠(unleveraged REITs)라 한다.

4) 폐쇄형 리츠(Closed-end REITs)[4]

폐쇄형 리츠는 리츠가 최초에 주식을 공모(initial offering)할 때 발행할 주식의 수를 사전에 정하는 리츠이다. 일반적으로 주식 공모 시 발행해야 할 주식의 주가가 고정되어 있기에 증자(secondary offering)를 할 경우 환매권을 허용하지 않는다.

---

4) Sapling, https://www.sapling.com/12105796/open-ended-vs-closed-ended-real-estate

5) 개방형 리츠(Open-end REITs)

개방형 리츠는 발행할 리츠의 수를 사전에 정하지 않는 리츠 구조이다. 이 구조는 사전에 발행할 주식의 수가 고정돼 있지 않기에 리츠가 증자(secondary offering)를 할 경우 환매권을 허용하게 된다.

6) 유한수명 리츠(Finite-life REITs)와 무한수명 리츠(Infinite-life REITs)[5]

유한수명 리츠(유한 리츠)는 자본투자로 수익을 얻기 위해 특정한 기간 내에 보유한 주식을 처분하도록 설계된 존속기간이 있는 리츠이다. 유한 리츠는 사전에 발행한 주식 수의 비율로 자산 청산이 이루어지기에 주가는 자산가치에 보다 근접할 수 있다. 유한 리츠도 일반 리츠와 마찬가지로 상장되어 거래를 할 수 있다. 이에 비하여 무기한 수명 리츠(무기한 리츠)는 존속기간이 없는 리츠이다.

7) 내부관리 리츠(Internal managed REITs)와 외부관리 리츠(External managed REITs)

내부관리 리츠는 내부적으로 매일 회사의 운영을 관리하는 투자 관리자와 직원을 고용하는 부동산투자신탁이다. 다시 말해 리츠는 해당 작업을 외부관리 팀에 아웃소싱하지 않고 자체 포트폴리오를 관리하는 구조이다. 따라서 내부적으로 관리되는 리츠는 리츠 경영진과 투자가 사이에 이해 상충이 적으며 보다 주주 친화적인 구조로 간주된다.

반면, 외부관리 리츠는 회사 내부에 투자 관리자와 직원을 두지 않고 외부 자문가나 전문가에 의해 유로로 관리되는 리츠를 말한다. 외부관리 리츠는 조직 면에서 효율적이고 간단하게 간주되지만 관리자에게 지급되는 과다한 수수료로 인하여 회사와 주주 간에 이해상충의 문제를 일으킬 수 있다.

---

5) Financial Dictionary, https://financial-dictionary.thefreedictionary.com/Finite-Life+REIT

8) 개발 공동사업 리츠(Developmental-Joint Venture REITs)[6]

개발 공동사업 리츠는 하나의 리츠로 매우 다른 두개 패키지를 운영하는 리츠 구조이다. 즉, 매우 위험성이 내재된 부동산 개발사업과 비교적 안정적인 수익을 창출할 수 있는 일반적인 리츠가 결합된 특이한 리츠 구조이다. 전자가 올바르게 실행되면 상당한 가치를 창출할 수 있지만 후자는 거의 모든 경제환경에서 인플레이션 조정 수익률을 얻을 수 있다. 리츠는 부동산 개발 사업에 참여하기 위해 개인 개발자와 계약을 맺어 할 수도 있지만, 건설 및 임대 등의 문제로 더 높은 위험을 피하기 어려운 경우도 있다. 리츠가 일반 투자가로부터 자금을 모집 후 이러한 개인부동산 개발업자와 공동사업을 하는 경우 개인개발업자는 합작 파트너십 구조로 참여하게 된다. 이럴 경우 개발업자와 리츠는 공동개발에 필요한 자금 공여 비율과 성과 배분, 공사참여 프로세스, 주주권 행사 등에 관하여 계약을 하여 갈등의 소지를 줄이게 된다.

9) 기타 리츠

리츠가 수익 창출 부동산으로 어떤 유형의 부동산을 대상으로 하는가에 따라 헬스케어 리츠, 쇼핑몰 리츠, 아파트 리츠, 주택 리츠, 소매상가 리츠, 입목 리츠, 창고 리츠, 산업 시설 리츠, 숙박업 리츠, 호텔 리츠, 오피스 리츠, 토지 리츠, 재산 교환 리츠, 기숙사 리츠, 데이터 센터 리츠, 학생용 주택 리츠, 교도소 리츠 등 수익을 창출할 수 있는 모든 종류의 부동산을 포트폴리오로 구성할 수 있다. 다양한 포토폴리오 구성의 목표는 수익을 창출하는데 있다. 앞으로도 투자자의 욕구에 부응할 수 있는 다양한 리츠가 출현할 것으로 기대된다.

---

6) Gumbs, B. 2001. The Viability of the REIT Structure as a Vehicle for Real Estate Development, the Degree of Master of Science in Real Estate Development, Massachusetts Institute of Technology, September.

3 특수구조 리츠

1) UPREIT

UPREIT는 부동산의 틈새시장을 공략하기 위한 일종의 투자전략이라 할 수 있다. UPREIT가 리츠나 일반투자가들에게 관심을 집중시킬 수 있었던 것은 부동산을 UPREIT에 양도하고 지분과 교환함으로서 과세이연 시기를 자신에게 유리하게 조정할 수 있을 뿐 아니라 지분을 주식으로 전환하여 현금화 할 수 있는 투자수단이기 때문이다. 부동산 소유자가 리츠에 직접 부동산을 매각하면 양도소득세 납부를 해야 하지만 UPREIT에 양도하게 되면 양도소득세 이연과 유동성이 높은 주식으로 전환하여 현금화 할 수 있는 장점이 있다. 그러나 주식 보유자는 일반적인 리츠 과세 표준에 따라 과세를 납부를 해야 한다. 이런 이점 때문에 부동산 소유자는 세금을 이연시킬 목적으로 이러한 유형의 투자방법을 선택하게 된다.

2) DownREIT

DownREIT는 리츠가 파트너십 운영권을 취득할 목적으로 현금이나 리츠 보유 부동산을 제공한 대가로 지분을 획득하여 파트너십의 무한책임주주(general partner)로 운영자의 역할을 하는 형태이다. DownREIT는 부동산 소유주와 리츠 간의 파트너십 계약을 통해 부동산 소유자의 부동산 매각 시 자본소득에 부과되는 세금을 이연하도록 하는 이점이 있다. DownREIT에 부동산을 제공하는 부동산 소유자는 파트너십으로 운영 지분을 받는다. 부동산 지분을 소유한 투자자는 유한책임주주(limited partner)가 된다. UPREIT 구조에서는 하나의 파트너십(umbrella partner)이 모든 운영파트너십(OP)의 부동산을 직·간접적으로 소유하지만 DownREIT 구조 하에서 각각 분리된 여러 개의 파트너십이 부동산을 직·간접적으로 소유 및 운영하는 형태이다. DownREIT의 경우 리츠의 다른 부동산도 리츠가 직접 소유한다. DownREIT는 UPREIT보다 제한적인 부동산 취득의 형태이나 UPREIT처럼 세제 이연 혜택과 리츠 주식으로 전환하여 현금화할 수 있는 이점을 가지고 있다. 그러나 주식을 한꺼번에 대량으로 매매할 수 없도록 미국세법(IRC) 섹션 721에 엄격히 제한 규정을 따르도록 하고 있다.

참고문헌

Financial Dictionary,
   https://financial-dictionary.thefreedictionary.com/Finite-Life+REIT
Gumbs, B. 2001. The Viability of the REIT Structure as a Vehicle for Real Estate Development,
   the Degree of Master of Science in Real Estate Development, Massachusetts Institute of
   Technology, September.
NAREIT, https://www.reit.com/
Investopia, https://www.investopedia.com/terms/b/blind_pool.asp
Sapling, https://www.sapling.com/12105796/open-ended-vs-closed -ended-real-estate

제 **6** 장

리츠의 법적 요건

1 리츠의 조직 요건

2 리츠의 소득 및 자산 구성 요건

3 리츠의 세제 요건

4 리츠의 과세대상 소득 및 배당요건

5 리츠와 주주의 세금

6 리츠 구조모델

제6장 리츠의 법적 요건

1 리츠의 조직 요건

리츠의 실체는 회사, 신탁 또는 단체로서 법인 형태와 다음의 조직구성을 충족해야만 리츠의 법적 지위[1]를 인정받게 된다. 리츠가 어떤 형태를 취할 것인가에 대해서는 미국세법(IRC; Internal Revenue Code)에 기반한다. 따라서 리츠의 설립, 조직요건, 자산요건, 소득요건, 배당요건, 세금요건, 합병, 자회사 설립, 주주구성, 제3자 거래의 제약, 금지된 거래 등에 관하여 미국세법은 상세하게 나열하고 있다.

① 1인 이상의 수탁자 및 이사들에 의해 관리되어야 한다.
② 수익자의 권리는 양도 가능한 지분 또는 수익증서이어야 한다.

---

1) REITs의 법적 지위에 관한 법률
  ▷U. S. Code: Title 26 : Internal Revenue Code ∥ US Law
  (내국세법 : 제목 26은 소득, 선물, 부동산, 판매, 급여 및 소비세와 관련된 모든 관련 규칙을 다룸)
  ▷Subtitle A: Income Taxes(소득세)
  ▷Chapter 1: Normal Taxes and Surtaxes(일반과세)
  ▷Subchapter M: Regulated Investment Companies and Real Estate Investment Trusts
          (규제된 투자 회사 및 부동산 투자신탁)
  ▷Part II: Real Estate Investment Trusts(부동산 투자신탁)
  ▷Section 856: Definition of real estate investment trusts(부동산투자신탁의 정의)
  ▷Section 857: Taxation of real estate investment trusts and their beneficiaries
          (부동산 투자신탁 및 수혜자에 대한 과세)
  ▷Section 858: Dividends paid by real estate investment trusts after close of taxable year
          (과세 연도 종료 후 부동산 투자신탁에 의한 지급되는 배당금)
  ▷Section 859: Adoption of annual accounting period(연간 회계기간 적용)

③ 리츠 법에 의한 비과세대상 외에는 미국세법에 따라 과세되어야 한다.

④ 지분의 소유권이 100인 이상에게 분산되어야 한다.

⑤ 소수의 주주가 일정 지분 이상의 주식을 소유해서는 아니 된다.

⑥ 리츠의 소득 및 자산 구성의 요건을 충족해야 한다.

⑦ 외국에서 결성된 법인은 리츠가 될 수 없음

⑧ 금융기관이나 보험회사는 리츠가 될 수 없음

1) 1인 이상의 수탁자 및 이사들에 의해 관리

리츠가 처음 설립될 시에는 이 조항이 엄격히 지켜져야만 했으나, 현재에는 개정법에 의거 투자와 대출의 행위 의사결정을 외부전문가에 위임하는 것이 허용되고 있다. 종종 수탁자나 이사들이 외부전문용역 업체의 일정한 지분을 소유한 경우 이들이 소속된 외부전문용역 업체의 전문가 리츠 투자나 대출 행위의 의사 결정에 자문을 하는 경우 이들의 독립성에 문제가 제기되기도 한다.

  - 과세대상 연도 전체 기간 충족
  - 수탁자나 이사는 자신의 고유한 권한에 의해 자신에게 맡겨진 전적인 권한을 직접 행사하기도 하고 때로는 외부 자산운용회사에 위임하기도 한다.

2) 수익자의 권리는 양도 가능한 지분 또는 수익증서

리츠의 도입 취지는 지분을 소유한 자는 환금화하기 위해서 지분 양도를 양도 하는 것을 기본 취지로 한다. 그러나 리츠 지분 주주가 100인 미만으로 되거나, 양수자의 지분이 9.8%를 초과하는 것으로 금지하는 규정을 두어 지분이 소수에게 집중되는 것을 엄격히 규제하고 있다.

  - 과세대상 연도 전체 기간 충족

3) 지분의 소유권이 100인 이상에게 분산

리츠의 주주가 100인 이상이어야 하는 요건은 개인, 회사, 조합, 재단, 신탁 등 모든 법적 주체를 개별 주주로 인정한다. 또한 계열회사들도 개별 주체로 본다. 이는 특정 개인에게 지분이 집중되는 것을 방지하고 소수 지분 소유자의 권익을 보호하고자 함이다.

- 1년 중 335일 이상 주주가 100인 이상 존재(단, 결성 첫해는 적용되지 아니함)
- 통상 1인 주주 소유지분의 한도는 5~9.99%로 제한함

4) 소수의 주주가 일정 지분 소유 불가

5인 이내의 대주주가 발행주식의 50% 이상을 직·간접적으로 초과하여 보유할 수 없다. 이를 흔히 5/50 규칙이라 한다. 연기금은 중장기 투자 대상으로 리츠를 선호하였지만 5/50 규칙의 규제에 의해 투자가 허용되지 않았다. 그러나 1993년 일괄예산조정법(Omnibus Budget & Reconciliation; OBRA) 제정으로 연기금도 리츠에 투자가 허용 되었다.

- 자격 있는 신탁과 연기금이 소유한 주식은 1인 주주가 아닌 다수 주주로 허용함으로 5/50 규칙의 예외가 될 수 있음.
- 소수의 주주가 일정 지분 이상의 주식을 소유해서는 아니 된다는 조건은 과세대상 연도 하반기 전체에 충족해야 한다.

5) 금융기관이나 보험회사는 리츠가 될 수 없음

미국세법 582(c)(2)의 은행, 협동조합, 신용금고 등 일반적으로 금융업을 영위하는 금융기관. 리츠가 타인의 금전을 운용하는 입장에서 리츠 주주들과의 이해상충의 충돌을 피하기 위해서이다.

- 과세대상 연도 전체기간 충족

2 리츠의 소득 및 자산 구성 요건

리츠는 소득 및 자산 구성 요건에 대하여 리츠의 법적 지위 요건으로 엄격하게 유지할 것을 법으로 규정하고 있다. 리츠를 운영하는 경영주체는 이 요건을 유지하면서 포트폴리오를 구성하여 소득을 창출하려고 부단히 노력한다. 소득 요건은 다음과 같다.

미국세법 섹션 856(c)(3)에 리츠의 75% 소득은 아래 열거한 항목에서 소득이 발생해야 할 것을 명시하고 있으며, 나머지 25%는 부동산이 아닌 자산에서 소득 발생도 허용하고 있다.

① 부동산 임대료 소득
② 부동산 모기지(또는 소유권) 또는 담보권에 대한 이자소득
③ 부동산 양도 자본소득(부동산 및 저당권 양도에 따른 차익, 금지된 거래조항 관련된 양도차이 소득 제외)
④ 타 리츠 투자(지분)로부터 발생하는 배당 소득, 증권의 매매로 인한 자본이득(금지된 지분으로 발생하는 소득 제외)
⑤ 부동산 감면 세액 또는 환불액(부동산 취득 시)
⑥ 리츠 법이 허용하는 단기 투자 소득

또한 미국세법 섹션 856(2)(2)은 95% 소득요건으로 위 열거한 것 외에 아래 항목도 소득으로 인정하고 있다.

(1) 배당(dividends)
(2) 이자(interest) : 비 모기지 이자
(3) 주식(stocks), 증권(securities)의 양도 이익: 리츠가 투자 목적으로 투자한 일반회사의 주식이나 정부채권

이는 리츠가 소득의 25%까지는 수동적인 부동산으로 발생하는 소득일 필요는 없고, 5%는 부동산과 무관한 자산으로부터 발생하는 소득도 인정한다. 리츠가 75%나 95% 요건을 충족하지 못하였을 경우 납득할 만한 사유가 있을 시는 리츠 지위가 상실되지 않으나, 그러나

충족하지 못한 사유가 불합리하면 지츠 지위를 상실하게 되며 혜택 받은 세금을 납부해야 한다. 여기서 총 소득의 의미는 영업이익(gross profit or gain)이다. 즉 총수입에서 수입발생을 위한 비용을 차감한 영업이익을 말한다. 그러나 리츠는 총소득의 30% 이상이 다음의 항목에서 발생하는 것을 금지하는 예외조항을 두고 있다. 즉 다음의 항목에서 발생하는 소득을 인정하지 않고 있다.

① 1년 미만 보유한 증권의 처분으로부터 발생하는 자본이득
② 4년 미만 보유한 부동산(저당권 포함)의 처분으로 발생하는 자본이득
③ 리츠 법이 허용하지 않는 부동산 및 자산으로부터 발생하는 소득

1) 부동산 임대료 소득

부동산 매입 운영 또는 부동산 지분 투자에 의한 임대소득은 원칙적으로 허용되나, 부동산 임대와 관련된 부대 수익은 허용하지 아니하였으나, 1986년 조세 개혁법(Tax Reform Act of 1986)으로 인하여 직접적인 부동산 임대소득 외에 임대와 관련된 부대 수익도 허용되어 임대소득의 범주가 훨씬 더 넓어졌다. 그래서 리츠를 경영하는데 숙원 과제가 해결됨으로 인하여 리츠의 소득을 개선시킬 수 있어 리츠가 성장할 수 있는 발판이 되었다. 부동산으로부터 발생하는 임대료는 섹션 856(d)(2)에 의하면 다음과 같다.

(1) 부동산 소유로부터 발생하는 임대료(부동산 매입 후 임대)
(2) 부동산임대와 관련된 통상적으로 발생하는 서비스 제공에 대한 수익
  - 임차인의 편익을 위하여 서비스 제공 후 얻어지는 수입: 로비의 청소, 일반 관리, 청소, 경비, 세탁, 수영장, 피트니스, 인터넷, 냉난방, 통신, TV 등
  - 동산으로부터 발생하는 총 임대료가 당해 연도 부동산으로 발생하는 총 임대료의 15%를 초과하면 동산으로부터 발생하는 임대료는 부동산으로부터 발생하는 임대료에 미포함 된다.
(3) 부동산 임대 시에 부수적으로 발생하는 임대료
  - 임차인이 지불한 연체 임차료, 임차인이 임차료 지불 지연에 따른 임차료 회수를 위한 변호사 고용 변호사 비용에 대한 회수금(변호사비용+페널티)

또한 리츠의 운영을 외부전문가의 자문이나 관리(external managed)의 범주에서 벗어나 일정한 법위 내에서 리츠 경영진이 직접 수행(self managed)하던 것이 허용되어 수익구조를 개선시킬 수 있게 했다. 이것이 1990년 초 리츠의 붐(boom)을 일으키는데 상당한 기여를 했다.

2) 이자소득

이자소득이 75% 부동산 소득 요건이 되기 위해서는 부동산 매입에 대한 대출금의 발생 이자소득, 부동산에 대한 저당권 등으로부터 발생해야 한다. 1986년 리츠 개혁법으로 인하여 리츠가 저당권이 설정된 부동산 매각으로 발생하는 소득을 허용하였다. 이 밖에도 이자소득과 관련한 구체적인 항목들을 리츠 법에서 나열하고 있다.

3) 부동산 양도 자본소득

리츠가 주식이나 채권으로 모집한 자본(최소한 5년 만기 상환)으로 주식이나 채권에 재투자하여 발생하는 자본 소득은 자본조달 후 1년까지는 허용된다. 금리스왑이나 금리상환으로 발생하는 소득은 리츠의 변동금리 차입의 위험을 헷지(hedge)하기 위한 경우에 한하여 95% 소득요건에 적용된다.

4) 자산 요건

리츠는 리츠의 법적 지위를 유지하기 위해서 과세연도의 매분기말 기준으로 엄격한 자산 구성요건을 갖추도록 요구하고 있다. 자산 요건은 리츠의 총자산 중 75%가 부동산 자산, 저당권, 현금, 국채 등으로 구성되어야 한다. 총자산의 75% 기준은 가치기준이다.

부동산 자산이란 부동산 매입, 임대, 공동 지분, 저당권, 타인부동산의 투자 지분, 다른 리츠의 투자 지분 등을 의미한다. 부동산에 결합된 구조물, 배선, 배관, 공조시설 등은 부동산 자산에 포함되나, 부수되는 인쇄기기, 기계, 등은 제외된다. 리츠는 매분기말 엄격한 자산 구성요건 충족을 요구하고 있지만 자산충족을 못했을 경우에는 당해분기 종료 후 30일 간의 교정기간을 허용하여 자산요건을 충족할 것을 요구한다. 이 30일 교정기간 내에도 충족을 못하면 리츠의 자격을 상실하게 된다. 미국세법 856(c)(4)에 의하면 다음의 규정과 같이 매 분기 말 자산 구성요건을 충족하도록 규정해두고 있다.

(1) 총 자산가치의 75% 이상을 부동산, 현금, 유가증권(정부증권 포함)으로 구성하여야 한다.
(2) 총 자산가치의 25%를 초과하여 증권(75% 자산요건에 해당하는 증권 이외의 것)을 구성할 수 없다.
(3) 리츠는 한 회사가 발행한 주식의 5%를 초과하여 소유할 수 없다.
(4) 리츠는 한 회사의 의결권 있는 주식을 10% 초과하여 보유할 수 없다.

- 현금, 현금자산, 각종 정부증권
- 부동산 자산: 부동산, 부동산소유권, 부동산 담보증권, 파트너십 지분, 자격 있는 다른 리츠의 주식, 임시투자 자산 등
- 25% 요건: 리츠 총 자산의 25%를 초과하여 75% 부동산 자산구성이 요구 하는 조건을 벗어나 주식이나 증권 등으로 구성할 수 없다.
- 10% 요건: 리츠는 한 회사의 의결권 있는 주식을 10%를 초과하여 보유할 수 없다.
- 5% 요건: 리츠는 총 자산의 5% 이상을 한 회사가 발행한 주식을 보유할 수 없다.

3 리츠의 세제 요건

리츠가 세제 혜택을 받고자 할 경우 미국세법 섹션 856(a)의 다음의 조건을 충족해야 한다.
리츠가 아래의 요건을 충족하고 과세소득의 90%를 배당하게 되면 세제혜택을 받게 된다.
그러나 과세대상 소득 90%를 배당하지 않으면 유보 과세소득에 대해서는 일반적인 법인세
과세대상이 된다.

    ① 리츠는 최소 100인에게 양도 가능한 지분을 분산 시켜야 한다.
    ② 5인 이내의 주주가 리츠의 지배적 지분을 소유하지 말아야 한다.
    ③ 주주에게 지급되는 배당 및 리츠 법이 요구하는 주주관련 기록 의무를 지켜야 한다.
    ④ 총수입의 95%를 부동산 및 부동산관련 증권 등으로 달성해야 한다.
    ⑤ 총수입의 75%가 부동산에서만 발생되어야 한다.
    ⑥ 총자산의 75%는 부동산자산이어야 한다.

리츠가 위의 세제 요건을 갖추지 못하여 법적 지위를 상실할 경우 합당한 이유를 제시하지
못하면 5년간 회복이 불가능하다.

4 리츠의 과세대상 소득 및 배당요건

리츠는 법인으로서 법인세 납부를 면제 받기 위해서는 법 개정되기 전에는 과세대상 소득
95%를 배당해야 한다. 그러나 이 조항은 1999년 리츠 현대화법에 의거 90%로 하향 조정되
었다. 리츠의 과세대상 소득을 산출하는 과정은 리츠 법으로 다음과 같이 규정되어 있어
이를 준수해야한다.

    ① 리츠가 도관체(pass-through entity)이기에 일반 화사에 적용되는 특별공제는 허용

되지 않는다.

② 법정처분 부동산은 과세대상 소득에 포함한다.

③ 리츠 법이 허용하지 않는 부동산 처분으로부터 발생한 소득은 과세대상 소득에서 100% 포함하지 않는다.

④ 결산기의 변동으로 리츠의 과세소득 산출에 특별한 조정을 허용하지 않는다.

리츠 법은 리츠의 과세대상 소득 및 배당요건을 리츠 법 섹션 11 규정과 해설서에 상세하게 나열하고 있다.

(1) 주주에게 현금이나 지분으로 지불되어야 한다.

(2) 1913년 이후에 적립된 기업의 유보잉여금에서 지급되어야 한다.

(3) 어떠한 경우에도 특혜적인 배당은 허용되지 않는다.

(4) 자본이득이 있는 경우에 리츠는 자본이득의 일정부분을 자본이득 배당금으로 정하여 주주가 수령할 수 있도록 해야 한다.

5 리츠와 주주의 세금

리츠는 도관체로서 비과세 혜택을 누린다. 그러나 경우에 따라서는 납세를 해야 하는 경우도 있다. 리츠는 자본이득(capital gain)에 대해서 95% 의무 배당의무가 없을 수도 있다. 이 경우 비배당 자본이득에 대해서는 일정한 법인세(corporate tax)를 내야 한다.

1) 리츠의 세금

리츠는 영업회기 동안 총 과세대상소득(taxable income of the REIT)을 집계한 후 리츠 법이 규정하는 과세제외 대상(6가지 조항; 내국세법 857(b)(2)) 소득을 공제한 소득이 과세기준소득(real estate investment trust taxiable income)이다. 이 과세기준소득에 세율을 곱하여 리츠의 세금을 산출[2]한다. 리츠 법에서 조정해야 할 6가지 개별사항에 대해서는 sec.857(b)(2)를 참조하기 바란다.

2) 주주의 세금

주주가 리츠로부터 수령할 수 있는 배당금은 2가지 유형이다.

① 자본이득의 배당금: 자본이득의 배당금에 대해서는 일정한 세금을 납부하여 야 한다.

② 일반소득의 배당금: 리츠의 유보 잉여금을 넘어서는 배당금에 대해서는 투자 액 회수로 간주하여 세금이 면제된다. 만약에 투자회수액을 넘어서는 배당금 은 자본이득으로 처리하여 일정한 세금을 납부하여야 한다.

6 리츠 구조 모델

비공개 또는 공계 REIT 구조를 형성하는 것은 특히 새로운 미국 세법에 따라 부동산 사업 자가 다양한 국내외 투자 소스로부터 자본을 유치 할 수 있어 세금 효율적인 방법이 될 수 있다. 리츠는 자본을 조달하고 자산을 직접 보유 할 수 있지만, 대부분의 세금 혜택과 이러 한 구조가 제공 할 수 있는 추가 유연성을 활용하기 위해 보다 복잡한 구조를 사용한다. 이 러한 유형의 REIT 구조를 구성하고 관리하는 것은 복잡하고 비용이 많이 들기 때문에 경험 이 많은 부동산 세금 전문가가 리츠 구조 계획 초기 단계에서부터 참여하여 검토하는 것이 바람직하다.

---

2) 예를 들면 부동산 양도소득세를 산출하는 과정과 비슷하다.
   부동산 매각가격-매수가격=양도차익-제비용 = 과표소득*세율= 세금

부동산투자연구회. 2001. REITs 부동산투자신탁, 부연사.

최차순·노영기·김인수. 2005. 부동산투자신탁, 박영사.

한국토지신탁/금융사업팀. 2000. 부동산을 움직이는 REITs, 부연사.

U.S. Code: Title 26 : Internal Revenue Code ‖ US Law

NAREIT, https://www.reit.com

제 **7** 장

리츠의 투자 유형

---

1 리츠의 투자 대상별 현황

2 부동산 투자분야

제7장 리츠의 투자 유형

1 리츠의 투자 대상별 현황

리츠 탄생과 진화의 본질은 투자자로부터 모아진 자금으로 부동산 자산에 투자하여 그 수익금을 투자가들에게 최대한 돌려주는 것이다. 리츠가 매기마다 수익금을 배당하는 리츠는 끊임없이 고객의 사랑을 받으며 성장하게 된다. 리츠의 성장요인은 자금력, 경영진, 부동산 유형 등에 달려 있다. 리츠의 투자 대상은 사무실, 단독 주택, 아파트 건물, 쇼핑몰, 소매상점, 의료시설, 호텔, 오피스텔, 셀타워, 데이터 센터, 유통시설, 자기보관 창고, 입목, 카지노,

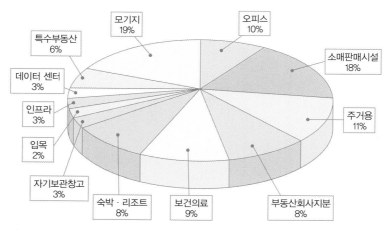

자료: NAREIT

[그림 7-1] 리츠의 투자 대상별 투자현황(리츠 개수)

농장, 레저시설, 교도소, 학생용 주택, 기숙사, 모기지 등을 포함한 대부분의 부동산 유형에 투자를 한다. 대부분의 리츠는 특정 부동산에 선택과 집중 투자를 하지만 때로는 "달걀을 한 바구니에 담지 말라"는 투자의 격언에 의거 리스크를 최소화 하고자 지역이나 부동산 유형을 다양화 하여 포토폴리오를 구성한다. 리츠가 다양한 유형의 부동산 자산을 대상으로 포트폴리오를 구성하는 것은 비체계적위험(unsystematic risk)을 최소화하는데 그 주된 이유가 있다. 2019년 12월 말 기준 NAREIT가 발표한 리츠의 투자 대상별 투자 현황은 [그림 7-1], [그림 7-2]와 같다.

부동산 투자 대상별로 보면 지분형 리츠는 소핑센터, 지역몰 등의 소매판매시설의 리츠 개수가 18%로 1위를 점유하고 있으며, 주거용이 11%, 오피스가 10%, 보건의료가 9%, 부동산회사지분이 8%, 숙박·리조트가 8%, 특수부동산이 6%, 자기보관창고가 3% 등의 순으로 투자를 학고 있다. 모기지형 리츠는 전체 리츠의 19%를 차지하고 있다.

한편, 리츠의 부동산 투자 시가총액은 [그림 7-2]와 같이 주거용이 16%로 선두를 차지하고 있으며, 소매판매시설이 15%, 인프라 15%, 보건의료 10%. 오피스 9%, 데이터 센터가 7%, 부동산회사 지분과 자기보관창고가 각 5%, 특수부동산과 숙박·리조트가 각 4%를 보였다. 모기지의 시가총액은 7%를 나타내 모기지 리츠 수에 비하여 시가총액은 아주 낮아 모기지 리츠 규모는 영세한 것으로 보인다.

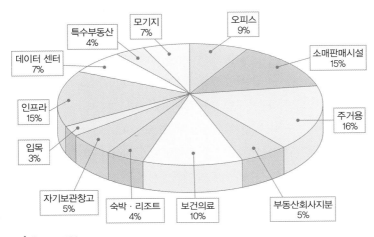

자료: NAREIT

[그림 7-2] 리츠의 투자 대상별 투자현황(시가총액)

2 부동산 투자분야(Property Sectors)

리츠의 부동산 투자 대상별 분야는 투자가와 경영진 모두에게 중요한 관심사이다. 리츠가 어떤 유형의 부동산 분야에 투자하는 가를 살펴보는 것은 우리나라 리츠 산업 발전의 벤치마킹이 될 수 있다. 무엇보다 리츠 제도를 먼저 도입한 미국의 리츠가 어떤 유형의 부동산 분야에서 우수한 성과를 얻어 투자가들에게 호평을 받고 있는 가를 살펴보는 것은 부동산 간접 투자를 희망하는 투자자들에게 관심사가 아닐 수 없다. 그 뿐 아니라 리츠를 시작하려는 신생기업이나 기관투자가들이 주목할 필요가 있다. 아래에서 투자분야 별로 성과를 살펴보자.

1) 산업 및 오피스

(1) 오피스

대다수의 리츠가 오피스를 대상으로 투자를 한다. 리츠는 오피스를 매입하여 직적 보유하면서 임차인에게 임대를 한다. 리츠가 투자하는 오피스는 고층 빌딩에서부터 사무실 공간까지 매우 다양하다. 지리적으로도 중앙상권이나 교외 지역과 같은 특정 유형의 시장에 선택을 집중한다. 오피스의 임차인은 정부기관, 일반기업, 금융기관, 생명공학 회사와 같은 특정 계층의 세입자 등 다양하다. 오피스 리츠의 성과는 경기와 매우 밀접한 관계를 가진다. 호경기일 때는 사무실 수요가 전반적으로 늘어나 임대수입 증가로 오피스 리츠 산업이 확장되나, 경기가 후퇴할 때는 공실률이 증가하여 임대수입이 감소하게 된다. 경기가 회복되면 사무실 수요가 증가되어 사무실 공급이 증가하게 된다. 그런데 사무실을 건설하는데 상당한 시간이 소요되어 수급의 불일치로 공급과잉으로 임대수입이 감소할 수도 있고, 역으로 수요에 비하여 공급이 부족하여 사무실 품귀현상이 일어나 임차료 초과수입이 발생 할 수도 있다. 사무실 임대계약은 주거용이나 소매판매시설 리츠보다 주로 장기로 이루어져 인플레이션을 반영하여 적정임대료를 올릴 수 있는 이점이 있다. 단점은 경기와 밀접한 관계가 있어 시기와 지역의 산업이동을 잘 관찰하여 사무실에 특화된 리츠에 투자할 필요성이 있다.

2019년 12월 말 오피스 리츠 수는 18개이고, 시가총액은 1,011억 67백만 달러이다. 연간 총 수익률은 31.42%를 실현하였고 임대료는 전년비 2.2% 성장을 하였고, 사무실 임대율은 93.24%를 보여 건실한 수익률을 달성하였다.

사무실 리츠의 선두 주자인 이스탈리 가브먼트 리츠는 2015년 워싱턴에 설립되었으며, 주로 미 정부부처에 사무실을 임차하는 전문 오피스 리츠이다. 미 정부를 상대로 사무실을 임차 하기 위해서는 미 정부가 정부사무실로 사용하기에 적합한 까다로운 기준을 충족해야 만 이 정부를 상대로 사무실을 임차할 수 있다. 이스탈리 가브먼트 리츠는 뉴욕증권 거래소에 상장되어 거래 되고 있는 사무실 전문 리츠로 GSA(General Services Administration)라는 정부가 요구하는 까다로운 요구 조건을 충족하여 전문적인 관리 능력을 인정받았으며, 2019 년 총 수익률은 44.72% 성과를 이루었다. 이스탈리 가브먼트 리츠의 자본금은 21억 달러로 다른 사무실 리츠에 비해 자본금이 10분의 1 수준이지만 여타 사무실 리츠보다 경쟁력이 매우 뛰어난 리츠로 우리가 벤치마킹의 대상으로 연구할 필요성이 요구된다.

알렉산드리아 부동산 회사는 1994년에 캘리포니아에 설립된 오피스 리츠 이다. 알렉산드리 아 부동산 회사는 뉴욕증권 거래소에 상장 거래되고 있으며, 2019년 총 수익률은 29.67% 성과를 달성하였다. 알렉산드리아 부동산 회사의 주 투자대상은 혁신 클러스터 도시의 과 학과 기술 분야의 오피스 수요의 틈새시장을 공략하는데 중점을 둔 오피스 리츠이다.

피에드몬트 부동산 신탁은 1998년에 애틀랜타 조지아에 설립된 오피스 리츠이다. 역시 피에 드몬트 부동산신탁도 뉴욕 증권거래소에 상장 거래되고 있으며 2019년 총 수익률은 21.03% 의 성과를 보였다. 이 회사는 미국의 가장 큰 오피스 시장을 형성하고 있는 애틀랜타, 보스 턴, 달라서, 미니애폴리스, 뉴욕, 올란도 및 워싱턴의 고품질 A급 오피스를 직접 소유 및 완 전 통합 자체관리를 전문으로 하는 오피스 리츠이다.

이 밖에도 사무실을 전문적으로 관리하는 특화된 대부분의 오피스 리츠가 2019년 연 평균 12% 이상의 총 수익률 성과를 보여 건실한 성장을 유지하고 있다.

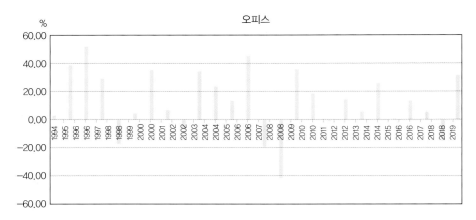

자료: NAREIT

[그림 7-3] 오피스 리츠 수익률

(2) 산업시설

산업시설 리츠는 산업과 관련된 시설 및 창고 등의 부동산을 소유 및 임대관리 하고 당해 부동산을 임대하여 수익을 창출하는 리츠이다. 여기서 산업관련 시설이란 물류본부, 서비스 본부, 냉동 창고, 항온 항습을 갖춘 과일 보관 창고, 기술개발기지, 온라인 호소팅 임대, 경공업 제조기지 및 창고 등을 말한다. 일부 산업 리츠는 창고나 전자 상거래 유통센터와 같은 특정 유형의 부동산을 투자의 대상으로 특화하기도 한다. 산업시설이 다른 분야의 부동산보다 비교적 적은 자본으로 유지관리를 할 수 있어 사업의 효율성을 높일 수 있다는 것이다. 인터넷과 정보통신의 발달로 전자상거래가 점점 활성화 되어가는 시기에 전자상거래 회사는 직접 물류창고를 별도로 보유할 필요성 없어 이 분야에 특화하는 리츠가 늘어나고 있다.

2019년 12월 말 산업시설 리츠는 15개이고, 연간 총 수익률은 48.71% 매우 높은 수익률 성과를 보였다. 산업시설 임대율은 96.27%로 사무실 임대율보다 약 3% 높았고, 임대료 성장률은 전년대비 5.12%로 사무실 성장률보다 2배 높은 것으로 보고되었다. 이는 사무실보다 적은 투자액으로 높은 수익률을 실현할 수 있는 리츠의 투자 대상 부동산 분야라 할 수 있겠다.

산업시설 리츠의 대표적 선두 주자는 남부 캘리포니아에서 2013년 설립된 렉스포드 산업시설 리츠이다. 이 리츠는 산업시설 관련 부동산을 소유, 관리 및 재배치하여 운영의 효율성을 높이는 회사로 뉴욕 증권거래소에 상장 거래되고 있으며, 2019년 총 수익률이 46.98%를 달성하였다. 이런 수익률 실적은 주식에 투자하는 것 보다 리츠 투자를 선호하는 아주 훌륭한 유인책이 될 수 있다. 이 밖에도 2019년 캘리포니아 소재 테레노 산업시설 리츠, 프로로직스 산업시설 리츠 등이 각각 45.10%, 37.21%의 총 수익률을 이루었다. 산업시설 리츠의 연평균 수익률은 20% 이상을 달성하여 우리나라도 산업시설 분야 리츠에 주목할 필요성이 있다.

2) 소매판매점(Retail)

소매판매점 리츠는 소매와 관련된 쇼핑몰, 아울렛 센터, 식료품점 등의 부동산을 소유 및 관리하여 임대공간을 임차인에게 임대하여 임대수익을 창출하는 리츠이다. 순 리스 리츠는 독립형 부동산을 소유하고 임차인이 부동산 공간 사용의 리스를 임대인(리즈)에게 지불하는 구조화된 리츠이다. 소매판매점 리츠는 2019년 12월 말 기준 33개 이다. 2019년 연간 총 수익률은 10.65% 성과를 보였다. 소매판매시설의 임대율은 94.60%이고, 임대료 연간 성장

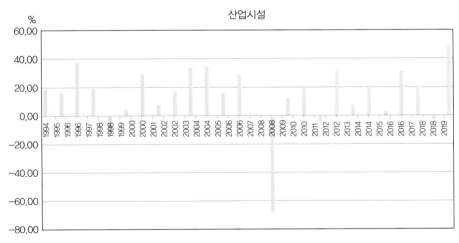

자료: NAREIT

[그림 7-4] 산업시설 수익률

률은 전년대비 1.31%로 인플레이션을 밑도는 낮은 성장률을 기록하였다. 소매판매점은 고급 소비층이 주로 백화점을 이용하는데 반하여 일반 서민층은 저렴한 가격, 편리한 위치, 접근성이 쉬운 지역 판매시설을 이용하는 특성을 감안하여 이들 부동산을 소유 및 관리 운영하여 수익을 창출하는 리츠이다.

일반 서민층을 상대로 한 소매판매점의 특징은 박리다매로 수익을 창출하는 구조이기에 구조적으로 산업시설이나 오피스처럼 높은 수익을 실현하기가 쉽지 않다. 소매판매점의 유형은 할인점(discount store), 특정품목 전문할인점(category killer), 통신 판매점(mail order), 공장직영점(factory outlet store), 소매상점(retail), 의류업점(apparel), 가판대(free standing) 등의 부동산을 투자 대상으로 한다. 이하에서는 소매점, 지역몰 및 가판대 등의 부동산에 특화된 리츠 회사의 사례를 들어 이해를 돕고자 한다.

(1) 소매점(Retail)

쇼핑센터는 화려하고 고급스러운 대형 백화점에서부터 아웃렛, 교외 넓고 쾌적한 위치의 대규모 할인매장 등 고객들의 의식구조, 소득수준, 가구원 구성, 기호 등에 따라 변모해오고 있다. 1980년대 출현한 할인점은 소매판매 산업에 패러다임 전환을 가져왔다. 당시 쇼핑의 주된 무대가 고급스러운 대형 백화점에서 일반 서민들이 편리하게 접근하고, 저렴한 가격으로 생필품을 구입할 수 있는 할인점은 백화점 중심의 상권을 잠식하였다.

도시화와 산업화가 촉진되면서 시골의 인구는 감소하고 새로운 직장을 찾아서 노동시장에 진입하는 도시의 인구는 증가하였다. 도시로 이주한 노동자들의 삶은 늘 시간에 쫓기어 주거지 인근에서 삶에 필요한 생필품 구매를 원한다. 소비자들의 욕구를 충족하고자 소매점은 점점 활성화 되어갔다. 이런 틈새시장(niche market)을 파고들은 것이 소매점 부동산을 임대하여 수익을 창출하는 구조가 소매점 리츠이다. 소매점 리츠는 소매점 부동산의 공간을 임대하여 수익을 창출하는 구조이기에 소매점 부동산 공급과잉 여부와 임대료에 의해 소매점 리츠의 성패가 좌우된다. 지난 40여 년 동안 소매점 부동산의 공급 과잉 시기에는 소매업자들이 파산하였다. 이러한 문제는 의류소매업에 두드러지게 나타났다. 그럼에도 불구하고 유능한 경영진을 보유한 리츠는 소매점 부동산을 그들의 포트폴리오 구성에 확대하였다. 소매점 부동산에 투자하는 리츠는 소비자들의 소비기호 변화에 맞는 상품을 적기에 공급할 수 있는 소매점 부동산을 지역적, 소득계층별로 발굴하는 것이 사업성공 여부의 중요한 관건이라 할 수 있겠다.

소매판매점 리츠의 선두 주자는 2018년 뉴저지에 설립된 에센셜 부동산투자신탁으로 뉴욕 증권거래소에 상장 거래되고 있다. 에센셜 부동산투자신탁은 대부분의 소매판매시설이 낮은 수익률 성과를 보이는데 반하여 무려 89.43% 총 수익률을 보여 탁월한 실적을 기록하였다.

(2) 지역몰(Regional malls)

타우브만 센터(Taubman Centers)는 1993년 미시간에 설립된 리츠로 미국 및 아시아 27개 지역에 쇼핑센터, 지역몰을 소유 및 임대를 전문으로 하는 리츠이다. 타우브만 센터는 S&P400 중형주 지수에 포함되었고, 미국에서 지역몰 리츠 산업의 고수익을 내는 가장 생산적인 리츠 중 하나이다. 타우브만 센터는 2019년 총 수익률 15.32% 성과를 나타냈으며 뉴욕 증권거래소에 상장되어 거래되고 있다.

(3) 가판대(Free standing)

가판대라는 것은 임대인으로부터 가판대를 임차인이 임대하여 판매 및 수익활동을 수행하는 독립형 판매시설이다. 가판대를 투자 대상으로 하는 리츠는 스프리츠 부동산 자본(Spirit Realty Capital)회사이다. 이 회사는 미국에서 세 번째로 큰 단일 임차인에게 리스형태로 임대하는 부동산 자본 리츠 이다. 스프리츠 부동산 자본 리츠는 임차인에게 가판대를 임대하여 수익률을 창출하는 부동산투자회사이다. 스프리츠 부동산 자본은 2004년 달라서에 설립되어 뉴욕증권거래소에 상장 거래되고 있으며, 2019년 연간 총 수익률은 44.20%를 기록하여 상당히 높은 수익률을 달성하였다.

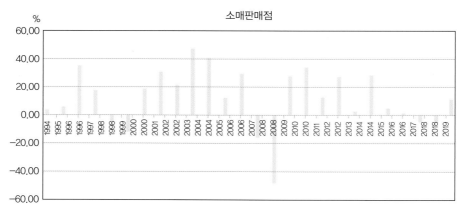

자료: NAREIT

[그림 7-5] 소매판매점 수익률

3) 거주용 주택

거주용 주택 리츠는 아파트, 이동식 주택, 단독주택, 조립식 주택 등 다양한 유형의 주택을 취득하고 임차인들에게 주택 공간 서비스를 제공하고 임대료 수익을 얻는 구조이다. 거주용 주택 리츠가 투자 대상으로 하는 주택의 유형은 아파트 빌딩, 학생 기숙사, 조립식 주택, 단독 주택, 조립식 주택 등이 포함된다. 다양한 유형의 임차인 속성에 따라 일부 주거용 리츠는 어느 부분에 사업의 중점을 두어 운영할 것인가 고객 맞춤형 임대차 시장을 분할하기도 한다. 주택은 새로이 건립하는데 시간과 비용이 많이 소요되고, 구매하는데도 만만치 않은 비용이 소요된다. 산업사회의 급변하는 환경은 사람들의 이동을 촉진시켰다. 직장과 학교를 선택하여 여러 지역으로 이동하여 새로운 주거 공간을 필요로 해왔다.

인구구성의 변화와 주택 소유의 의식변화는 임대주택 수요의 변화에 큰 영향을 주었다. 특정 지역에 학교나 공장이 설립되면서 직주 근접을 선호하면서 회사 근처의 주거 공간을 선호하여 직장 근처에 임대주택의 공급은 폭발적으로 증가하여 늘 과잉공급 상태였다. 공급 과잉으로 공실률이 증가하고 임대료가 낮아지면서 거주용 주택의 임대사업은 상당한 위기에 직면하기도 하였다. 이러한 임대주택의 공급과잉 문제는 1993년 초반에 이르러 수요와 공급의 균형을 이루면서 임대주택 사업은 성장을 위한 도약의 전기가 마련되었다. 임대주택의 생산에 소요되는 시간 때문에 일시적 수급이 불균형을 이루기도 하지만 지난 40년간 거주용 주택 리츠 산업은 지속적인 성장을 이루어 왔다. 이제 거주용 주택 리츠의 사례를 살펴보기로 한다.

2019년 12월 말 거주용 주택 리츠의 총 수는 21개이며, 2019년 연간 총 수익률은 30.89%로 비교적 높은 수익률을 달성하였다. 인디펜던스 부동산신탁(IRT: Independence Realty Trust)은 2011년 펜실버니아 필라델피아에 설립되었으며 주로 IRT 남동 및 중서부 지역의 아파트 임대를 전문적으로 하는 리츠이다. 이 회사는 아파트 임차인들에게 가장 쾌적한 주거 서비스를 제공하기 위해 가장 살기 좋은 임대주택을 제공하려고 노력하며, 회사 직원들에게는 일 하고 싶은 직장 1위를 위해 부단히 노력하고 있는 회사이다. 2019년 연간 총 수익률은 54.77% 성과를 이루어 거주용 주택 리츠의 선두를 유지하고 있다. 대부분의 거주용 주택 리츠가 높은 수익률 성과를 이루고 있으나, 크리프 부동산신탁, 프리페어드 아파트 신탁 등은 적자 수익률을 보였다. 이와 같이 거주용 주택 리츠도 부동산 투자 대상이나, 지역, 경영능력에 의해 빈익빈 부익부의 수익률을 기록하는 것을 볼 수 있다. 주거용 주택 리츠를 새로이 시작하려는 우리나라 기업들도 이들의 성공과 실패를 타산지석으로 삼아야 할 것이다.

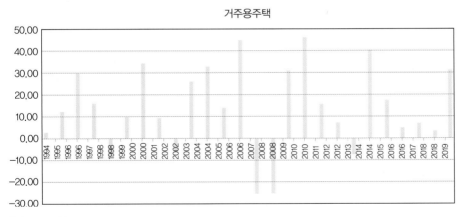

자료: NAREIT

[그림 7-6] 거주용주택 수익률

4) 숙박 및 리조트(Lodging and Resorts)

숙박 리츠는 숙박 시설이 잘 갖춰진 호텔과 리조트 등의 부동산을 취득하여 숙박시설 이용자들에게 공급하고 임대 수익을 창출하는 구조이다. 숙박 시설이 갖춰진 부동산은 호텔, 리조트, 팬션, 콘도 등이 있다. 숙박 시설 이용자는 출장자부터 여행자까지 매우 다양한 고객층이 존재한다, 소득 수준의 향상과 근로시간의 단축에 따른 여가시간 증대로 호텔과 리조트 등의 수요는 증가 추세에 있어 숙박 리츠 산업의 전망도 매우 긍정적이라 하겠다.

숙박업은 경기변동에 가장 민감하다. 경기가 호경기 일 때는 업무협상 차 출장이 빈번히 이루어지고. 소득수준 향상으로 휴가지로 여행도 많이 떠나게 되어 숙박 수요가 증가하게 된다. 그러나 경기가 둔화되거나 코로나 같은 전염병이 확산되는 경우 사람들의 이동을 제한시켜 여행 및 숙박업계가 가장 큰 타격을 입게 되어 호텔이나 콘도 등 숙박 부동산을 투자 대상으로 하는 리츠 산업은 큰 타격을 받을 수밖에 없다. 미국의 경우 1980년대 까지는 숙박시설의 만성적인 초과 공급과 경기 부진으로 숙박산업이 심각한 타격을 받았다. 이때 숙박시설의 객실이용률은 70%대로 경기부진에서 벗어나지 못하였다. 1990년대 초반이 되어서 숙박시설의 과잉건설이 진정되면서 객실이용률과 요금도 조금씩 향상되면서 숙박 관련 리츠 산업도 회복하게 되었다.

숙박 관련 리츠 수는 2019년 12월 말 기준 16개사가 뉴욕증권거래소에 상장 거래되고 있으며, 연간 총 수익률은 15.65% 성과를 보였다. 2019년은 미중간의 무역 분쟁으로 인하여 양국 간의 경기가 전반적으로 답보상태를 보이면서 숙박시설 리츠도 이렇다 할 수익률 성과를 기록하지 못하였다. 숙박 리츠 산업의 2019년 전반적인 수익률 실절을 살펴보면 리만 호스피타리티 부동산투자신탁과 엠지엠 부동산투자신탁은 연간 총 수익률이 각각 15.09%, 14.27%를 달성하였으나 애쉬포드 부동산투자신탁은 심각한 적자(연간 총 수익률 −43.50%)를 기록하였다. 이처럼 호텔 관련 리츠는 경기에 민감하기 때문에 특별한 고객층의 까다로운 수요에 부합하고자 보다 편리하고 고품격의 룸서비스를 제공하고자 부단히 노력하고 있다.

어려운 경기 가운데서도 숙박 리츠 산업에서 비교적 건실한 성과를 거둔 리만 호스피타리티 부동산투자신탁을 살펴보자. 리만 호스피타리티 부동산투자신탁은 테네시 네스빌에서 2012년 설립되어 뉴욕증권거래소에 상장 거래되고 있다. 리만 호스피타리티 부동산투자신탁은 도시에서 호텔과 리조트 자산을 중점적으로 취득하여 게이로드 호텔(Gaylord Hotels brand)이라는 브랜드로 세계적인 호텔 운영 전문업체인 메리어트와 연결하여 숙박을 전문으로 하는 리츠 이다. 또한 그랜드 올 오퍼리(Grand Ole Opry)를 포함한 미디어와 엔터테인먼트 자산에도 투자하여 수익을 올리고 있다.

한편, 애쉬포드 부동산투자신탁은 텍사스 달라스에서 2003년 설립되어 뉴욕 증권거래소에 상장되어 거래되고 있다. 애쉬포드 부동산투자신탁은 호텔 자산을 중점적으로 소유 및 운영하여 수익을 창출하는 구조이다. 리만 호스피타리티 부동산투자신탁과 애쉬포드 부동산투자신탁의 차이는 전자는 호텔과 리조트 외에 미디어라든지 엔터테인먼트 관련 부동산에 투자를 하여 포토폴리올 다각화를 하였다는 것이고 후자는 오르지 호텔서비스업에만 전문화 하였다는 것이다. 여기서 우리에게 주는 교훈은 애쉬포드 부동산투자신탁이 리만 호스피타리티 부동산투자신탁보다 근 10년이나 긴 사업 경험의 노하우가 축적되었음에도 불구하고 숙박산업 경영환경 변화에 능동적으로 대응하지 못하여 어려움을 당하였다는 것을 간과할 수 없을 것이다. 이 단편적인 사례가 우리에게 주는 교훈은 변화의 기류에 편승하는 독수리는 높이 날 수 있지만 그렇지 않으면 낙오자가 될 수 있다는 것이다.

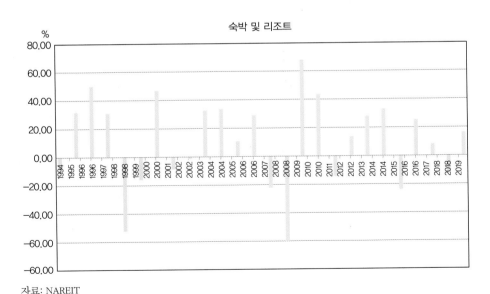

자료: NAREIT

[그림 7-7] 숙박 및 리조트 수익률

5) 의료시설(Health Care)

의료시설 리츠란 환자의 치료와 재활, 질병의 예방과 완화, 건강의 증진을 시켜 줄 수 있는 의료 시설이 구비된 집합체의 다양한 부동산을 취득하여 이용자들에게 공급하고 임대료 수익을 창출하는 구조이다. 의료 시설이 설치된 부동산의 유형은 요양병원, 병원, 양로원, 재활 의학 치료 건물, 마약진료소, 노인 생활 시설, 전문 간호 시설, 휘트니스 등이 있다. 미국에 의료 시설 리츠는 2019년 12월 말 기준 17개 사가 뉴욕증권거래소에 상장거래 되고 있으며, 연간 총 수익률은 21.20% 성과를 이루었다.

글로벌 메디컬 리츠는 미국에서 가장 핵심적인 의료시설을 갖춘 부동산을 취득하여 질 좋은 의료시설 서비스를 필요로 하는 임차인에게 임차하여 임대수익을 올리고자 지속적으로 노력하는 회사이다. 글로벌 메디컬 리츠는 2016년 메릴랜드 몽고메리에 설립되었고 2019년 연간 총 수익률은 무려 56.10%를 달성하였다. 글로벌 메디컬 리츠의 제프리 뷰췌 사장은 "고령화의 지속과 베이비 붐 세대의 증가로 건강증진을 위한 의료서비스의 수요가 증가할 것으로 예상하면서 의료 시설 리츠 산업의 전망은 매우 밝다"고 2019년 NAREIT 투자 컨퍼런서 인터뷰에서 밝혔다.

우리에게는 생소하고 낯선 분야이지만 소득수준의 향상으로 보다 질 좋은 의료 및 간호 서

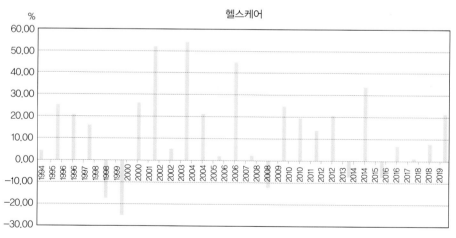

자료: NAREIT

[그림 7-8] 헬스케어 수익률

비스에 수요는 점점 더 커지기에 의료 시설 리츠 산업은 중요하고 지속가능한 리츠 산업의 한 분야임을 주목해 볼 필요가 있다.

6) 자기보관 창고(Self-storage)

자기보관 창고 리츠는 사람들이 많이 이동하는 역세권 혹은 회사가 물품을 보관하기에 편리한 지리적으로 접근성이 좋은 위치의 자기보관 창고 부동산을 취득하여 자기보관 창고 공간 서비스를 이용하려는 개인이나 기업에 임차를 하여 임대료 수익을 얻는 구조이다. 2019년 12월 말 기준 현재 6개가 운영되고 있으며, 연간 총 수익률은 13.70%로 일반 시중금리 보다는 높지만 다른 부동산 유형의 리츠 보다는 다소 적은 수익실적을 보였다.

내셔널 자기보관 제휴사는 고성장 시장에 위치한 자기보관 창고를 소유 및 운영을 자체적으로 하여 수익을 올리는 리츠이다. 콜로라도 그린우드 빌리지에 2015년 설립되어 뉴욕증권거래소에 상장 거래되고 있으며 2019년 연간 총 수익률 30.03% 성과를 올렸다. 미국 전역에 6개 자기보관 창고 리츠가 있지만 아주 고수익을 내는 리츠도 없지만 그렇다고 적자를 내는 리츠도 없어 국채 수익률 정도의 수익을 달성하고 있는 실정이다.

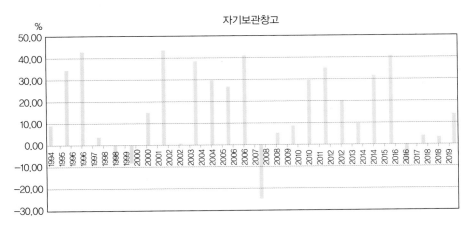

자료: NAREIT

[그림 7-9] 자기보관창고 수익률

7) 다각화된 부동산(Diversified)

다각화된 부동산 리츠는 단일 부동산을 소유하고 관리하여 임대수익을 창출하는 구조가 아닌 여러 유형의 부동산을 혼합하여 취득하고 관리 운영하여 임대수익을 얻는 구조이다. 예를 들어 사무실과 산업시설 부동산으로 구성된 포트폴리오를 소유 및 운영하여 임대수익을 얻는 부동산투자회사 이다. 다각화된 부동산 리츠는 2019년 12월 말 16개가 뉴욕증권거래소에 상장되어 거래되고 있으며, 연간 총 수익률은 24.10% 성과를 시현하였다. 이들의 리츠 운영 전략은 호텔이나 사무실과 같이 특정한 부동산에 집중투자 하여 임대 및 자본이득을 수취하는 것이 아닌 여러 유형의 부동산으로 구성된 포트폴리오를 투자의 대상으로 선정한다는 것이다. 이렇게 하는 주된 이유는 경기상항이나 사람들의 소득 및 사회생활 인식의 내적변화에 따라 탄력적으로 부동산을 운영하여 더 높은 수익을 실현하고자 함에 있다.

8) 인프라스트럭쳐(Infrastructure)

인프라스터럭츠 리츠는 케이블이나 통신시설 등이 설치된 부동산을 취득하고 인프라가 설치된 부동산 공간을 점유 사용하는 임차인들로부터 임대수익을 수취하는 구조이다. 인프라가 설치된 부동산의 유형에는 파이브 케이블, 무선 인프라, 통신타워 및 에너지 파이브 라인 등이 있다. 인프라스트럭츠 리츠는 디지털 커뮤니티를 연결하는 광고탑, 통신타워 등의 부동산에 투자하여 통신업자의 수요를 충족시키면서 디지털 시대를 열어 가는데 커다란 기여를 하고 있다. 컴퓨터와 정보통신의 발전으로 인프라 관련 부동산의 공간 수요는 계속하여 증가할 것으로 전망되며, 2019년 말 인프라 리츠의 수는 6개이고, 연간 총 수익률은 41.95% 상당히 높은 수익률을 달성하였다.

9) 데이터 센터(Data Center)

데이터 센터 리츠는 하이퍼스케일 클라우드 데이터 센터[1]를 임대차하여 수익을 창출하는

---

1) 하이퍼스케일 데이터 센터는 10만 대 서버를 동시에 보관 운영할 수 있는 25,000㎡ 이상의 공간을 필요로 하며, 스토리지 및 클라우드 연결에 중요한 네트워크 장비 및 서버를 보관할 수 있도록 일련의 장비 랙이 포함된 항온, 항습, 무단전, 안전 시설을 갖춘 창고를 의미한다.

구조이다. 4차 산업혁명 시대 5G, 클라우드, 3D, 동영상 스트리밍 서비스, 사물인터넷 등 디지털 기술의 놀라운 발전으로 매일 매일 생성되는 대용량의 데이터를 안전하게 저장하고 액세스 할 수 있는 데이터 센터 수요가 폭증하고 있다. 5G는 다양한 디지털 디바이스에 생성되는 엄청난 데이터를 연결하는 네트워크 기능을 하면서 머지않아 산업의 지형을 바꿀 것이다. 엄청난 데이터는 클라우드 서버에 보관이 된다. 클라우드 서버를 안전하게 보관할 창고가 데이터 센터이다. 아마존, 마이크로 소프트, 구글, 쇼피파이 등 글로벌 ICT 기업이 클라우드 사업의 핵심이 되는 데이터 센터 투자를 확대하고 있다. 물론 우리나라도 SK, KT, LG-U+, 네이버 등 정보통신 서비스 기업도 투자를 확대하고 있다. 우리나라 2018년 데이터 센터는 158개이다. 전 세계적으로 하이퍼스케일 데이터 센터는 560개이나 5G 통신기술 혁신 수요에 비하여 턱없이 부족하다.

기술의 혁명은 지금도 계속되고 있다. 따라서 데이터 센터의 리츠는 매력적인 성장 이야기가 아닐 수 없다. 2019년 글로벌 데이터 센터 1, 2위 기업인 에쿼닉스 및 디지털리얼티 리츠가 우리나라에 진출했다.[2] 이들 리츠가 우리나라에 진출하게 된 것은 우리나라 IT 산업이 급성장하고 다른 나라에 비해 전기 요금이 저렴하여 경쟁력이 있기 때문이다. 이런 데이터 센터의 수요는 디지털 혁명시대에 폭발적으로 증가할 것으로 추정된다. 우리나라도 이런 분야에 리츠를 특화할 필요성이 있다. 데이터 센터 리츠는 2019년 12월 말 기준 미국에 5개 회사가 있고, 연간 평균 총수익률은 48.5% 수준이다. 이들의 주 고객은 개인, 기업 및 정부, 세계 각국의 IT회사들 이다.

10) 입목(Timberland)

입목 리츠는 다양한 유형의 상업적 가치가 있는 고품질 나무가 식재된 부동산을 취득하여 관리하고, 목재를 수확하고 판매를 전문으로 수익을 창출하는 구조이다. 2019년 12월 말 현재 4개의 리츠가 운영 중에 있으며, 연간 총 수익률 성과는 42.00%를 이루었다.

---

2) 최민성, 4차 산업혁명시대 부동산 ②, 글로벌 최고 수익 리츠상품 '데이터 센터', 스트레이트뉴스, 2020. 1. 21.

11) 주유소(Gas Station)

주유소 리츠는 전국의 상업적 가치가 높은 주유소를 인수하여 임대차하여 임대수입을 창출하는 구조이다. 주유소 리츠는 인구 밀집지역 차량 교통량이 많은 대로변이나 길모퉁이와 같은 주유소를 투자 대상으로 한다. 주유소 리츠는 임대료 외에 재산세, 건물보험 및 유지 보수와 같은 비용을 누가 부담할 것인가 임차인과 협의하여 계약을 체결하게 된다. 이렇게 얻어진 임대 수익을 투자자에게 배당금으로 지급하게 된다. 미국에서 주유소는 미국 경제의 활력소이다. 2019년 미국에는 약 122,000개 주유소가 있고, 자동차의 80% 이상이 주유소를 통하여 연료를 공급 받고 있다. 경제에 있어서 매우 중요함에도 불구하고 경기 변동성과 연료 값의 등락으로 도전을 받기도 한다. 미국의 대표적인 주유소 리츠는 게티리얼티(Getty Realty)로 리츠의 시가총액이 13억 달러(약 1조 5,000억 원)로 2019년 주가가 12.9% 상승했다.[3] 이처럼 리츠의 기초자산이 오피스, 아파트, 호텔을 넘어서 주유소까지 사업의 영토를 넓히고 있다.

우리나라도 2020년 5월 코람코 에너지플러스 리츠가 전국 189개 주유소를 자산으로 출범하였다. 코람코 에너지플러스 리츠는 코람코 자산신탁과 현대오일 뱅크가 컨소시엄을 구성해 SK네트웍스 소유였던 주유소를 인수하여 기초자산으로 하였다.[4] 우리나라도 리츠제 도입 20년을 맞으면서 외국에서만 볼 수 있었던 임대차 리츠, 학생용 주택 리츠 등 다양한 분야에서 새로운 리츠가 출범을 기다리고 있다.

12) 특수 부동산(Specialty)

특수 리츠는 독특한 유형의 부동산을 소유하고 이런 유형의 부동산 공간을 이용하는 임차인으로부터 임대료를 창출하는 구조이다. 특수 리츠는 다른 리츠 부문의 부동산 속성에 포함되지 않는 속성을 가진 부동산이다. 특수 리츠가 소유한 부동산의 예로는 영화관, 카지

---

3) Dilallo, Matthew, An Investor's Guide to Gas Station Stocks, the motley fool, Aug 13, 2019, https://www.fool.com/investing/an-investors-guide-to-gas-station-stocks.aspx.

4) 머니투데이, 돌아가는 리츠 상장시계…"최소 30개 이상은 있어야", 2020. 5.24. https://news.mt.co.kr/mtview.php?no=2020052214491611997

노, 농지 및 옥외 광고 사이트 등의 자산이 있습니다. 특수 리츠는 2019년 12월 말 기준 11개이고 뉴욕증권거래소에 상장되어 거래되고 있으며 연간 총 수익률은 27.39%를 보였다.

(1) 비용부담부 임대(Triple net lease)

리츠가 비용부담부 임대형태의 부동산에 투자하는 것은 투자의 한 형태이다. 총액임대(net lease) 계약은 부동산 관리가 리츠로부터 임차인(lessee)에게 이전되는 관리 형태이다. 총액임대 부동산 투자는 부동산의 소유권은 리츠에게 있지만 관리 운영권은 임차인에게 있는 형태로서 리츠는 금융을 제공하게 된다. 일반 부동산 리츠의 경우 리츠가 부동산을 매입하여 소유권을 가지고 운영, 처분, 각종 공과금을 부담하고 임차인은 리츠가 제공하는 부동산 공간을 사용한 대가로 임대료와 관리비 정도를 리츠에게 지급하는 방식이다. 그러나 비용부담부 임대 리츠는 부동산을 사용 수익하는 임차인에게 관리 운영권을 넘기고 다만 임차인이 사용 수익하는 부동산의 구입비용을 제공하는 역할을 하게 된다. 여기서 모기지와 달리 소유권이 리츠에게 있다는 것이고, 임차인이 사용하는 부동산의 임대료뿐만 아니라, 각종 공과금, 전기료, 가스 요금, 보험료까지 총액을 리츠에 납부하는 방식이다. 그래서 일명 총액임대 방식의 리츠라 하기도 한다. 그래서 리츠가 부동산 점유자(영업자)로부터 부동산을 취득하고 점유자에게 장기 임대를 재계약하는 조건(leaseback)의 구조가 비용부담부 임대 리츠이다. 이런 유형의 부동산은 소형 오피스텔, 레스토랑, 극장, 어린이 집, 의료시설, 소매상가 등이 있다.

(2) 골프장(Golf)

골프장 리츠는 수익성이 좋은 골프장을 리츠가 소유하고 골프장을 전문적으로 운영하는 운영자(영업자)에게 넘기고 영업자와 리츠 간에 총액임대나 매출비율부 임대료(percentage rent)방식으로 임대차 계약을 체결하여 임대수익을 창출하는 구조이다. 골프장이나 호텔 같은 부동산은 고도의 전문적인 운영방식을 요하기에 이들을 전문적으로 운영하는 운영회사에 의뢰하고 운영회사와 리츠 간에 계약을 체결하여 수익을 얻는 형태이다. 미국의 경우 골프는 모든 국민들이 쉽게 즐길 수 있는 스포츠 수단이고 대중화돼 있어 골프 이용 고객이 증가 추세에 있어 리츠 산업으로 주목할 필요성이 있다. 2019년 현재 미국인의 3분의 1에 해당하는 약 1억 7백만 인구가 골프를 즐기고 있으며 25,000개 이상의 골프 코스가 있는 것으로 추정되고 있다.

(3) 다른 리츠의 지분에 투자하는 리츠

리츠가 다른 리츠의 지분에 투자하여 배당금을 수령하는 구조도 있다. 리츠의 본래의 취지와는 다소 부합하지 않는 측면이 있지만 성장성과 수익성, 안전성이 있는 유망한 리츠의 지분에 투자하여 배당금을 얻는 리츠도 있다. 대체적으로 이런 구조의 리츠는 드물지만 이미 상장된 리츠의 시장성의 증가, 전문적인 관리와 성장성이 확인된 리츠의 지분에 투자하여 리츠의 포트폴리오를 다각화 하는 유형이다. 리츠가 다른 리츠의 주식에 투자하는 것은 레버리지 효과를 기대할 수 있기 때문이다.

(4) 농장(Farmland)

농장 리츠는 상업성이 높은 곡물, 야채, 과일, 특용작물, 약초 등의 식물이 식재된 농장을 소유 관리하여 이들 농작물을 판매하여 수익을 창출하는 구조이다. 팜랜드 파트너 부동산투자회사는 2013년 상장된 대표적 농장 리츠로 농장의 소유와 농장운영을 법인으로 분리하였다. 팜랜드 파트너 부동산투자회의 피트맨 사장은 농장 리츠는 머지않아 투자가들로부터 강력한 지지를 받을 것이며 글로벌 식량 수요에 크게 기대할 것이라고 2015년 1월 21일 리츠 매거진에 기고하였다.

13) 모기지(Mortgage)

모기지 리츠는 부동산 취득 및 개발을 위한 금융을 제공하거나, 모기지 또는 주택저당채권(MBS)에 투자하여 이들 자산으로부터 이자수익을 창출하는 금융행위이다. 모기지 리츠는 부동산시장에 유동성을 제공하는 것이 본질이며 mREIT라 부르기도 한다. 모기지 리츠의 투자 대상은 주택 및 상업용 대출뿐만 아니라 주택저당채권(RMBS)과 상업용저당채권(CMBS)에 주로 투자한다. 개인 투자가는 증권거래소에서 모기지 주식을 살수도 있고 뮤츄얼 펀드를 통하여 취득할 수도 있는데 주로 배당금 실적이 우수한 모기지 리츠에 주로 투자하게 된다.

미국에서 모기지형 리츠는 주택저당증권을 발행하고 매입함으로서 주택시장을 활성화 시키는데 큰 도움을 주어 경제에 중요한 역할을 해왔다. 실제로 미국의 180만 가구가 주택을 구입하는데 모기지형 리츠를 이용하였다. 또한 상업적인 측면에서 보더라도 모기지형 리츠는 개인이나 기업이 수익을 창출할 목적으로 부동산 매입 시 부족한 자금을 공여해주는 역할도 해왔다. 일반 투자가들은 유동성과 투명성이 높은 모기지 리츠의 주식에 투자하여 부동산에 투자하는 동일한 효과를 얻을 수 있다. 모기지 리츠도 지분형 리츠와 마찬가지로 리츠 운영성과에 대하여 투자가 및 분석가들을 위해 증권거래위원회에 주기적으로 공시할 의무가 있고, 리츠의 사업상 위험은 금융회사의 위험과 유사하다.

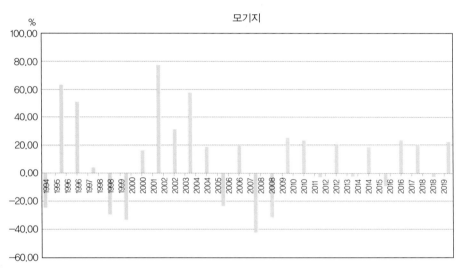

자료: NAREIT

[그림 7-10] 모기지 수익율

모기지 리츠는 부동산을 소유하지 않는다는 점에서 지분형 리츠와 차이가 있다. 모기지 리츠는 부동산회사라기 보다는 부동산 건설 및 개발에 소요되는 여신을 제공하는 금융기관에 더 가깝다. 모기지 리츠가 오늘날 까지 진화해오기 까지는 여러 차례 성장과 부침의 연속이었다.

그 첫 번째 시련으로, 1973년에 콘도미니엄 및 아파트 건설 등 장기 대출을 주로 해왔던 모기지형 리츠가 이들 부동산이 과잉공급 되는 시장에 직면하게 되었다. 동시에 모기지 리츠가 조달하는 금융 이자는 건설비용과 함께(주로 상승하는 인플레이션과 건설자재 부족이라는 원인으로) 동반 상승을 하였다. 이런 상황에 직면하자 개발 및 건설회사는 대출 상환 불이행과 파산으로 이어졌다고 Hines(1975)는 그의 저서에서 주장하였다.

이런 현상은 부분적으로는 대출자 간의 과다 경쟁에서 비롯된 것으로, 대출 심사를 부실하게 하였고 경제성이 떨어지는 프로젝트에 투자를 하게 만들었다. 많은 경우에 리츠 경영자들은 부동산 투자에 미숙했으며, 또한 리츠가 부동산 개발을 위한 자금 공급 수단으로 한계성을 갖고 있다는 것을 이해하고 있는 경영자들의 수는 매우 적었다. 그 결과로 대부분의 신규 리츠는 만기가 30일에서 60일인 상업어음과 같은 단기 자금원을 이용하여 장기 모기지(저당권 설정에 의한 대출)에 금융을 제공하였다. 만기가 짧은 금융재원은 상승하는 이자를 부담하며 자금을 차용할 수밖에 없도록 만들었으며, 이로 인해 수익성은 압박을 받을 수 밖에 없어 많은 경우에 자금조달 비용과 리츠 투자에 대한 수익 간에는 역 스프레드 현상이 발생하였다. 더욱이 건설과 개발 분야 대출을 위한 투자 자문가들은 은행들로서 이들은 부동산시장에 대한 전문지식이 결여된 상태였다. Robertson(1996)는 이러한 문제들이 은행, 리츠, 리츠 조언자 사이에 내재하고 있는 이해관계의 상충과 결부되어 이러한 리츠들로 하여금 문제성이 있는 대출을 하도록 압력을 조성하였다고 주장하고 있다. 예상된 바와 같이, 은행과 리츠 자문가들이 수수료 소득을 올리고자 한 욕망이 이해상충을 자극하였다. 자문가의 수수료는 대출자금 총액을 기준으로 했기 때문에 자문가들은 리츠로 하여금 새로운 대출을 하기 위한 자금을 빌리도록 밀어 붙이고 싶어 하는 강한 동기를 가지고 있었다. 문제점은 부실한 투자 판단, 높은 차입자본이용 수준, 은행과 리츠 간에 존재했던 이해의 상충의 문제는 자주 끝장을 본 그런 방식으로 끝나게 되었다.

모기지 리츠는 1980년대까지 도약을 위한 실패의 값 비싼 수업료를 지불해야만 했다. 몇몇 살아남은 모기지 리츠들은 생존을 위한 경영, 재무, 자금조달 등 문제가 되었던 부분을 도려내고 개선시키는 기업구조 조정을 과감히 수행하였다. 그 결과 1990년대 다시 한 번 성장의 봄을 맞이하게 되었다. 그 첫째는 1993년 일괄예산조정법(the Omnibus Budget Reconciliation Act of 1993)이었다. 그동안 50대 5룰 규제로 연기금의 리츠 투자를 금지했었는데 위 법 도입으로 사실상 합법적으로 투자의 길을 열어 주었다. 이와 같은 법률상의 요건변화는 연기금의 리츠에 대한 투자가 촉진되도록 하는데 도움을 주었으며, 이러한 제도 개선은 리츠 자본의 성장에 기여하였고, 종합금융회사(investment banking firm)와 이들 회사 증권분석 전문가들의 관심을 고조시키는 결과를 가져왔다. 이러한 법률상의 조정은 결국 리츠에 투자하는 거래자의 수를 증가시키는 효과를 가져왔으며, 이것은 리츠 주식시장의 유동성 증가에 기여하였다. 리츠 성장에 기여한 두 번째 변화는 업리츠의 구조혁신이었다. 업리츠는 두가지의 실체 - 리츠 및 운영담당 파트너십(Operating Partner 혹은 OP)으로 구성되어 있는데, 이 양자 모두 소유권에 대한 주식을 발행하는 것으로 투자가들의 투자기회가 더 확대되는 효과를 주었다. 세 번째 중요한 변화는 아파트, 사무실 및 산업용 부동산, 쇼핑 몰, 창고, 호텔, 모텔 등과 같은 확연히 구분되는 유형의 부동산에 전문화하는 리츠의 수가 확대되었다.

지난 40년의 리츠 역사가 그랬듯이 다시 한 번 2008년 시작된 글로벌금융위기(서브프라임 모기지 사태)는 모기지 리츠에 치명적인 상처를 가져다주었다. 소득수준과 상환능력이 부족한 계층들에 대한 철저한 심사 없이 이루어진 서브프라임 모기지 사태는 미국 금융시스템뿐만 아니라 전 세계 금융시스템 위기를 초래하였다. 글로벌 금융위기 이후 모기지 리츠는 다시 한 번 생존을 위해 레버리지 비율을 낮추고 재무구조를 개선하고 신용 리스크를 최소화 하는 비즈니스 모델을 개발하고 있다. 이런 노력은 재정 건전성으로 복귀하는데 도움을 주었고 투자자들에게 매력적인 수익을 안겨다 주는 기회로 작용하였다. 이는 모기지 리츠가 미국 경제성장 능력을 향상시키는 중요한 역할에 기여하리라 기대된다.[5]

모기지 리츠의 지난 26년간 수익률 성과를 [그림 7-10]에서 보여주고 있다. 2019년 12월 말 현재 모기지 리츠의 수는 36개이고 시가총액은 787억 달러이며, 연평균 총 수익률은 21.33%이다. 앞에서 언급한바와 같이 1980년대와 2008년 모기지 리츠의 큰 위기가 있었음을 알 수 있다. 모기지 리츠는 고도로 전문화된 금융회사이기에 비즈니스 모델과 위험을 이해하는 것이 장기적인 측면에서 성공적인 투자에 필요하다.

(1) 이자율 위험(Interest rate risk)

모기지 리츠의 이자율 위험이란 이자율 변동에 따라 모기지 조달자금의 비용 증가로 인하여 현금흐름 소득의 감소 또는 주가 하락으로 포토폴리오의 순이익에 부정적인 영향을 미치는 경우를 의미한다. 이자율 위험의 발생은 모기지의 조달자금이 단기 상환조건인데 비하여 모기지 운용자금은 중장기로 이루어져 조달과 운용기간 불일치에서 발생한다. 모기지는 주로 장기 현금흐름 부동산 매입 대출이나 주택저당채권(RMBS)이나 상업저당채권(CMBS)에 투자를 하는 과정에 경제적 여건의 변화로 이자율이 상승하면 이자율 상승의 비

---

5) 최차순 외 2인, 전게서, pp.22-45.

용을 추가로 부담할 수밖에 없다. 모기지 리츠가 시련의 고비를 맞을 때 마다 이런 위험은 늘 직면하는 문제였다. 모기지 리츠는 이런 이자율 위험을 줄이고자 다양한 기법을 사용한다. 첫째는 이익비용일치방법(matched book)을 사용 한다. 이익일치방법이란 리츠가 투자한 자산으로부터 유입하는 현금흐름과 조달 자금의 이자 지불 기간을 맞추는 것이다. 예를들면 리츠가 주택저당채권 등의 채권을 증권화 하여 조달자금의 이자율 위험에 선제적으로 대비하는 것이다. 뿐만 아니라 변동금리를 고정금리로 전환시키고 자금조달 시 이자율 최고 한도(interest rate caps)를 사용 하여 자금운용 시 선행적 계획과 일치하는 자금 운용을 하는 것이다. 둘째는 이자율 상승으로 장래 조달금융 비용 상승이 예상되는 경우 이자율 선물 매각 또는 풋 옵션(put option)을 사용할 수 있다. 셋째는 리츠가 조달자금의 약정 이자율을 초과하는 비용에 대해서는 일부 또는 전부를 보험에 가입하여 대비하는 방법이다. 넷째는 지분참가형 융자(equity participation loan) 방법이다.

부동산가격이 오르면 대게 이자도 상승하는데 이때 부동산가격의 상승분의 일정한 범위 내에서 지분에 참여 할 수 있는 계약을 체결하여 이자율 위험을 최소화 하는 방법이다. 이런 방법을 사용하여 모기지 리츠는 재정 건전성을 유지하여 수익을 실현하고자 다양한 방법들을 고안하고 있다.

(2) 조기상환 위험(Prepayment risk)

모기지 리츠의 조기상환 위험은 모기지 리츠의 자금 이용자가 만기 전에 대출자금 상환으로 모기지 리츠의 포토폴리오 자산의 수익 흐름에 악영향을 미치는 경우를 의미한다. 즉 모기지 리츠는 자금 공여의 현금흐름에 맞추어 자금조달이나 주택저당채권 등의 유가증권에 투자를 하게 되는데 대출금 조기상환이 이루어지면 수익구조 흐름에 큰 변화를 주어 포토폴리오 수익에 부정적인 영향을 줄 수도 있다. 조기상환 위험을 피하기 이해서는 첫째 조기상환 패널티, 변재금지 기간, 수익유지 수수료 등의 방법의 사전에 계약에 담아 위험을 줄이는 방법이다. 둘째는 담보저당채권(Collateralized Mortgage Olbligations)이 활용되기도 한다. 이는 담보저당채권을 모기지 융자 풀(pool)로 여러 등급의 구분하여 관리하는 방법이다, 즉 담보저당채권을 기간별, 위험 정도로 구별하여 각각의 풀에 적합한 대응 전략으로 관리하는 것이다.

(3) 유동성 위험(Liquidity risk)

모기지 리츠의 유동성 위험은 모기지 리츠가 보유중인 담보(collateral)의 가치가 당초 설정 해놓은 가치 이하로 하락하여 환금성에 제약을 받는 경우를 의미한다. 담보가치의 하락은 단기 유동성을 조달하는데 어려움이 초래될 수 있으며, 자본시장에서 적정한 금리보다 높은 비용을 부담할 위험과 새로운 자금조달의 어려움, 고객들의 배당 약속 불이행 위험, 자산 가치의 하락의 부정적인 정보는 주가를 하락시킬 수 있다. 이러한 유동성의 위험을 최소화 하기 위해서는 낮은 담보가치는 신용을 보강하여 증권화 할 필요성이 있다.

(4) 신용위험(Credit risk)

신용위험은 모기지 리츠로부터 자금을 공여 받은 채무자가 부도나 파산으로 채무를 불이 행(default)하는 위험이다. 모기지 리츠가 투자하는 채무증권이 공신력 있는 연방저당공사 (Fannie Mae)나 연방주택저당공사(Freddie Mac) 또는 신용등급이 AAA/AA 이상인 주택저 당채권, 상업저당채권이 아닌 경우 신용위험에 직면할 수 있다. 따라서 모기지 리츠는 신용 위험을 줄이기 위해서는 공신력 있는 또는 신용보강이 된 담보가치기 있는 자산에 우선적 으로 투자하는 전략이 필요하다. 모기지 리츠가 1980년대 주로 실패를 할 수 밖에 없었던 이유는 담보가치를 제대로 객관적으로 분석할 수 있는 평가 기관이 없는 상태에서 무분별 하게 투자를 하였기 때문이다. 신용위험을 줄이기 위해서는 선순위 증권(senior securities) 에 투자를 해야 하고, 융자 손실 완화 기법 사용, 지역적 및 자산별로 소구권(상환청구)이 없는 자산으로 구성하여 위험에 과도하게 노출된 자산은 증권화 하는 것이 요구된다. 이 밖에 모기지 채권을 1차 시장보다 2차 시장에서 인수하는 것도 하나의 방법이다. 물론 2차 시장이 1차 시장에 비하여 수익성은 낮지만 리츠의 재무 건전성과 안전성을 고려한다면 1차, 2차 시장의 서로 헷지(hedge)를 유지하는 선에서 채권을 구입할 필요가 있다.

오늘날 모기지 리츠는 실패의 축적된 쓴 경험을 통하여 최적의 조건으로 자금을 조달하고 조달된 자금으로 위험을 최소화하는 재무구조 개선, 위험 최소화 전략 등 리츠에 최적화된 비즈니스 기법을 고안하며 성장전략을 취하고 있다.

참고문헌

최민성, 4차 산업혁명시대 부동산②, 글로벌 최고 수익 리츠 상품 ‘데이터 센터’, 스트레이트뉴스, 2020. 1. 21.

최차순· 노영기· 김인수. 2005. 부동산투자신탁, 박영사.

머니투데이, 돌아가는 리츠 상장시계…"최소 30개 이상은 있어야", 2020. 5.24.
https://news.mt.co.kr/mtview.php?no=2020052214491611997

Dilallo, M. An Investor's Guide to Gas Station Stocks, the motley fool, Aug. 13 2019,
https://www.fool.com/investing/an-investors-guide-to-gas-station -stocks.aspx

Hines, M,A. 1975. What has happened to REITs? Appraisal Journal 43: 252-260.

National Association of Real Estate Investment Trusts(NAREIT), Guide to Mortgage REIT Investing.

Robertson, W. 1996. How the bankers got trapped in the REIT disaster. Fortune 91: 113-15+.

제 **8** 장

리츠 투자의 선택은
바람직한가

1 리츠 주식은 보통 주식과 다른가

2 리츠 주식과 부동산 수익률의 요인은

3 리츠 주식은 바람직한 투자대상인가

4 리츠 주식의 인플레이션 헷징과 다각화 효과

5 리츠 주식은 성정가능성이 있는 증권인가

6 결론

[제 **8** 장] 리츠 투자의 선택은 바람직한가

1 리츠 주식은 보통 주식과 다른가

리츠 주식은 부동산 또는 부동산에 관한 권리를 기초자산으로 증권화한 부동산 간접투자 상품이다. 반면 보통 주식은 기업이 기업운영에 필요한 자금조달을 위해 회사 소유권을 투자자에게 지급하는 증서를 주식이라 한다. 리츠 주식과 일반 기업의 보통 주식은 투자에 대한 지분의 권리를 받는 증서라는 측면, 증권시장에서 유통, 배당을 지급 받는다는 측면에서 유사성이 있다. 리츠 주식은 부동산신탁법에 의해 발행되고 지배를 받지만 보통 주식은 상법의 지배를 받는 다는 면에서 차이가 있다. 회사에서 발행되는 보통 주식의 사업영역은 산업, 정보기술, 통신 서비스, 제품, 금융, 증권, 에너지 등 그 분야가 매우 다양하지만 리츠는 부동산과 부동산에 관한 권리 등 부동산의 영역을 벗어난 사업으로 수익을 창출할 수 없도록 엄격히 규정하고 있다는 면에서 리츠 주식과 보통 주식은 차이가 있다. 리츠 주식과 보통 주식 모두 투자자들에게 꾸준한 수익 흐름을 제공할 수 있지만 리츠는 보통 주식보다 배당 지급에 더 중점을 준다는 측면에서 차이가 있다. 일부 종목의 보통 주식에 대해서 배당금을 지급하지 않을 수도 있지만 리츠는 리츠 법에 적어도 과세대상 소득의 90%는 배당금을 지급하도록 하는 배당 가이드라인이 엄격하다는 면에서 또한 차이가 있다.

리츠 주식이 부동산을 기초자산으로 증권화한 부동산 간접투자상품이라면 리츠 주식과 부동산과의 관련성은 어떨까 의문을 제기할 수 있을 것이다. 이런 의문에 대한 대답은 리츠 주식과 부동산과의 관련성이 높다는 견해와 관련성이 낮다는 견해로 나눌 수 있을 것이다. 첫째 리츠 주식과 부동산과의 관련성이 높으면 리츠 주식의 기초자산인 부동산가격의 움직임에 리츠 주식의 가격은 얼마나 영향을 받을까? 문제를 제기하는 것은 리츠 주식의 가격

결정을 이해하는데 매우 중요하다. 왜냐하면 부동산가격 변동성을 이용하여 리츠 주식의 가격을 예측할 수 있을 뿐만 아니라 위험을 낮출 수 있기 때문이다. 역으로 리츠 주식과 부동산과의 관련성이 낮다면 부동산 투자의 대체수단으로 포트폴리오에 리츠 주식을 담는 것은 효과적인 투자 수단이 될 수 있다. 둘째 리츠 주식의 가격결정과 부동산가격 결정이 어떤 메커니즘에 의해 이루어지는가에 대한 의문을 제기하는 것도 중요하다. 물론 주식과 부동산가격 결정의 기본원리는 수요와 공급에 의해 이루어지는 것은 지극히 당연하다. 그러나 리츠 주식은 주식시장에서 다수의 공급자와 수요자에 의해 경쟁시장 원리에 의해 가격이 결정되지만, 부동산은 일반적으로 소수의 공급자와 다수의 수요자에 의해 불완전시장에서 가격이 이루어진다. 리츠 주식의 가격 결정과 부동산가격 결정 메커니즘(모델)이 다를 수 있으므로 투자가들은 리츠 주식과 부동산시장에 대한 이해를 가지는 것이 투자활동에 도움이 된다. 즉 리츠 주식의 가격 결정이 주식시장의 요인에 의해서 결정되는 것인지 아니면 부동산시장의 요인에 의해 결정되는지 이해하는 것은 중요하다. 왜냐하면 가격 결정의 요인을 이해함으로 투자자들이 리츠 수익률 극대화를 추구하는 포트폴리오를 구성할 수 있고, 수익률 예측을 하는데 중요한 변수가 되기 때문이다. 만약에 리츠 주식과 부동산가격 결정 연관성이 높다면, 포트폴리오에 부동산과 리츠 주식을 함께 담으면 분산화 효과의 이점이 감소할 수도 있다. 결론적으로 리츠 주식의 가격은 가격 결정 요인들의 독립적인 변수와 무관하게 변동할 수 없다는 것이다.

리츠의 주식은 보통 주식처럼 증권시장에 상장되어 거래가 된다. 주식시장에서 리츠의 주식가격은 리츠의 개별 요인들에 의해서도 변동이 일어나고 주식지장의 변동요인에 의해서 상호연관 되어 지속적으로 변동이 일어날 수 있다. 그러나 부동산의 가격은 리츠 주식처럼 지속적으로 가격이 변동하지 않는 다는 측면에서 주식시장에서 거래되는 리츠 주식과는 차이가 있다. 여기서 투자가들은 주식시장의 변동성이 리츠의 주가에 얼마만큼 영향을 미치는지 이해를 할 필요성이 있다. 실제로 리츠 주식시장과 부동산시장의 가격결정 모델이 유사하다면 수익성 변동성도 아주 밀접한 상호 연관성이 존재할 가능성이 있다. 만약 이와 같다면 리츠 주식과 부동산을 포트폴리오에 동시에 구성하는 것은 다각화 효과를 감소시킬 수 있다. 그러나 리츠 주식의 가격 결정과 부동산가격 결정의 모델이 다르다면 수익률 변동성도 다를 수 있다. 이 경우에는 직접적으로 부동산에 투자하는 것보다 리츠 주식에 투자하는 것이 바람직한 투자전략이 될 수 있다는 인식을 가질 필요성이 있다. 다음 절에서는 리츠 주식과 부동산의 수익률에 미치는 요인, 리츠가 바람직한 투자수단인가, 리츠의 인플레이션 헷징 및 다각화 효과 등을 살펴본다.

 2 **리츠 주식과 부동산 수익률의 요인은**

리츠의 주식은 부동산을 기초자산으로 발행된 증권이다. 한 회사의 주식 수익률은 주식시장의 변동성과 밀접한 연관성이 있는 것으로 알려지고 있다. 이러한 관계를 리츠 주식에도 적용해본다면 리츠 주식의 수익률도 주식시장의 변동성 요인과 연관성이 높을 것으로 추론된다. 또한 리츠의 주식은 부동산을 기초자산으로 발행된 증권이기 때문에 부동산가치 변동성의 요인과도 상호 긴밀한 연관성이 있을 것으로 판단된다. 리츠 주식의 수익률은 주식시장과 부동산시장 변동성 요인에 의해 영향을 받는 것으로 선행 연구에서 제시되고 있어 이들 요인들을 살펴보는 것은 의미가 있다.

1) 공통 요인들

리츠 주식과 부동산 수익에 영향을 미치는 요인은 공통요인과 특수요인으로 분류할 수 있다. 특수요인은 후술하기로 하고 본 절에서는 공통요인들을 먼저 짚어보자. 공통요인은 기업의 내재적 요인, 시장요인, 시장외적 요인으로 세분할 수 있다. 첫째 기업의 내재적 요인은 기업의 수익가치, 영업가치, 자산가치, 성장가치, 등을 측정하는 재무분석, 신제품 개발 능력, 경영자의 능력 및 철학, 리더십, 신시장의 개척 능력, 노사관계 등의 요인을 들 수가 있다. 둘째 시장요인은 수급의 변수가 될 수 있는 수요와 공급동향, 시장주변의 자금사정, 투자성향, 내부자거래, 시장에 영향을 줄 수 있는 각종 규제나 정책 변화 등의 요인이 있다. 셋째 시장 외적 요인은 경제, 정치, 사회적 요인 등이 있다. 경제적 요인은 경기동향, 금융, 세제, 물가, 금리동향, 국제수지 동향, 환율, 원자재가격 동향 등이 있다. 정치 사회적 요인은 정국동향, 지정학적 역학관계, 사회적 이슈 등이 있다. 이들 요인 중 리츠 주식과 부동산 수익에 가장 밀접하게 영향을 주는 것은 이자율 변동이다. 즉 리츠 주식과 부동산가격의 평가는 이들 자산으로부터 발생되는 현금흐름의 현재가치에 의해 결정되기 때문이다. 일반 보통 주식의 주가는 회사의 수익에서 결정되듯이 리츠 주식의 주가는 리츠의 기초자산인 부동산 거래에 영향을 줄 수 있는 여러 규정의 변화에 영향을 받게 된다. 예를들어, 부동산 거래 관련 세율이 상승하면 리츠 수익에 부정적 영향을 주어 리츠 수익률이 하락할 수 있기 때문이다. 이들 요인들의 움직임이 리츠 수익률에 직·간접적으로 영향을 미치기 때문에 이들 변수들의 연관성을 규명하고자 상당한 연구가 수행되었다.

2) 특수한 요인들

리츠 주식과 증권화 되지 않은 부동산의 수익률은 각 시장에 내재하는 특수한 요인에 의해 영향을 받는다. 리츠 주식은 수급의 흐름이 원활한 효율적 시장이라고 할 수 있는 주식시장에서 거래가 이루어지고 있다. 아시다시피 주식시장의 가격 결정은 매도자와 매수자 간의 호가에 의해 가격이 결정된다. 이는 리츠 주식이 주식시장의 특성과 정보흐름에 상당한 영향을 받는다는 것이다. 리츠의 가격이 기초자산인 부동산의 내재적 가치의 변동에 영향을 받는 것보다 주식시장의 수급동향, 선호도, 자금사정의 동향, 루머에 의해 영향을 받을 수도 있다는 것을 의미한다. 물론 어느 정도 시간이 흐르면 그릇된 정보의 충격은 백색 잡음이 되는 것이 시장의 생리이다.

반면에 부동산시장은 호가시장이 아니다. 부동산의 가격은 부동산의 부동성, 부증성, 고가성 등의 특성으로 인하여 매매가 빈번하게 이루어지지 않는다. 이런 이유로 인해 어떤 부동산은 거래가 없을 수도 있다. 그러면 어떻게 부동산의 가치를 평가해서 가치를 산정 하는가 의문점이 생길 수 있다. 거래가 없는 부동산의 가격은 감정평가에 의해 결정된다. 감정평가에 근거하여 산정되는 가격은 부동산과 관련된 주변의 위치, 거래, 여러 사정의 요인들을 감안한 보정된 가격이다. 감정평가를 함에 있어서 여러 사정의 요인들을 보정한다 하더라도 오차는 있을 수 있고, 더 나아가 오류에 기반한 부동산가격은 그 오류가 바로 잡아질 때 까지 지속될 경향을 배제할 수는 없다. 이처럼 리츠 주식과 부동산 수익률을 결정하는 요인들은 수없이 많고 이들 요인들의 정보를 입수하는 일은 많은 비용과 시간이 소요되기 때문에 쉽지 않다.[1]

---

1) 이와 관련 주제의 논의를 보려면 Ibbotson과 Seigel(1984) Firstenburg, Ross, Zisler(1988), Light(1998), Giliberto (1988), Roulac(1998), Gentner(1989), Patterson(2009), Olanrele(2014) 의 문헌을 참조할 것.

3) 리츠와 부동산시장 간의 통합의 견해

리츠와 부동산시장이 통합되어 움직인다면 부동산시장의 변동성 요인을 분석하여 리츠 수익률을 예측할 수 있다는 논리가 된다. 그러나 직관적으로 보면 부동산 수익률의 흐름이 리츠 수익률 흐름에 영향을 미치는 것처럼 보일 수 있지만 많은 선행연구에 의하면 두시장의 통합의 근거는 약한 것으로 보고되고 있다. 이와 같은 지분형 리츠뿐만 아니라 모기지형 리츠에도 비슷한 주장을 제시하고 있다. 이런 주장의 설득력을 뒷받침 하는 Wang, Huang, Nieh, Ou와 Chi(2017)의 최근의 연구결과를 보면 알 수 있다. 이들은 부동산시장과 리츠 시장 간의 공적분 검정과 오차수정모형을 이용하여 검정한 결과 장기적으로 선형 및 비선형 관계가 존재하지 않는다고 밝혔다. 이러한 결과는 리츠 시장이 부동산시장과 구분되어 있음을 시사한다. 한편 Gokmenoglu와 Hesami(2019)는 부동산가격과 주식 가격 간의 연관성을 헤도닉 가격결정 모형을 이용하여 분석한 결과 부동산가격과 주가사이에는 장기적인 연관성이 어느 정도 존재한다는 입장을 제시하고 있다. 이는 포트폴리오에 주식과 부동산 자산을 함께 담으면 분산화 효과가 약하다는 것을 나타낸다. 선행 연구결과에 따르면 리츠 주식과 부동산시장의 통합에 대한 견해는 일치하지 않는다고 할 수 있다. 통합성의 반대를 주장하는 연구 결과가 있음에도 불구하고, 두 시장 간의 위험 프리미엄(risk premium)이 동일하다면 양 시장은 통합되어 있다고 말할 수 있다. 이는 두 시장 간의 수익률에 영향을 미치는 공통요인이 있을 수 있다는 것을 의미한다. 만약 두 시장이 통합되어 있다면 양 시장의 수익률을 예측하는 데 큰 차이가 없을 수도 있다. 리츠와 부동산 수익률의 요인과 통합에 대한 다양한 연구가 수행되어 왔다. 이런 선행연구를 시계열적으로 이해하고 후속 연구에 도움을 줄 수 있을 것으로 생각하여 필자가 2005년에 출간한 책의 선행연구 요약 표 (1-3)를 인용[2]하여 사용한다. 선행연구는 미지의 학문의 세계로 들어서는 자에게 나침판과 같은 매우 요긴한 것으로 감사를 표하지 아니할 수 없다.

---

2) 최차순 외 2인 전게서, pp.245-265.

4) 리츠와 보통주식 간의 통합에 대한 견해

리츠가 일반 보통 주식처럼 증권시장에 상장되어 거래되기 때문에 리츠와 보통 주식가격 결정과 통합되어 있다고 주장을 하기도 한다. 리츠가 보통 주식 가격 결정의 과정을 완전히 배제하고 결정된다고 할 수는 없지만 두 시장의 완전한 통합을 주장하는 것은 다소 무리가 있을 수 있다. Lid와 Wang(1995)은 리츠와 주식시장 간의 가격 결정 간의 구분할 증거가 없다는 측면에서 두 시장이 통합되어 있다고 주장한다. 그러나 Giliberto와 Mengden(1996)는 두 시장이 통합되어 있을 수도 있지만 이러한 통합 상태가 리츠는 부동산을 기초자산으로 하고 있어 부동산시장에 사용되는 측정 파라미터가 존재하고 반면 보통주식은 자본시장에서 거래되는 파라미터가 존재하는 상황에서 통합의 증거를 찾지 못한다고 하여 통합을 주장하는 견해에는 동의를 하지 않는다. 그럼에도 불구하고 Kroencke, Schindler와 Steininger(2014)의 연구결과에서 통합의 개연성을 가질 수 있다. 이들은 자본자산 가격결정모형(CAPM)을 이용하여 리츠의 기대 위험 프리미엄은 주식시장의 위험 프리미엄에 36%나 노출 돼 있다는 실증적인 결과를 제시하였다. 이는 리츠와 보통주식 간의 통합에 대한 상당한 설득력을 제공한다 하겠다.

한편 리츠와 비증권화된 부동산 수익 사이에 현실적인 시차가 존재하기 때문에 연관성을 포착하기가 용이하지 않을 수도 있다. 리츠는 주식시장에 거래를 통하여 자본이득을 즉시 수취할 수 있지만 비증권화 된 부동산은 수익을 수취하는데 장시간이 소요될 수 있다. 즉 비증권화 된 부동산의 수익이 리츠 주식의 수익에 비해 1년 내지 2년 정도 더 소요된다는 연구결과도 있다. 이는 리츠 주식과 부동산 간의 수익을 실현하는데 시차가 존재한다는 것을 의미한다. Yang와 Yildirim(2011)는 일반화된 자기회귀조건부이분산 모형을 이용하여 리츠와 비증권화 된 부동산 간의 실증적 상관관계 분석에서 두 자산 간에 상관관계가 30-59% 수준이라고 지적하고 있다. 이러한 연구 결과는 리츠 주식시장과 증권화 되지 않은 부동산시장 간에 기본적인 유의미한 특성을 공유하고 있음을 시사한다.[3]

---

3) Giliberto(1990), Gyourko와 Keim(1992,1993), Lieblich, Pagliari, Webb(1988), Geltner와 Rodriquez(1998), Yang와 Yildirim(2011)의 문헌을 참조할 것.

5) 부분통합 혹은 무통합에 대한 견해

리츠 수익에 영향을 미칠 수 있는 요인들은 앞에서 살펴보았듯이 다양하다. Liu와 Mei(1992), Mei와 Lee(1994), Liao와 Mei(1998)의 연구 결과에 의하면 리츠의 수익에 영향을 미칠 수 있는 특수한 부동산 위험 프리미엄 요인도 있고 부동산을 평가하는데 이용되는 자본환원률 요인도 있다. 리츠 수익과 자본환원률 간의 관계가 존재한다는 것을 이해하는 것이 중요하다. 자본환원률이란 부동산 투자로부터 얻어지는 수익률이다. 부동산의 현금 흐름을 자본환원률로 나눈 것이 바로 부동산 가치이다. 부동산 감정평가에 있어서 수익환원법의 이론적 근거가 된다. 자본환원률이 부동산을 실물로 보유 할 것인가 아니면 리츠로 보유할 것인가 혹은 다른 자산으로 보유할 것인가 자산선택의 아주 중요한 잣대가 되기 때문이다. 자본환원률이 리츠 수익에 영향을 미친다면 부동산 가치의 변동이 리츠 수익에 일정한 정도 영향을 미칠 수 있다는 중요한 요인이 될 수 있다. 그러나 자본환원률의 변동성이 리츠 주식 가격결정 요인의 대용변수가 될 수 있는지에 대해서는 연구자들 사이에 여전히 견해가 엇갈리고 있다.

Clayton과 Mackinnon(2000)의 연구에 의하면 지분형 리츠 수익의 변동성은 부동산시장뿐만 아니라 주식시장의 변동성에 의해서도 영향을 받는다고 주장을 하였다. Fisher, Ling 와 Naranjo(2006)는 장단기 자본흐름과 부동산 유형별 수익률을 분석하였다. 분석결과 자본의 시차적 흐름이 부동산 유형별, 대도시별로 시차적으로 영향을 미칠 수 있음을 제시하였다. Patterson(2009)은 일반 주식 가격에 영향을 줄 수 있는 거시경제적 요인들이 리츠 주식에도 동일하게 영향을 준다는 실증적 분석결과를 제시하였다. 리츠의 유형을 아파트, 오피스, 산업시설과 소매점을 기초자산으로 발행된 리츠를 연구의 대상으로 선정하였고, 분석기간은 1989년부터 2006년까지 월별 자료를 이용하였다. 거시경제적 요인은 소비자물가지수, 산업생산지수, 재무성 증권 수익률 자료 등을 사용하였다. 거시경제적 요인들은 리츠 유형과 크기에 따라 리츠 수익에 미치는 영향이 다르다는 것을 밝혔다. 이러한 분석결과는 투자의 위험 노출과 포토폴리오 구성 및 위험 관리에 대한 중요한 통찰력을 제공한다.

끝으로 다수의 선행연구에서 리츠와 부동산시장 간의 통합의 근거 자료를 제시하는 데 반하여 얼마의 연구에서는 부동산시장과 리츠 시장 간에 상호 연관성이 낮다는 주장을 하고 있다. 예를 들면, Myer와 Webb(1994)는 소매용 부동산과 소매용 리츠 사이에 관계성이 존재하지만 소매용 부동산과 소매용 리츠의 수익률 간의 연관성이 명확하지 않다는 입장을 제시하였다. 또한 Scott(1990), Goetzman과 Ibbotson(1990)는 리츠 수익이 그 기초자산인 부동산으로부터 별 영향을 받지 않고 종종 이들로부터 이탈한다는 것과, 리츠 수익과 부동산 수익 간에는 상호 연관성이 없다는 것이다. Ling과 Naranjo(1999)는 리츠와 부동산시장 수익률 간의 통합성 여부를 살펴보기 위해 다요인 자산가격 모형을 이용하여 분석하였다. 분석결과 리츠와 부동산시장 수익률 간의 통합성의 정도는 1990년대에 크게 나타났다. 그러나 부동산 수익률을 평활화조정을 한 후 분석에서는 리츠와 부동산 수익률 간의 통합의 가설을 뒷받침할 만한 증거를 제시하지 못했다. 이는 연구의 기간, 자료, 분석방법에 따라 연구의 결과가 다르게 도출될 수 있음을 의미한다.

6) 절충안이 있을까

전술한 바와 같이 리츠 주식과 부동산 수익률에 영향을 미치는 요인이 매우 다양하다는 것을 알 수 있다. 또한 분석 자료, 기간, 방법 등에 따라 서로 다른 결론이 나올 수 있지만 대체적으로 장기적인 측면에서 증권화된 부동산과 비상장 부동산 간에는 어느 정도 관계성이 있는 것으로 보는 것이 합리적일 것이다. 그럼에도 불구하고 선행연구의 분석을 종합하여 살펴보면 리츠 주식의 위험-수익의 특성이 과거에는 보통주식에 더 가까운 것으로 보고 하고 있으나, 최근에는 부동산시장의 동향을 더 잘 반영한다는 주장이 설득력을 얻고 있다. 이런 주장에 설득력을 더해주는 최근의 흥미로운 연구가 있다. Kroencke, Schindler와 Steininger(2014)는 자산가격결정 모델을 이용하여 리츠, 비상장 부동산, 보통주식 간의 연관성을 분석하였다. 분석결과 기대되는 리츠의 프리미엄은 주식시장의 위험요인이 36%, 부동산시장의 위험요인이 40%, 경기 위험요인이 24% 정도 영향을 미치는 실증분석 결과를 나타냈다. 이들의 연구결과는 리츠의 수익률이 보통 주식의 가격보다 부동산가격의 동향에 더 연관하여 영향을 받는다는 것을 나타내는 것이고 또한 경기 동향과는 4분의 1의 영향을 받는 다는 것을 의미한다.

그러나 보통주식의 가격 결정 요인이 리츠 주식 수익률에 상당한 연관성이 존재한다 하더라도 리츠 주식의 평균적인 베타(beta)가 보통 주식의 평균적인 베타보다 낮기 때문에 투자가들이 그들의 포트폴리오에 리츠 주식과 보통 주식을 함께 구성하여도 위험을 줄일 수 있다는 것이다. 그러나 이런 주장에 대해서 연구결과가 일치하는 것은 아니다. 즉, 지역별, 시기별로 어떤 자료를 이용하여 분석하였는가에 대하여 다양한 연구결과가 나올 수 있다. 이하에서는 독자들의 이해를 돕고자 필자의 역서 표 내용에 최근의 관련 연구들을 추가하여 시계열적으로 정리하였다.

〈표 8-1〉 주식시장과 부동산시장 간의 통합성에 관한 연구 요약

연구자	표본기간	통합가설의 주제	통합가설의 연구결과
Clayton and MacKinnon (2000)	1993.1 1998.2	리츠 수익의 변동성을 설명함에 있어 부동산시장 요인의 상대적 중요성	대형주는 리츠 수익 변동성에 큰 비중을 차지하지만 최근에는 그 비중이 작아지고, 오히려 최근에는 부동산시장의 변동성이 리츠 수익을 설명하는데 중요한 것으로 밝혀졌다.
Clascock, Lu and So (2000)	1972.1 1996.12	리츠와 부동산시장 간의 통합과 리츠 주식과 일반 주식 및 채권과의 관계	전체 표본기간 중에 증권화 된 부동산과 증권화 되지 않은 부동산 간의 통합은 약하지만, 1992-1993 이후 리츠와 다른 주식 간의 상호통합이 있어 왔다. 공통된 요인들과 가격 결정 구조를 공유했으며 리츠는 소형주에 가까운 움직임을 보였다.
Ling and Naranjo (1999)	1978. 1/4 1994. 4/4	상업용 부동산시장과 주식시장 간의 통합	리츠를 포함한 증권거래소에서 거래되는 부동산 시장은 비부동산 주식과 통합되어 있다.
Chaudhry, Myer and Webb (1999)	1978. 1 1996.2	상업용 부동산시장과 주식, 채권, 미재무부 증권 (금융시장간의통합)	금융자산 시장과 부동산시장은 상호 통합되어 있다. 증권은 비부동산 증권과 장기적인 역의 관계를 갖는 경향이 있다. 부동산 유형이나 지리적 장소에 의한 상호 통합은 없다.
Lieblich, Pagliari and Webb (1998)	1978. 1/4 1995. 4/4	리츠의 장기적 성과와 기초 부동산의 성과간의 관계	증권화 된 부동산과 증권화 되지 않은 부동산 자산의 총 수익 간에 장기적인 약한 통합적인 관계가 있으나 리츠 수익과 증권화 되지 않은 부동산의 수익 간에는 단기적 관계는 없다.
Ghosh, Miles and Sirmans	1985.1 1996.6	리츠 주식시장과 비부동산 주식시장 간의 유사점들	최근에 리츠 주식은 일반적인 증권과 그 유사성에서 더 멀어졌다. 리츠 증권은 소형주와는 다르게 움직이고 증권화 되지 않은 부동산과 비슷한 움직임을 보였다.
Giiberto and Menden (1996)	1978.3 1994.12	리츠와 부동산 수익성과 간의 차이를 설명하는 시장 평가 파라미터 차이의 효과	리츠 주식 수익 동향과 부동산 수익 동향은 두 시장에서 사용되는 평가 파라미터상의 차이를 조정하고 나면 매우 유사하다.

Li and Wang (1995)	1971.1 1991.12	다른 증권의 수익의 예측가능성과 비교한 리츠 증권 수익성의 예측 가능성 및 부동산시장과 일반 증권시장과의 통합성	부동산과 주식시장의 가격결정은 매우 유사하다. 리츠의 수익은 주식시장의 수익보다 더 예상하기가 어려운데 이는 두 시장이 통합되어 있음을 시사하는 것이다.
Mei and Lee (1994)	1978.1/4 1989.2/4	리츠 수익상의 채권 및 증권시장 리스크의 프리미엄에 리스크 프리미엄의 존재와, 리츠 증권 추가적인 부동산시장과 부동산시장 간의 시장 구분을 감지하기 위한 좀 더 객관적인 가격 결정 모델	증권 및 채권시장 요인에 추가하여 리츠 가격 결정에는 조직상의 부동산 리스크 프리미엄이 존재한다. 리츠 수익에 영향을 주는 다른 요인들을 고려하게 되면 시장구분은 의미가 없어진다. 이것은 증권화 되지 않은 부동산은 평균분산 효율적 투자 기회선(mean-variance efficient frontier) 분석법을 이용하여 증권화 되지 않은 부동산의 잠재력을 평가함에 있어 거래소에서 거래하는 자산으로 취급될 수 있다는 것을 의미한다.
Myer and Webb (1994)	1983. 1/4 1991. 4/4	소매상가 리츠, 소매상가 부동산, 임대차 계약상에 있는 과대 평가된 임대료에서 기인하는 소매부문 증권 간의 관련성	소매상가 리츠의 수익과 소매상가 부동산 증권 사이에는 근원적인 관련성을 지지하는 동시적인 양성적 관계가 존재한다. 소매분야 리츠와 부동산 사이에 약한 상관성이 존재하는 증거들이 있으나, 부동산의 수익과 소매상가 리츠 간의 관련성에 대한 증거는 없다.
Myer and Webb (1993)	1978. 1/4 1990. 1/4	지분형 리츠 배당과 일반 주식 및 증권화 되지 않은 부동산 수익과의 비교	리츠의 수익은 지분형 리츠에 비해 낮다는 점을 고려하면 상업용 부동산의 수익과 유사한데, 이것은 연속적인 수익 사이에 중요한 시간적인 (intertemporal) 관련성이 있음을 시사하는 것이다.
Liu and Mei (1992)	1971.12 1989.12	지분형 리츠 수익의 예측성과 소유형 리츠 주식시장과 채권 및 증권시장간의 관계.	리츠의 초과수익은 주식이나 채권보다 예측가능성이 더 높다. 자본금리가 반영되는 부동산시장의 상황은 지분형 리츠와 소형 주식의 영향을 미치는 것으로 보인다. 지분형 리츠는 증권화 되지 않은 부동산과 소형주(small-cap stocks)의 혼합형이나 채권과는 다르다.
Abmrose, Ancel and Griffiths (1992)	1962. 7 1990. 12	리츠 주식시장과 다른 증권시장과의 통합 문제	궁극적으로 볼 때 리츠 증권시장과 일반 증권시장은 통합되어 있다. 그러나 리츠는 그 자체의 증권 같은 특성 때문에 증권화 되지 않은 부동산 투자에 대한 좋은 대체안이 되지 못할 수 있다.
Gyourko and Kein (1992)	1978. 1/4 1990. 1/4	지분형 리츠의 수익과 증권화 되지 않은 부동산의 감정평가에 기초한 수익의 관계	지체된 리츠 수익은 감정평가에 기초한 증권화 되지 않은 부동산 수익을 예측해 주는데, 이는 부동산시장에서 리스크와 수익에 영향을 주는 요인들은 리츠 주식에 반영되어 있다는 것과 부동산시장들이 서로 연관되어 있는 것을 의미하는 것이다.

Lui외에 다른분들 (1990)	1978. 2/4 1986. 3/4	상업용 부동산시장과 증권시장간의 통합성 혹은 상호구분의 존재	상업용 부동산시장은 정보 가용성의 차이와 비용적인 측면에서 주식시장과 차이가 존재한다.
Giliberto (1990)	1978. 1/4 1989. 4/4	지분형 리츠의 수익과 증권화 되지 않은 부동산 수익의 관계	지분형 리츠의 성과에 대한 증권 및 채권 시장의 영향을 제외하면 리츠 수익과 증권화 되지 않은 부동산 간에는 강력한 양의 상호관계가 있다. 이것은 두 가지 형태의 자산 모두의 수익에 영향을 미치는 공통 요인이 존재함을 시사하는 것이다.
Scott (1990)	다양한 표본 기간	부동산시장 원리가 지분형 리츠의 주가에 미치는 영향	지분형 리츠의 주식 가격이 항상 부동산시장의 원리를 따르는 것은 아니다. 그러므로 리츠 가격은 부동산의 기본적인 가격을 나타내는 신뢰할만한 지표 역할을 하지 못할 수도 있다.
Goetzman and Ibbotson (1990)	다양한 표본 기간	포트폴리오 분산화 전략과 관련한 증권화 되지 않은 부동산의 성과와 다른 종류 자산들의 성과와의 관계	부동산의 수익은 증권수익 및 채권수익과 상호관련성이 없으며, 다른 경제적인 힘에 의해 작동되고 있다. 그러므로 부동산은 포트폴리오 다양화 전략에 좋은 대안을 제공한다.
Fisher, Ling and Naranjo (2006)	1983. 3/4 2005. 2/4	자본흐름과 부동산 수익의 역동성	부동산 유형별 수익과 자본의 장단기 흐름과는 역동적인 관련이 있다.
Patterson (2009)	1989.1 2006.12	경제적 요인과 리츠 유형별 관계	거시경제적 요인이 리츠 유형과 크기에 따라 리츠 수익에 미치는 영향이 다르다.
Yang and Yildirim (2011)	1991.8 2001.9	자산 유형별 역동적인 상관관계분석(리츠와 주식수익률)	상장된 리츠와 주식 수익률간의 역동적인 조건부 이분산 분석을 하였다. 분석결과 기간별로 상관관계가 30~59%를 보였다.
Olanrele (2014)	2007– 2014	리츠의 성과분석	리츠 수익에 리츠의 규모, 레버리지, 주가, 순자산, 배당 등의 자료을 이용하여 다른 요인이 고정되어 있다는 전제하에 회귀분석 결과, 이들 요인이 리츠 수익에 영향을 미치는 것을 밝혔다. 한 리츠에 대한 분석으로 국가 모든 리츠에 적용하기에는 다소 무리가 있다.
Kroencke, Schindler and Steininger (2014)	1984– 2011	리츠는 부동산인가 주식인가	자본자산가격결정모형(CAPM)을 이용하여 리츠의 기대 위험 프리미엄은 주식시장의 위험 프리미엄에 36%나 노출돼 있다는 실증적인 결과를 밝혔다.

| Wang, Huang, Nieh, Ou and Chi (2017) | 다양한 표본 기간 | 부동산시장과 주식시장의 통합: 대만의 자료를 중심으로 | 부동산시장과 리츠 시장 간의 공적분 검정과 오차 수정모형을 이용하여 검정한 결과 장기적으로 선형 및 비선형 관계가 존재하지 않고, 리츠 시장이 부동산시장과 구분됨을 나타낸다. |
| Gokmenoglu and Hesami (2019) | 2005–2017 | 독일의 부동산가격과 주식시장의 관계분석 | 주가와 부동산가격 사이에 장기적 관계를 나타내며, 장기적으로 포트폴리오에 주식과 부동산을 할당하여도 다각화 이점이 거의 없다. |

 3 **리츠 주식은 바람직한 투자대상인가**

앞서 논의에서 리츠 주식은 보통 주식과 다른 특성을 지니고 있기 때문에 포토폴리오에 리츠 주식을 포함시키는 것이 어느 정도 다각화 효과의 이점이 있을 수 있다고 지적한바 있다. 그렇다면 리츠 주식에 투자하는 것이 바람직한 투자대상인가 하는 물음을 던지지 않을 수 없다. 리츠 주식에 투자하는 것이 일반적인 보통 주식에 투자하는 것 보다 더 높은 수익을 올릴 수 있을까?

1) 실증적 분석 결과의 추세

실증적 분석 결과에 따르면 1960년대부터 1980년대 초까지 20년 기간 동안의 리츠 수익률의 추세는 일반 주식 수익률과 비슷한 성과를 보인 것으로 나타났다. 이런 주장에 이의를 제기하는 연구 결과도 있다. 예를 들면, Sanders(1998)는 리츠의 리스크 조정 후 수익실적을, 건강관리 리츠가 있는 NAREIT지수, 건강관리 리츠가 없는 NAREIT지수, S&P500 지수, Wilshire 지수, 기타 다양한 주식 및 채권시장 지수와 비교 분석을 하였다. 그는 1978년부터 1996년 기간까지 일반적으로 지분형 리츠의 리스크 조정 후 수익실적이 일반 주식의 수익실적보다 더 우수하지 못하였다고 지적하였다.[4] 그러나 Case(2016)는 FTSE NAREIT 종합지수와 Russell 3000 지수자료를 이용하여 분석한 결과에 의하면 1978년 12월부터 2016년

3월까지 지난 30년 기간 동안의 리츠 주식의 평균 수익률은 12.87%로 일반 주식의 평균 수익률 11.64%보다 능가한 장기적인 수익률 성과를 제시하였다. 그러면 이런 장기적인 성과가 정상적인 사건인지 아니면 일시적인 현상인지 의문을 제기할 수도 있다. 이를 하위기간별로 살펴보면 1978년 12월부터 2000년 12월까지는 주식의 평균수익률이 리츠 주식의 평균 수익률보다 우수하였으나 2002년 1월부터 2012년 1월까지는 리츠 평균 수익률이 주식의 평균 수익률보다 높은 성과를 보였다. 2013년에서 2016년까지는 리츠의 수익률이 주식 수익률보다 부진한 것을 [그림 8-1]에서 확인할 수 있다. 이와 같은 현상을 좀 더 들여다보기 위해 최근 10년간의 리츠 수익률을 살펴보았다.

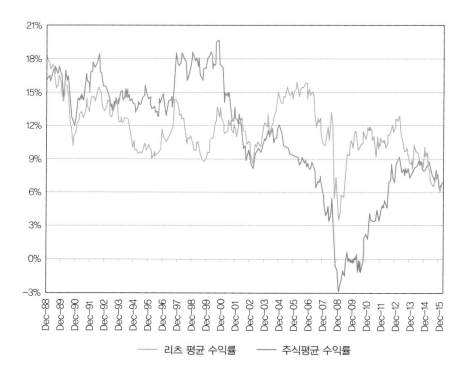

자료: Nareit Market Commentary

[그림 8-1] 리츠 주식과 일반 주식의 지난 30년 동안 평균 수익률

---

4) Goebel과 Kim(1989), Howe와 Shilling(1990), Chan, Hendershott, Sanders(1990), Martin과 Cook(1991), Glascock과 Hughes(1995), Wang과 Erickson(1997), Chen과 Peiser(1999)의 문헌을 참조할 것.

REITWatch 통계에 따르면 2010년부터 2019년 말까지 10년간 지분형 리츠의 평균 수익률은 12.59%, S&P500 13.56%, 다우존슨 13.40%, 레셀 2000 11.83%, 나스닥 16.05%, 10년 만기 재무성 증권 수익률이 2.45%로 리츠 수익률이 장기 채권보다는 월등이 높지만 일반 주식의 수익률 보다는 저조한 것으로 나타났다. 그런데 기간을 좀 더 확대하여 40년 기간 동안에는 리츠의 수익률이 11.51%, S&P500이 11.52%로 리츠 수익률이 일반 주식의 수익률과 대등하게 나타났다. 이는 리츠가 일반 주식보다 장기투자에 적합한 부동산 대체 투자상품임을 말해 주는 것이다. 한편, 위험한 자산에 대한 투자의 효율을 평가하는 샤프지수를 살펴보자. NAREIT 보고서에 따르면 1998년부터 2015년까지 미국 리츠의 샤프지수는 0.45, 장기 채권은 0.60, 소형주식 0.35, 대형주식 0.32, 비상장 부동산 0.32이다.[5] 이는 위험수준을 감수한 리츠의 수익률이 채권보다는 열등하지만 주식이나 부동산보다는 우월하다는 것을 의미한다. 현명한 투자가라면 단순히 외형적인 수익률 실적 외에 투자의 효율성도 함께 따져봐야 한다. 매력적인 투자자산은 수익률은 높고 위험은 낮을수록 좋다는 것을 기억해야 할 것이다. 리츠의 수익성과는 장기적인 관점에서 일반 주식시장의 수익률 성과보다 약간 능가하는 것으로 NAREIT는 밝히고 있다. 물론 최근 하위 10년 기간에는 일반 주식보다 낮은 수익률 성과를 보였지만 장기적인 성과에서는 일반 주식보다 나쁘지 않았다. 필자의 역서는 초창기부터 1990년대 말 까지는 리츠의 수익률이 일반 주식의 수익률보다 조금 낮은 것으로 보고가 되었으나 그로부터 20년이 흐른 현재까지의 누적 수익률은 리츠의 수익률이 일반 주식 수익률보다 근소하게 높은 것으로 나타났다. 이 점이 필자의 2005년 역서에서 소개한 내용과 차이라 하겠다. 시계열적 관점에서 리츠의 수익률 흐름을 살펴보는 것은 리츠가 얼마나 역동적으로 변화는 가를 이해하는 데 도움이 될 수 있다.

2) 자산 유형별 성과

자산 유형에 기초한 리츠의 유형은 지분형 리츠, 모기지형 리츠, 혼합형 리츠 3가지 유형으로 분류된다. 유형별 리츠의 수익률 성과를 살펴보는 것은 리츠의 미래를 예측해 볼 수 있다는 관점에서 의미가 있다. 특히 자산 유형별 리츠의 역사적인 수익률 성과를 살펴보는 것은 포트폴리오 구성과 위험 헷지, 자산을 선택함에 중요한 기본적인 정보가 된다. 선행연

---

5) Case, B. 2018. Equity Investing in Real Estate Through Public and Private Markets. NAREIT. p.24.

구의 결과에 따르면 자산 유형에 기초한 리츠의 수익률은 지분형 리츠가 모기지형 리츠보다 수익률이 앞선 것으로 보고되고 있다. 모기지형 리츠의 주 수입은 부동산개발 등의 사업에 여신을 제공하고 대출 이자를 수취하는 형태이다. 부동산개발은 개발기간이 길고 거액의 자금이 소요된다. 부동산개발의 장기와 미분양으로 인한 투자금 회수의 지연은 모기지리츠의 경영약화로 이어질 수 있어 더 큰 규모의 금융 차입을 할 수 밖에 없어서 수익률 저조를 초래한다. 그러나 지분형 리츠는 수익용 부동산을 소유 운영하여 장기 임대계약에 기초한 임대료를 얻기 때문에 경기변동에 무관하게 장기적으로 안정적인 임대소득을 얻을 수 있다. Peterson과 Hsieh(1997)는 지분형 리츠의 수익률은 자산 규모, 임대료, 장부가대비 시가의 비율 등이 수익률에 큰 영향을 미치는데 반하여 모기지형 리츠의 수익률은 이자율 요인에 더 큰 영향을 받는다는 것을 제시하였다. 이들은 이자율에 더 크게 지배를 받는 모기지형 리츠의 수익률이 지분형 리츠의 수익률보다 더 낮았다는 것을 나타내었다. NAREIT에 따르면 지난 45년간 지분형 리츠의 평균 수익률은 11.16%, 모기지형 리츠의 평균 수익률은 6.15%로 약 2배 가까이 지분형 리츠의 수익률이 모기지형 리츠보다 월등이 높았음을 보여주고 있다. 이런 결과에 대하여 한 가지 흥미로운 사실은 기관투자가들이 그들의 포트폴리오에 리츠 편입을 증가시켰으며, 또한 이들이 생성하는 다양한 정보의 양은 보다 많은 투자가들이 지분형 리츠에 관심을 갖도록 하는 촉매제가 되었다는 것이다.

지분형 리츠는 증권시장 수익, 크기, 장부가-시가(높은 장부가치 대비 낮은 시가는 높은 수익으로 이어진다)에 크게 영향을 받는다. 모기지형 리츠의 수익도 이자율 요인들에 의해 영향을 받는다. 모기지형 리츠는 일관되게 지분형 리츠보다 실적이 저조하다. Khoo, Hartzell, Hoesli(1993), Below, Keily, McIntosh(1996)는 기관투자가들의 다양한 전문적인 정보제공이 투자가들의 감시능력을 개선하고 리츠에 대한 불안감을 떨쳐버리는데 크게 기여 했다고 주장한다. 투자가들의 감시능력 향상은 리츠 운영자들이 주주를 더 의식하여 수익성 높은 부동산을 찾아서 자산을 구성하려고 하는 노력을 기울이게 하였다. 이런 상호 협력하는 공동체 감시망은 리츠로 하여금 수익률을 높게 하고 투자자에게는 위험을 낮춰줄 수 있는 좋은 현상이 된다.

3) 리츠 주식에 영향을 미치는 시장요인

투자가들은 최적의 포트폴리오를 구성하기 위해 어떤 요인들이 리츠의 수익에 영향을 미치는지 이해할 필요가 있다. 이 문제에 관한 선행 연구에 의하면 시장요인들이 리츠 주식의 수익률에 영향을 미치는 것으로 보고하고 있다. 많은 시장요인이 있지만 이들 요인 중 증권 및 채권시장의 요인이 수익률에 중요하게 영향을 미치며, 또한 이자율의 변동, 예기치 않은 인플레이션이 영향을 미친다는 데에 의견이 대체적으로 일치하고 있다. 리츠 수익은 또한 부동산 특유의 요인들에 의해 영향을 받고 있다는 증거도 있다.

선행연구는 리츠 수익과 증권 및 채권의 수익 사이에 일정한 연관성이 있음을 지속적으로 제기하고 있다.[6] 특히 Sanders(1999)는 리츠의 수익 변동성은 증권과 채권의 혼합된 포트폴리오 움직임을 통해서 가장 잘 설명될 수 있는 요인 중의 하나라는 결과를 제시하고 있다. 그는 리츠 주식의 수익률 변동이 포트폴리오의 다른 자산보다 리스크가 높은 회사채와 소형주와 더 직접적인 연관성이 있다는 것을 실증적 분석으로 제시하였다. 리츠 주식의 움직임이 소형주식과 비슷한 동향을 보인다는 사실을 알아낸 것은 놀라운 일이 아니다. Chan, Hendershott과 Sanders(1990), Han과 Liang(1995), Peterson과 Hsieh(1997), Oppenheimer와 Grissom(1998)는 모두 리츠(특히 지분형 리츠)의 수익률 동향이 소형주 포트폴리오의 수익률 동향과 유사하다는 것을 제시하였다. Glascock, Lu와 So(1992)는 리츠 주식과 채권, 일반 주식과의 통합성 여부를 조사하고자 공적분 검정 및 벡터자기회귀 분석을 수행하였다. 분석결과 1990년대 구조적인 변화가 있기 전까지는 리츠의 주식이 일반 주식의 움직임과 비슷한 동향을 보였으나, 채권의 움직임과는 차이를 보였다. 그러나 1992년 이후 구조적인 변화가 있은 후 포트폴리오에 리츠를 포함시켰을 때 분산화 효과의 이점이 전반적으로 낮아진 것으로 보고하였다. 근래에 Stevenson(2002)은 리츠 주식의 수익률에 다른 어떤 유형의 증권 부문보다 S&P500이 가장 크게 영향을 미친다는 것을 제시하였다. 이는 리츠의 수익률 요인에 주식시장의 요인이 중요한 역할을 한다는 의미이다.

최근의 Su, Huang와 Pai(2010)는 주식시장의 조건부 분산을 통하여 일본과 미국의 리츠 수익률이 주식이나 채권의 수익률 동향이 복합적 특성을 보이는지 여부를 실증 분석하였다.

---

6) 예를 들어. 이런 증거자료를 보려면 Titman과 Warga(1997), Chan, Hendershott, Sanders(1990), Gyourko와 Keim(1992), Liang, McIntosh, Webb(1995), Sanders(1998), Oppenheimer와 Grissom(1998), Liang과 McIntosh(1998)의 문헌을 참조하기 바람.

분석결과 일본과 미국의 리츠 수익률은 복합적 특성을 보였다. 또한 주식시장의 변동성을 낮은 변동성과 높은 변동성으로 나누어 리츠 주식과 일반 주식의 결합 특성을 분석한 결과 시장 변동성이 낮을 때는 리츠의 수익률이 주식시장의 수익률 변동성과 비슷한 형태를 보였으나, 변동성이 높을 때는 그렇지 않다는 결과를 제시하였다. 이러한 연구결과는 리츠 특성과 관련하여 이전 연구의 논쟁을 조정해야 한다는 의미이다. 즉 1990년 말까지는 리츠의 수익률 변동성이 소형주식의 수익률 변동성과 비슷한 동향을 보인다는 주장에 대체적으로 동의를 하였으나, 주식시장의 변동성 상태를 구분한 상태에서 분석하면 이전 연구의 결과와 차이가 있다는 것이다.

리츠 주식의 수익률은 리츠가 보유하고 있는 부동산 자산의 장부가대비 시장가격이 낮은 리츠는 높은 수익을 얻을 수 있는 것으로 나타났다. 이는 리츠가 보유하고 있는 자산의 가치가 시장가격보다 낮게 평가되어 있어 이들 자산의 가치가 정상적으로 리츠 주식에 반영될 때는 주가의 가치가 상승할 수 있기 때문이다. 반대일 경우에는 리츠의 가격이 하락하게 된다. 결국 리츠 주식의 가격은 수익전망과 자산가치의 움직임에 따라 연계되어 움직인다는 것을 이해하는 것이 중요하다.[7] Mei와 Lee(1994)는 리츠 주식이 전통적인 채권이나 보통주식과의 연관성에 부동산시장의 요인이 리츠 주식의 수익률에 영향을 미칠 수 있다는 실증적 결과를 제시하였다. Hoesli와 Moreno(2007)는 채권과 주식의 분산으로 리츠 주식의 분산을 효율적으로 설명할 수 있다고 주장한다. 이들의 연구에서 리츠 수익률의 위험 본질은 채권과 주식이 상호 연계되어 있다는 것을 함의한다.

이상의 소주제 검토를 요약하면, 리츠 주식은 채권이나 보통 주식과 상호 연계되어 움직인다는 것을 알 수 있다. 또한 리츠 주식의 수익률 변동성에 리츠가 보유하고 있는 자산의 장부가 대비 시가의 정보도 리츠의 수익률을 결정하는 중요한 영향을 미친다는 것을 부정할수 없다. 결론적으로 리츠의 주식 수익률은 채권, 보통 주식, 부동산 등과 어느 정도 혼합된 증권의 일종이라고 볼 수 있다. 〈표 8-2〉에서는 리츠 수익에 영향을 미치는 선정된 연구결과를 요약하여 제시하였다

---

7) 이런 증거자료를 보려면 Sanders(1998), Peterson과 Hsieh(1997) 문헌을 참조하고, 이 문제에 대한 약간 다른 증거자료를 보려면 Chen(1998) 등 다른 문헌을 참조하기 바람.

4) 이자율과 증권관련 요인

리츠는 전통적으로 높은 배당금 지급 비율 때문에 일반 주식의 현금흐름보다는 이자율이 고정된 채권의 현금흐름을 닮아 비교적 안정된 현금흐름을 제공하는 것으로 알려져 있다. 그래서 투자자들은 지분형 및 모기지형 리츠의 수익률이 일반 주식의 수익률이 이자율에 대한 민감성보다 더 민감할 것으로 예상할 수 있다. 즉, 이자율이 상승할 때 일반 주식의 수익률보다 리츠의 수익률이 더 하락한다는 의미이다. 이러한 현상은 모기지형 리츠의 수익률에서 흔히 나타날 수 있다. 왜냐하면 모기지형 리츠는 주택담보부 차입 및 주택저당채권유동화 증권과 같은 부채증권(debt securities)을 자산으로 소유하고 있기 때문이다. Sanders(1998)는 리츠의 수익률이 이자율 변동성에 민감하게 반응하는 경향이 있음을 제시하였다. 그러나 리츠 수익률과 이자율 간의 민감성이 얼마나 되는지는 이자율의 대용변수로 어떤 이자율을 사용하느냐 차이가 존재함을 밝혔다. Chen과 Tzang(1988)은 리츠 수익률이 장기 국채 수익률에 아주 민감하게 반응한다는 결과를 제시하였다. 모기지형 리츠의 경우 이자율의 증가는 모기지형 리츠가 보유하고 있는 채무증서의 시장가치를 낮추게 되어 모기지 리츠의 수익률이 감소된다. 반면 지분형 리츠에 대한 현금흐름은 주로 부동산의 임대소득에서 나오기 때문에 수익률의 변동성이 낮다. 이는 지분형 리츠보다 모기지형 리츠가 이자율에 더 민감할 수 있음을 의미한다. Allen, Madura와 Springer(2001)은 리츠 수익률과 자산구조, 금융 레버리지, 경영전략, 리츠 포트폴리오 구성요소, 장·단기 이자율 등과의 시장 리스크에 대한 리츠의 반응도를 분석하였다. 분석결과 리츠 수익률에 장·단기 이자율 변동성이 다른 시장 위험 요인보다 더 크게 영향을 미친다는 유의미한 결과를 제시하였다. 이들은 리츠의 수익률이 이자율이 상승할 때 더 민감하게 반응한다는 것이다. 최근의 연구로 Su, Huang와 Pai(2010)는 영국, 미국 및 싱가폴의 리츠 수익률과 이자율의 민감성을 살펴보고자 실증분석을 하였다. 분석결과 이들 국가의 리츠 수익률은 이자율 변동성에 의해 설명될 수 있음을 제시하였다.

한편 Liang, McIntosh와 Webb(1995), Devancy(2001) 등은 리츠 수익률과 이자율 간의 음(-)의 관련성을 주장하기도 한다. 이는 리츠의 수익률이 이자율의 민감성에 다소 둔화된 것을 의미한다. Mueller와 Pauley(1995)는 이자율에 대한 리츠 주식 수익률의 반응은 이자율의 환경이 변하면 다르게 나타날 가능성이 있음을 제시하였다. 이자율이 상승되고 있는 기간 중에는 리츠의 가격은 일반적으로 내려가는 경향이 있고, 이자율이 내려가는 기간 중에는 리츠의 가격이 올라가는 경향이 있다. 그러나 내려가는 이자율이 올라가는 이자율보다 리츠 가격에 미치는 영향이 더 크다. He, Webb와 Myer(2003)은 리츠 수익률과 이자율의 민감성을 분석하기 위해 1972년부터 1998년 까지 지분형 및 모기지형 리츠에 대한 7가지 이자율 자료를 이용하연 분석하였다. 분석결과 지분형 리츠는 장기 국채와 회사채 수익률에 민감한 반응을 보이나, 모기지형 리츠는 장·단기 채권 수익률에 반응을 보이는 것으로 나타났다. 이러한 민감도의 시간변화 경로는 모든 금리 민감도가 시간에 따라 변한다는 것을 제시하였다. West와 Worthington(2006)는 상업용 부동산 및 리츠 수익률에 영향을 미치는 거시경제적 요인으로 단기, 중기, 장기 이자율, 기대 및 미기대인플레이션, 건축 활동 및 산업생산 지수간의 관계를 분석하였다. 일반적으로 거시경제적 요인은 오스트리아 상업용부동산 수익률에 영향을 주는 것으로 나타났다.

Hoesli와 Camilo(2007)는 리츠와 주식, 채권, 부동산 간의 연계성 여부를 분석하기 위해 16개국의 이들 자산에 대해 베타 동향을 조사한 후 베타 동향의 원인이 일치하는지 여부를 조사하였다. 그리고 리츠 수익률, 주식, 채권 및 부동산의 요인에 대해 회귀분석을 수행하였다. 분석결과 1990년부터 2004년 기단 동안 베타는 감소하는 것으로 밝혀졌지만 그러한 감소의 원인은 국가마다 차이가 존재한다는 것을 제시하였다. 리츠 수익률은 주식 및 부동산 수익률과는 정(+)의 관계를 보였으나 채권 수익률과는 음(-)의 관련성을 제시하였다. 이는 금융 자산은 리츠의 분산에 크게 영향을 주지만 부동산은 제한적으로 영향을 준다는 의미이다. Fang, Chang, Lee and Chen(2016)은 싱가포르, 중국 및 일본의 리츠 지수 수익률과 거시경제변수(이자율, 인플레이션율, 주가지수)간의 공적분 균형이 존재하는지 여부를 확인하고자 자기회귀시차한계검정(ARDL-boubd test)을 실시하였다. 검정결과 싱가포르 및 중국의 리츠는 이들 거시경제변수 간의 장기적인 공적분 균형이 존재하지만, 일본은 존재하지 않는다는 것을 제시하였다. 주가지수 수익률은 이들 3개국 리츠 지수 수익률에 유의미한 정(+)의 관계로 영향을 주지만, 인플레이션율은 이들 3개국 리츠 지수 수익률에 부(-)의 관계로 영향을 주는 것으로 나타났다.

요약하자면, 지분형 리츠가 모기지형 리츠보다 이자율 변화에 약하게 반응하는 것으로 나타났지만 이들 모두는 여전히 이자율 변화에 민감하게 반응한다는 선행연구의 결과에 대부분 일치된 입장이다. 모기지형 리츠의 이자율 민감도에 대한 반응은 최근에 감소하는 것으로 나타났다. 더욱이 시기에 따른 리츠의 이자율 민감도에 대한 반응도는 이자율 상승과

하락 시 다르게 나타날 뿐만 아니라 리츠의 부채사용 여부와도 연관성이 있는 것으로 보고되고 있다. 이들 연구를 〈표 8-2〉와 같이 요약하였다.

〈표 8-2〉 리츠 주식 수익에 여향을 미치는 시장요인

연구자	표본 기간	리츠의 위험과 수익률 특성에 관한문제	저자의 연구결과와 리츠의 위험과 수익률 특성에 적용한 결과의 해석
Chandras hekaran (1999)	1975. 1 1996. 12	리츠의 과거 리스크–수익 특성에 근거하여 혼합 자산 포트폴리오 (자산 분할) 내에서 리츠 포트폴리오 다양화의 이점 결정	리츠 수익이 증권, 채권, 기타 거시 경제적인 변수와 동반적으로 변이할 가능성은 시점에 따라 달라지는데, 리츠 지수가 내려가면 동반 변이성은 증가하고, 지수가 증가하면 동반 변이성은 하락 한다. 이것은 리츠에 대한 투자를 증가시켜 혼합자산 포트폴리오의 할당에 시점을 맞춤으로써 투자가 포트폴리오의 리스크–수익에 관한 특성을 개선할 수 있다는 것을 시사한다.
Oppenheimer and Grissom (1998)	1989. 1 1994. 12	회사별로 특화된 포트폴리오 리스크의 감소를 제공하는지 여부를 결정하기 위해 리츠의 수익 동향이 증권이나 채권의 동향과 다른지 여부를 검토	증권시장은 재무부 증권보다는 리츠 증권가격에 더 큰 영향을 미친다. 증권들 중에서 시가총액이 낮은 증권들이 더 큰 영향력을 가지고 있는데, 이것은 리츠의 동향이 소형증권 (어느 정도는 기간이 더 긴 채권)과 유사하다는 것을 시사하며, 혼합 자산 포트폴리오에서 회사 특유의 리스크 감소에 대한 잠재력을 거의 갖지 않을 수 있다는 것을 의미하는 것이다.
Geltner and Rodriquez (1997)	1975. 1 1993. 12 기타 다른 기간	부동산에 대한 직접 투자에 비해 다양성 제공이 가능한 부동산 투자 수단으로써 펜션 펀드 포트폴리오를 위한 리츠의 적합성을 검토	장기적으로 볼 때 공공분야와 사적인 분야의 부동산간에는 비교적 높은 상관관계가 있는바, 수입과 수입 간에 있는 지체는 적어도 5년이라는 투자 시계(視界)를 두어야 한다는 것을 의미한다. 목표 수익이 높은 경우 펜션 펀드 포트폴리오에서는 리츠가 가장 유용하다.
Peterson and Hsieh (1997)	1976. 7 1992. 12	리츠의 수익과 지분형 리츠와 모기지형 리츠의 리스크–수익 특성상의 차이점을 설명하는 요인들 검토	리츠(특히 지분형 리츠)의 수익률은 소형주식 포트폴리오의 수익률 움직임과 비슷한 동향을 보였다.
Sanders (1998)	1978. 1 1996. 6	리츠 수익의 연대기적 동향에 영향을 미치는 요인들을 설명할 수 있는 다른 자산 포트폴리오의 수익과 대비한 리츠 수익의 연대기적 실적	리츠 수익은 증권과 채권의 포트폴리오와 가까운 동향을 보이는데, 특별히 리츠는 소형 증권과 수익률이 높은 회사채에 가까운 동향을 보인다. 리츠 수익이 다른 투자 수단들과 갖는 상호 연관성은 더 낮아졌다. 지분형 리츠의 수익은 장부가치 비율에 대하여 더욱 민감하며, 낮은 장부가치는 높은 수익으로 이어진다. 리츠는 하나의 독특한 형태의 증권이다.

Ghosh, Miles and Sirmans (1996)	1985. 1 1996. 6	리츠 증권시장과 비부동산 증권시장 간의 유사점들	리츠와 증권시장과의 상호 관계는 리츠 주식의 전체적인 리스크처럼 시간이 흐름에 따라 약화되어 왔다. 리츠 주식은 최근에 일반증권과 차이를 보였으며 증권화 되지 않은 부동산에 가까운 동향을 보인다. 이것은 리츠가 혼합된 자산 포트폴리오에 대하여 더 높은 다양화에 의한 이점을 제공할 수 있다는 것을 시사하는 것이다.
Liang, Mcintosh, and Webb (1995)	1985. 1 1996. 6	증권시장과 비교한 리츠 시장의 리스크와 이자율 동향과의 관계	리츠 수익은 증권시장에 의해 크게 영향을 받는다. 채권 시장은 지분형 리츠에는 비교적 작은 영향만을 미치지만 모기지형 리츠와 혼합형 리츠에는 큰 영향을 미친다. 표본 시점 기간 중에 시장 리스크는 크게 감소하였는데, 시장 리스크는 모기지형 리츠와 혼합형 리츠의 경우에 비해 지분형 리츠의 경우가 더 낮았고, 시간이 감에 따라 지분형 리츠의 경우에 더욱 안정적이다.
Mueller, Pauley, and Morrill (1994)	1973. 1 1989. 12	리츠를 혼합된 자신 포트폴리오에 추가하는 데 따른 실적 및 다양화 효과	증권과 채권을 혼합한 자산 포트폴리오에 리츠를 포함한 결과 전 기간에서 포트폴리오의 리스크–수익의 특성이 향상되었으며, 특별히 부동산시장이 반전되는 기간 중에 이런 현상이 나타났다. 일반적으로 부동산시장의 침체기에는 리츠를 포트폴리오에 포함시키지 말아야 한다.
Khoo, Hartzell, and Hoesli (1993)	1970. 1 1989. 12	지분형 리츠가 지니고 있는 시장 리스크의 시점별 변화	지분형 리츠의 시장 리스크가 크게 감소되어 왔다. 이런 현상은 많은 애널리스트들이 리츠에 대한 전문적인 보고서를 리츠 투자가들에게 제공해왔기 때문이다.
Chan, Hendershott and Sanrers (1990)	1973. 1 1987. 12	복합 요인 모델에서 지분형 리츠 증권시장 수익을 사용하는 부동산 수익의 상대적 위험성	부동산 및 증권시장 수익을 공히 움직이는 3가지 요인들이 있는데, 이들은 시장 리스크상의 변화, 이자 기간의 구조, 예상치 않은 인플레이션이다. 게다가, 단위형 펀드의 할인도 지분형 리츠의 수익에 영향을 미친다. 시장 리스크의 영향과 이자 기간의 구조가 회사 증권 수익의 약 60%를 구성하는데, 이것은 리츠가 다른 증권에 비해 덜 위험하다는 것을 의미한다.
Kuhle (1987)	1980. 9 1985. 8	보통주식 포트폴리오에 리츠를 추가하여 얻는 포트폴리오 다양화의 이점	보통주식, 지분형 그리고 모기지형 리츠로 구성된 한 포트폴리오에서는 자산의 수가 늘어감에 따라 리츠보다는 보통주의 리스크 감소 가 더 컸다. 리스크 감소에 의한 이점은 보통주 포트폴리오에 모기지형 리츠보다는 지분형 리츠를 추가할 때 더 커진다.

Titman and Warga (1986)	1973. 1 1982. 12	단일 및 복수 요인에 의한 가격 결정 모델을 사용하는 리츠 표본의 리스크 조정 후 실적	증권시장은 리츠 주식에 큰 영향을 미치며, 채권시장도 표본 시기의 후반부에서 모기지형 리츠에 크게 영향을 미친다. 모기지형 리츠의 시장 리스크는 지분형 리츠의 시장 리스크보다 더 크다.
Stevenson (2002)	1975.1 2001.4	리츠 수익률의 변동성 전이효과 분석	리츠 주식의 수익률에 미치는 영향을 GARCH 모형과 EGARCH모형을 이용하여 분석한 결과 다른 어떤 유형의 증권 부문보다 S&P500이 가장 크게 영향을 미친다는 것을 제시하였다.
He, Webb and Myer(2003)	1972–1998	리츠 수익률에 대한 이자율 민감도 조사	리츠 수익률 자료와 7개의 이자율 자료를 이용하여 리츠 수익률에 대한 이자율 민감도를 분석한 결과 장기 채권 수익률에 민감도가 높았다.
West and Worthington (2006)	1985. 3 2002. 12	오스트리아의 상업용부동산, 리츠, 부동산 증권에 미치는 거시경제적 위험 요인	일반적으로 거시경제적 요인은 상업용 부동산과 리츠 수익률에 영향을 미치는 것으로 분석하였다.
Hoesli and Camilo (2007)	1990–2004	리츠, 금융자산과 부동산과의 연관성	16개국의 리츠와 금융자산, 부동산과의 연계에 대한 분석과 배타의 일치성 여부를 분석한 결과 서로차이가 있다는 것을 밝혔다.
Su, Huang and Pai (2010)	2003. 4.2. 2007. 10.1	리츠 수익률의 결합특성 분석: 일본과 미국시장을 중심으로	일본과 미국의 리츠 수익률은 복합적 특성을 보였다. 또한 주식시장의 변동성을 낮은 변동성과 높은 변동성으로 나누어 리츠 주식과 일반 주식의 결합 특성을 분석한 결과 시장 변동성이 낮을 때는 리츠의 수익률이 주식시장의 수익률 변동성과 비슷한 형태를 보였으나, 변동성이 높을 때는 그렇지 않았다.
Fang, Chang, Lee and Chen(2016)	2008. 3 2012. 7	싱가포르, 중국, 일본의 리츠지수 수익률에 영향을 미치는 거시경제요인	싱가포르, 중궁, 일본의 리츠지수 수익률에 영향을 미치는 거시경제요인인 주가지수 수익률은 이들 3개국 모두에 정(+)의 관계로 유의미하게 영향을 미치나, 인플레이션은 부(–)의 관계로 영향을 준다는 것을 제시하였다.
Case (2016)	1998 2015	리츠와 다른 자산과의 위험 조정 수익률 분석	리츠의 샤프지수는 0.45, 장기 채권은 0.60, 소형주식 0.35, 대형주식 0.32, 비상장 부동산 0.32로 상대적으로 리츠 위험 조정 수익률이 우월하였다.

4 리츠 주식의 인플레이션 헷징과 다각화 효과

지난 40년 동안 지분형 리츠의 수익률은 S&P500보다 결코 나쁘지 않은 것으로 NAREIT 통계에서 확인할 수 있다. 기관투자가들이나 투자가들이 그들의 포트폴리오에 리츠의 비중을 널리는 이유는 단지 수익률에만 한정하는 것일까 아니면 다른 무엇인가 이점이 있는 것은 아닐까 의문을 제기하지 아니할 수 없다. 부동산에 대한 관심은 우리나라나 미국도 비슷한 입장인 것 같다. 리츠가 부동산을 기초자산으로 증권화한 투자상품이라는 것을 이해하면 투자가들이 그들의 포트폴리오에 투자 비중을 왜 널리는지 그 이유를 금방 알 수 있다. 여태까지 수행된 많은 연구결과에서 알려진 이점 중의 하나는 부동산은 인플레이션에 대하여 헷징 효과와 다각화 효과가 우수한 것으로 알려지고 있다. 그러면 이제 부동산의 대체상품인 리츠의 인플레이션 효과와 다각화 효과에 대해 그 동안 진행된 연구들을 살펴보기로 한다.

1) 인플레이션 헷징 효과

사람들은 소득이 증가하여도 물가가 오르는 것에 경계를 한다. 물가의 상승 수준이 소득의 상승 수준보다 더 빠르게 오를 때는 더욱 그러하다. 그래서 사람들은 물가 상승에 따른 자산하락의 위험을 방어하기 위해 안전한 자산을 선택하게 된다. 요즘 같이 금리 수준이 낮고 물가수준이 꾸준히 오를 때는 시간 경과에 따른 자산손실의 위험을 회피하기 위해 물가 상승의 기대효과를 누릴 수 있는 부동산에 관심을 돌리는 것은 지극히 자연스러운 것이다. 왜냐하면 호모 샤피엔스인 사람은 부를 추구하기 위해 안전한 자산을 찾아 나서고 자산 손실의 위험을 줄이고자 전문가에게 자문을 구하는 등 투자배분을 재할당하기 때문이다. 그러면 물가 상승에 따른 위험을 방어하며 자산의 가치를 널릴 수 있는 자산은 어떤 것이 있을까? 여러 유형의 자산이 있을 수 있지만 가장 손쉽게 접할 수 있는 것이 부동산이다. 부동산가격의 변동성은 일반 물가 수준의 변동성과 아주 긴밀한 관련성이 있는 관계로 인하여 투자가들은 부동산이 인플레이션에 대한 효율적인 방어수단(헷징)을 제공할 수 있는 것으로 믿고 있다. 그러나 아시다시피 실물 부동산의 투자에는 거액의 자금이 요구되고 부동산의 특성으로 인하여 일반 대중이 편리하게 투자할 수 있는 수단이 될 수 없다. 그래서 부동산의 특성을 보완하고 소액투자가들에게도 투자의 기회를 늘리고자 부동산을 증권화한 부동산 간접투자상품이 리츠이다.

리츠는 일반적으로 좋은 인플레이션 헷징 수단이 될 수 있는 것으로 간주되고 있다. 리츠는 인플레이션에 대응할 수 있는 부동산을 보유하고 있다. 부동산가격의 상승은 리츠 수익률을 개선할 수 있다는 많은 연구 결과가 있다. 그러나 리츠의 인플레이션 헷징 효과에 대하여 유의미한 증거를 제시하지 못한다는 일부의 연구도 있다. 리츠의 인플레이션 헷징 수단의 존재 유무에 대한 논쟁은 기간과, 리츠의 보유 부동산 부문 등에 따라 여러 갈래로 나누어져 한마디로 대답하기란 쉽지 않다.

우선 리츠가 인플레이션에 대하여 효율적인 헷징 수단이 될 수 있다는 측면을 살펴보기로 하자. 리츠가 기초자산으로 부동산을 보유한다 할지라도 단기간에는 리츠와 주식 간의 관련성 때문에 강력한 인플레이션 헷징 수단이 될 수 없다는 것이다. 그러나 장기적으로는 리츠의 수익률이 부동산 수익률과 상관관계가 높기 때문에 더 효율적인 헷징 수단이 될 수 있다는 주장을 한다. 이는 인플레이션이 지속되면 임대인이 임대료를 시장금리를 만회할 수 있는 수준까지 인상하기 때문이다. 특히 임대료가 소비자물가지수(CPI)와 연계되는 미국과 우리나라의 경우 인플레이션 움직임에 따라 임대료를 더 자주 조정하는 경우는 강력한 헷징 수단이 될 수 있다는 것이다. 또한 전반적인 물가 상승은 건설비용 인상으로 작용하여 신규 공급에 대한 진입 장벽이 높아져 부동산가격을 촉진한다는 것이다. 그러면 부동산가격의 수혜는 리츠로 전이(spillover)되어 리츠가 효과적인 인플레이션 헷징 수단이 될 수 있다는 것이다. 예를 들면 Hartzell, Hekman, Miles(1987), Parajuli, Glascock, Lud와 So(2002), Parajuli와 Chang(2015), Xu, Su and Ortiz(2019)은 부동산을 기초자산으로 한 리츠는 보통 주식과 다른 특성을 가지고 있어 기대와 기대하지 못한 인플레이션에 효과적인 헷징 수단이 될 수 있다고 주장하였다.[8] 이와 같은 주장을 뒷받침 하는 NAREIT 통계를 [그림 8-2]에서 확인할 수 있다. 2000년부터 2019년까지 지난 20년간 미국의 부동산 평균 수익률은 13.30%, 소비자물가 평균 상승률은 2.17%를 보여 부동산 평균 수익률이 소비자물가 상승률보다 6배 상회하는 것으로 나타났다. 기간별로 보면, 글로벌금융위기 기간(2007-

---

8) 인플레이션의 실제 비율에는 기대인플레이션 요소와 미기대인플레이션이라는 두 가지 요소가 들어 있다. 기대인플레이션이란 투자자들이 자신들의 투자에 요구하는 수익률에 포함하는 요소이다. 미기대인플레이션은 실제 인플레이션과 기대인플레이션과의 차이이며, 투자가의 인플레이션에 대한 기대가 실제 인플레이션에 비하여 더 낮은지 혹은 높은지에 따라 양(+) 혹은 음(-)일 수 있다.

2008)과 2018년을 제외하고는 소비자물가 상승률보다 부동산 평균 수익률이 훨씬 더 높았다는 것을 볼 수 있다. 이는 인플레이션에 대하여 부동산이 좋은 헷징 수단이 될 수 있음을 지지하는 것이다.

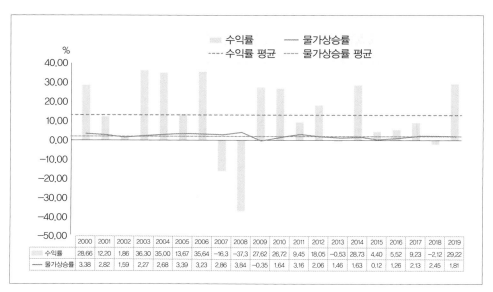

자료: NAREIT

[그림 8-2] 미국의 부동산 수익률 및 소비자물가 상승률

그러나 부동산의 인플레이션 방어수단에 대한 대다수 연구에서 감정평가에 기초한 자료를 사용하고 있으며, 거래에 기초한 자료(예를 들면 리츠 수익 자료)가 좀 더 신뢰를 줄 수 있다고 주장하는 연구자들은 이러한 결과에 상반된 주장을 취하기도 한다. 그러나 Gyourko와 Linneman(1988), Rubens, Bond, Webb(1989), Bond와 Seiler(1998)는 거래 자료를 이용하여 분석한 결과에서도 부동산이 기대인플레이션에 대하여 좋은 방어수단이라는 점을 제시하였다. 최근에는 데이터 센터, 물류창고 부동산은 다른 부동산보다 훨씬 높은 수익률을 실현하여 인플레이션에 좋은 헷징 수단이 될 수 있다는 연구결과도 제시되고 있다. 이는 모든 부동산이 반드시 인플레이션에 우수한 헷징 수단이 될 수 없음을 의미한다. 인플레이션의 상승이 부동산 수익률의 증가로 이어지는 이유는 금융기관이 물가 상승률에 맞추어 금리를 인상하게 되면 임대료도 따라서 올릴 수 있는 요인으로 작용하기 때문이다. 임대기간이

짧은 업종은 임대료를 더 빨리 상향 조정할 수 있기 때문에 임대기간이 긴 업종보다 높은 인플레이션에 더 유리한 위치에 서게 된다. 투자자들이 인플레이션을 걱정할 때 진정으로 원하는 것은 인플레이션이 높더라도 상대적으로 부동산 수익률이 높은 부동산을 선호하게 된다는 것이다. 이와 같이 높은 부동산 수익률에 기초한 리츠는 지난 20년간 물가상승률 2.17%의 거의 두 배가 넘는 배당금 4.8%를 지급하여 왔음을 [그림 8-3]에서 확인할 수 있다.

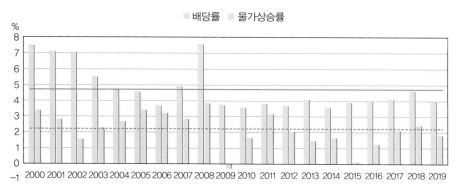

자료: NAREIT

[그림 8-3] 지분형 리츠 배당률과 소비자물가 상승률

일반적으로 리츠는 부동산과 동일한 수준의 인플레이션 방어수단이 될 수 없다는 주장에 지지를 같이 하지만, 이 질문에 대한 실증적 분석 자료에 의하면 견해가 엇갈리고 있는 상황이다. 어떤 사람이 리츠가 좋은 인플레이션 방어수단이라고 생각하거나 생각하지 않는 것은 인플레이션의 종류(예상된 것 혹은 예상치 못한 것), 리츠 투자의 유형(지분형 리츠 혹은 모기지형 리츠), 투자가의 보유기간의 길이에 의해 좌우된다는 것이다 있다. 즉 임대료 기간이 짧은 리츠 부분이 인플레이션 헷징 수단에 더 좋을 수 있음을 의미한다.

다음으로 리츠가 인플레이션에 대하여 효과적인 헷징 수단이 될 수 없다는 주장을 하는 연구도 있다. 예를들면, Gyourko와 Linneman(1988), Park, Mullineaux, Chew(1990), Das 와 Sarkar(2019). 미국과 영국의 리츠가 구조변경 후에서도 인플레이션에 우수한 헷징 이점을 보였다. Goebel과 Kim(1989), Chan, Hendershott, Sanders(1990)는 리츠는 기대인플레이션에 대하여 어느 정도의 헷징 능력을 제공할 뿐 미기대인플레이션에 대해서는 그렇지 않다고 주장한다. 더욱이, Chatrath와 Liang(1998), Murphy와 Kleinman(1989)는 단기적으로 볼 때 리츠는 인플레이션의 영구적인 그리고 일시적인 요소에 대하여 보잘 것 없는 인플레이션 방어수단이라는 점을 밝혔다. Glascock, Feng, Fan와 Bao(2008)는 1998-2006년까지 홍콩 부동산의 인플레이션 헷징 특성을 파머-슈워트 모형으로 분석하였다. 분서결과 홍콩의 부동산은 장단기 모두 인플레이션에 좋은 헷징 수단이 되지 못하는 것으로 나타났다. 그러나 상업용부동산, 사무실, 주택 및 산업용에 대해서는 서로 다른 기간에 인플레이션에 위험회피를 보였다. 이는 부동산 유형별, 기간에 따라 인플레이션에 대한 헷징 효과가 다르게 나타났다는 것을 의미한다. Hofmann와 Mathis(2016)는 1995년 1분기부터 2015년 2분기까지 Fama and Schwert 모형으로 리츠의 인플레이션에 대하여 헷징 효과를 분석하였다. 일반적으로 알려진 연구와 다르게 스위스의 리츠 인플레이션에 대한 어떠한 헷징 효과의 존재도 확인하지 못했다고 제시하였다. 이러한 이유에 대한 하나의 가능성은 스위스에서는 임대료가 장기 계약에 의해서 시장동향에 따라 비신축으로 움직인다는 것이다. 그러나 기간을 아주 길게 하면 약한 헷징 능력을 보였다.

반면에 장기적으로 볼 때 리츠가 어느 정도 인플레이션에 대한 헷징을 제공한다는 데 대한 약한 증거를 제시하였다. 마지막으로, Maurer and Sebastian(2002)는 1980-1998 기간 동안 프랑스, 독일, 스위스, 영국의 공모형 부동산 펀드와 상장 리츠의 인플레이션 위험에 대한 헷징 여부를 파머-슈워트 모형(Fama and Schwert approach)과 적자위험 측정 방법으로 분석하였다. 독일의 공모형 부동산 펀드가 리츠보다 인플레이션 위험에 헷징 효과가 존재하는 것으로 나타났으나 다른 나라에서는 찾지 못했다고 밝혔다. 한편 적자위험측정에서도 독일의 공모형 부동산 펀드가 리츠보다 수익률이 더 작았다는 것을 제시하였다. 이런 현상은 저 인플레이션 시기보다 고 인플레이션 시기에 더 크게 보상을 받는 것으로 나타났다. 이는 부동산 유형별, 증권별, 지역별, 국가별로 인플레이션 헷징 분석을 하는데 어떤 분석방법과 자료를 이용하는가에 따라 연구결과가 다르게 도출될 수 있음을 보여 주는 예라 하겠다. 따라서 보다 합리적인 결과를 도출하기 위해서는 신뢰할 수 있는 자료를 토대로 정교한 분석 기법을 이용할 필요성이 있음을 의미한다.

Adam, Frimpong(2011)은 가나의 주식이 장기적인 관점에서 인플레이션에 헤징 효과가 존재한다는 것을 가나의 주식 자료를 이용하여 밝혔다. 이것은 리츠의 시장 리스크가 시간이 흐름에 따라 변화하는 경우에 특별히 그렇다. Hardin III, Jiang와 Wu(2012)는 1980년에서 2008년까지 리츠의 인플레이션에 대한 헷징 효과와 위험회피 효과 존재 여부를 배당수익률 분해를 통하여 조사하였다. 분석결과 동기간 동안 리츠는 인플레이션에 대한 헷징 효과와 위험회피 효과가 존재한다는 것을 밝혔다. 또한 이 기간 동안 인플레이션에 대한 위험회피 효과가 헷징 효과를 지배하는 경향이 있음을 밝혔다. 이 연구에서 왜 단기 리츠 수익률이 예상 인플레이션에 대하여 헷징 효과가 약한지에 대한 종전의 연구결과에 대안적인 설명이 될 수 있음을 밝혔다.

이러한 결과는 리츠가 아마도 단기적으로는 별로 좋지 않은 인플레이션 헷징 수단이 될 수 있으나 단기에 임대기간이 계속 갱신될 때는 헷징 수단이 될 수 있다는 것이 최근의 연구결과이다. 특별히 기대하지 못한 인플레이션에 대하여는 얼마간의 인플레이션 헷징 수단이 될 수 있다는 연구결과를 제시하고 있다. 지분형 및 모기지형 리츠의 증권은 모두 부동산 자산에 대한 권리이나 지분형 리츠가 인플레이션에 대하여 우수한 헷징 효과를 나타낸다는 것이 대체적으로 일치된 선행연구의 결과이다. 일반적으로 리츠가 예상된 인플레이션에 대하여 보호를 해 줄 수 있다는 것을 시사하는 증거가 있지만 보유 기간이 더 긴 경우에서 인플레이션이 리츠 수익에 대하여 어떤 영향을 미치는 지에 대한 지지는 약하다. 이상 살펴본 연구결과를 〈표 8-3〉과 같이 요약하여 제시하였다.

2) 리츠의 다각화 효과와 성장 잠재력

투자란 장래의 불확실한 수익을 위해 현재 확실한 소비를 희생하는 것이다. 미래의 가장 확실한 것은 불확실하다는 것이다. 미래의 불확실은 위험과 동의어로 쓰인다. 미래의 위험요인은 매우 다양하다. 즉 사업상의 위험, 금융적 위험, 법적 위험, 기술적 위험, 인플레이션 위험, 유동성 위험, 자본 손실 위험 등 수 없이 많다. 이런 위험을 회피하고 가치를 창출하기 위해 현명한 투자자는 자산을 한 곳에 집중하여 투자할 것인가 아니면 다각화 투자를 할 것인가 의사결정의 기로에 종종 직면하게 된다. 이런 의사결정의 한 좋은 선택의 기준을 투자의 귀재로 알려진 워런 버핏은 가치 투자를 권한다. 워런 버핏의 가치 투자는 혼합된 포트폴리오를 구성하는 것이다. 시장 내외적 현실적 위험이 상존하는 상항 하에서 '다각화는 위험을 저감 시키고 가치 창출을 할 수 있을까?'에 대한 대체적인 연구 결과는 투자 성과를 높일 수 있다는 것이다. 즉 '다양한 유형의 주식으로 구성된 혼합포트폴리오에 리츠 주식을 포함시키는 것이 다각화 효과를 기대할 수 있겠는가?'이다. 이 의문에 대한 선행연구에서 리츠를 혼합된 포트폴리오에 포함시키는 것이 다각화의 이점을 제공할 수 있다는 것이 다수의 주장이다. 이는 많은 투자가들이 경쟁우위를 획득하고 유지하기 위해 다각화 투자를 추구하게 된다.

투자의 다각화(diversification)와 수익률 성과 간의 관계는 역 U자 형태를 취하게 된다. 즉 수익률 성과는 일반적으로 다각화 수준이 최적화될 때 높고 다각화 수준이 낮거나 다각화 연관성이 낮은 상품이 포트폴리오에 구성될 때 낮게 된다. 특히 다각화 할인(diversification discount)은 고도로 다각화된 투자가들의 주식 가격이 개별 주식 가격을 합친 것보다 낮은 상태로 비관련 주식이 다각화에 포함되어 추가적인 가치를 창출하지 못하는 것을 말한다. 역으로 다각화 할증(diversification premium)은 주식 상품간의 상관관계가 낮아 다각화를 구성하고 있는 주식의 가치가 개별 주식의 가격을 합친 것보다 높아 추가적인 가치 창출을 하는 것을 말한다. 다각화와 성과의 관계는 [그림 8-4]와 같다.

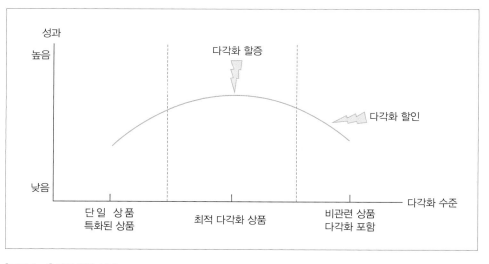

[그림 8-4] 다각화와 성과

다각화로 인하여 가치창출이 가능한 원리는 기업이나 투자가들이 가용할 수 있는 핵심역량(자원)을 선택과 집중을 통하여 이른바 규모의 경제로 비용을 낮추거나, 범위의 경제를 활용하여 기업(투자)의 가치를 증가시키거나, 재무적 경제로 비용을 줄여서 투자의 가치를 증가시킬 수 있다.

우리의 주된 관심은 주식, 채권, 부동산 등으로 구성된 포트폴리오에 리츠 주식을 포함 시켰을 때 과연 다각화 효과를 기대할 수 있겠는가? 의 물음이다. 많은 연구가들이 이 물음에 답을 얻고자 다양한 방법으로 연구를 수행하여 왔고, 대체적으로 리츠가 다각화 효과를 높이는데 기여한다는 것이다. 예를들면, Rosen(2001)는 1993-2000년 기간 중 리츠 주식과 비증권화 된 부동산, S&P500 간의 상관관계 분석에서 리츠와 비증권화 된 부동산과의 상관관계 계수는 -0.016이고, 리츠 주식과 S&P500 간의 상관관계 계수가 약 0.202로 나타나 리츠가 주식의 특성 더 많이 반영한다는 실증분석 결과를 제시하였다. Burns와 Epley(1982), Kuhle(1987)는 모기지형 리츠보다 지분형 리츠를 혼합 자산 포트폴리오에 추가함으로써 수익률 개선이 더 크게 이루어졌음을 제시하였다. Geltner와 Rodriquez(1997)는 투자가의 수익률 목표가 높을수록 그들의 포트폴리오에 리츠 주식의 비율을 증가시키는 것이 수익률 개선에 도움이 된다는 점을 제시하였다. Mueller, Pauley, Morril(1994)는 1976-1993년 기간 동안 중간 수준의 리스크가 있는 장기 포트폴리오에 지분형 리츠를 추가했을 때 포토폴리오의 효과를 향상시켰고, 이런 현상은 부동산시장이 침체시보다 회복하는 기간에 수익률 개선 효과가 더욱 크다는 점을 밝혔다. Chandrashekaran(1999)는 리츠에 대한 역동적인 다각화의 이점을 연구하였다. 리츠 지수가 상승할 때(혹은 하강할 때) 리츠 수익이 일반 증권 및 채권 시장에 나타나는 변동성과 상호변화성이 낮다는 것(혹은 높다는 것)을 밝혔다. 이것은 투자자들이 시장이 붐일 때 그들의 포트폴리오 리츠의 비중을 높여야 하고, 시장이 하강일 때 리츠 할당을 줄여야 한다는 것을 시사한다.

Benefield와 Hurst(2012)는 1995년부터 2006년까지 지분형 리츠에 대한 부동산 유형별 다각화 효과를 조사하였다. 이들의 연구에서 리츠 수익률에 자산 유형, 자산 수익률, 자본 수익률 및 토빈 큐(Tobin Q) 사이에 강한 양(+)의 상관관계가 조재한다는 것을 밝혔다. 다각화 효과는 "핫" 시장에서 부동산 유형별로 더 좋은 수익률 성과를 보였으나 "쿨" 시장에서는 제한적이라는 것을 제시하였다. 다각화된 리츠는 더 높은 현금흐름의 기회를 제공한다. 이는 부동산 유형별로 위험을 낮추기 위해 다각화를 하면 이점이 있을 수 있다는 것을 의미한다. Rafiqul, James, Nuriddin와 Charles(2014)는 평균-분산방정식을 이용하여 리츠 주식의 차별적 리스크 프리미엄에 대한 민감도를 분석하고 리츠가 최적 혼합 자산 포트폴리오를 구성하는데 영향을 줄 수 있는지 여부를 분석하였다. 리츠와 보통 주식의 결합된 위험 프리미엄이 1.5%이면서 위험 회피가 1에서 6 사이인 투자자는 거의 전적으로 리츠에 투자를 하고 채권을 매도하고 주식에 거의 투자를 기피한다는 결과를 제시하였다. 그러나 리츠의 최적 가중치가 증가함에 따라 리츠-주식의 상관관계 변화로 인한 포트폴리오를 구성하는데 영향은 중요하지 않는다는 결과를 제시하였다. 따라서 최적 포트폴리오에 리츠의 가중치 변경은 리츠와 주식 간의 상관관계보다 더 중요하다는 결과를 제시하였다.

Bhuyan, Kuhle, Al-Deehani와 Mahmood(2015)는 2002-2012년까지의 지분형 및 모기지형, 일반 주식의 수익률 자료를 이용하여 포트폴리오 다각화 이점을 분석하였다. 이들은 지분형 리츠는 포트폴리오 다각화로 수익률을 개선하는데 상당히 기여하였으나 모기지형 리츠는 다각화에 기여도가 없는 것으로 분석하였다. 이들의 연구 결과는 Kukle(1987)의 연구 결과와 상이한 것으로 나타났지만, Hartzwekk et al(1986)의 연구 결과를 더 지지하는 것으로 밝혀졌다. 이는 소액 투자자가 지분형 리츠를 혼합자산 포트폴리오에 구성하면 다각화 효과가 있다는 증거를 제공하는 것이다. 또한 Swedroe(2017)는 혼합 자산 포트폴리오에 리츠를 포함하는 것이 다각화에 이점이 될 수 있는가를 살펴보기 위해 리츠 주식, 미재무부 5년 만기 채권 수익률, S&P500지수 수익률 자료를 이용하여 분석하였다. 이들의 분석기간은 1978년 1월부터 2017년 5월까지의 자료에서 리츠와 S&P500과의 상관관계 계수는 0.58, 미재무부 5년 만기 채권 수익률과의 상관관계 계수가 0.08에 불과 하다는 것을 제시하였다. 동기간 리츠의 수익률이 S&P500의 수익률 11.7%, 미재무부 5년 만기 채권 수익률 7.1% 보다 높은 12.2% 성과를 나타내어, 포트폴리오에 리츠를 포함시키면 효율적인 프론티어가 확장되어 조정 수익률을 개선시킬 수 있음을 제시하였다. 리츠를 혼합된 자산 포트폴리오(주식, 채권, 부동산, 모기지형 리츠 등으로 구성된 포트폴리오)에 포함 시키는 것이 수익률 성과를 개선하고 위험을 낮출 수 있다는 것이 다수의 연구결과이다.

그러나 전술한바와 같이 리츠를 포트폴리오에 포함시키는 것이 다각화 효과의 이점이 있지만 일부 연구에서는 다각화 효과가 미미하거나 오히려 감소할 수 있다는 연구 결과도 있다. 예를들면, Gosh, Miles, Sirmans(1996)는 리츠에 투자할 때 높은 거래 비용을 고려하면 리츠를 포트폴리오에 추가하는 데 따른 이점은 없어지지는 않더라도 감소할 수 있다는 점을 제시하였다. Benefield(2006)은 부동산 유형별 다각화를 선택한 리츠의 수익률 성과와 특정 부동산에 전문화된 리츠와의 수익률 성과에서 차이를 보이는지 여부를 확인하기 위해 수익률 표준성과등급 방법론을 사용하여 분석하였다. 부동산 유형별로 다각화를 선택한 리츠의 경우 특정부동산에 전문화된 리츠보다 현금흐름이 감소하여 다각화의 이점이 낮다는 연구결과를 제시한다. 이는 많은 부동산을 리츠에 포함시킴으로 각 부동산의 특성, 관리, 운영, 위험수준 등에 대한 전문지식의 결여로 잠재적 다각화 효과가 떨어진다는 것을 제시하였다. Ro와 Ziobrowski(2011)는 1997년부터 2006년까지 자본자산가격결정모형(CAPM: Capital Asset Pricing Model)과 Fama-French 2요인 모형을 이용하여 다각화된 리츠와 전문화된 리츠 간의 포트폴리오의 수익률 성과를 비교분석하였다. 이들은 전문화된 리츠가 다각화된 리츠보다 우수한 수익률 성과가 존재한다는 증거를 제시하지 못하였고, 역으로 다각화된 리츠가 전문화된 리츠보다 다소 우월한 수익률 성과를 보였지만 통계적으로 유의미한 차이는 없다는 것을 나타내었다.

요약하면, 이상의 논의에서 알 수 있듯이 혼합된 자산 포트폴리오에 리츠를 포함하는 것이 다각화의 이점이 있다는 것이 대체적으로 연구가 일치한다. 이는 포트폴리오에 리츠를 포함시킴으로 시장 변동성의 위험을 낮추고 규모의 경제로 비용이 감소하여 안정적인 현금흐름을 높여 주기 때문이다. 한편 투자가들이 포트폴리오 다각화 시점 선택을 고려하여 침체시장에서 리츠를 그들의 포트폴리오에 담는 것을 회피한다는 연구 결과도 있다. 리츠가 다각화를 한다는 것은 다각화 효과가 떨어지는 보유 자산을 처분한다는 것을 의미한다. 자산을 처분할 것인가 보유할 것인가의 선택은 처분으로 기대되는 수익률이 처분비용보다 클 때 처분을 한다. 투자에 있어서도 포트폴리오 조정 효과에 따른 편익 프론티어가 비용보다 확장될 때 조정이 이루어진다. 다각화의 이점이 약하다는 것은 조정비용이 편익보다 과다하거나 포트폴리오 구성의 약점이 없는지 등을 살펴봐야 한다. 결론적으로 가치이론에서 다각화 전략은 Prahalad와 Hammel(1994)의 핵심 역량 - 시장매트릭스(core competence-market matrix)를 이용하여 의사결정을 하는 것이 대단히 중요하다. 투자 현장에서 다각화 효과를 높이고자 많은 연구자들과 투자가들은 리츠를 포트폴리오 비중을 늘리려고 하지만 모든 결과가 항상 동일한 것은 아니다라는 것을 기억할 필요가 있다. 이상 논의 연구결과 내용을 〈표 8-3〉에 정리하였다.

〈표 8-3〉 리츠의 헷징 효과와 분산화 효과

연구자	표본 기간	부동산 혹은 리츠의 인플레이션 헷징	연구결과와 부동산 혹은 리츠의 인플레이션 헷징 특성에 적용된 결과의 해석
Chatrath and Liang (1998)	1972. 1 1995. 12	장 · 단기 인플레이션에 대한 헷징 효과	단기적으로 리츠는 좋은 인플레이션 방어수단이 되지 못한다. 장기적으로 볼 때 리츠 수익과 인플레이션 간에는 긍정적 관계가 있다는 데 대한 약한 증거가 있다.
Larsen and McQueen (1995)	1972. 1 1992. 8	금 혹은 증권과 비교한 부동산의 인플레이션 헷지 효과에 대한 대체안으로서 지분형 리츠	리츠는 예상되는 인플레이션에 대하여 미미한 인플레이션 방어수단이며, 예상치 않은 인플레이션에 대하여는 더욱 그러하다. 부동산에 대한 권리를 의미하는 자산에 투자하는 그 자체가 투자가가 인플레이션에 대하여 보호받도록 보장해 주는 것이 아니다.
Yobaccio, Rubens and Ketcham (1994)	1972. 1 1992. 12	리츠의 인플레이션 헷징 효과	리츠가 실질, 기대, 기대하지 않은 인플레이션에 대하여 보호하는 능력은 약하다. 가장 약한 헷징 효과는 예상치 않은 인플레이션에서 보여 진다. 기껏해야 이런 결과들은 예상되는 인플레이션에 대하여 부동산은 부분적인 방어수단의 역할을 할 뿐 예상 예상되지 않은 인플레이션에 대하여는 방어수단이 되지 못한다는 점을 시사한다.
Chan, Hendershott and Sanders (1990)	1973. 1 1987.12	예상된 인플레이션과 예상되지 않은 인플레이션의 리츠 수익에 대항 영향	리츠의 수익은 예상된 인플레이션에 의해서는 영향을 받지 않는다. 그러나, 리츠의 수익은 전체표본 기간과 3개 하위 기간에 걸쳐 예상되지 않은 인플레이션으로 인해 현저히 그리고 일관되게 낮아진다.
Park, Mullineaux and Chew (1990)	1972. 1 1986.12	예상된 인플레이션의 두 가지 다른 측정방법을 이용한 리츠의 인플레이션 방지 효과	예상된 인플레이션의 측정수단으로 재무부증권(T-bill)을 사용하면 리츠 증권은 일반적으로 예상된 인플레이션 및 예상하지 않은 인플레이션에 대하여 공히 방어수단의 역할을 하지 못 한다. 리츠는 예상되는 인플레이션에 대하여 부분적인 방어수단의 역할을 할 뿐 예상 예상되지 않은 인플레이션에 대하여는 방어수단이 되지 못하는 것으로 나타났다.
Murphy and Kleinman (1989)	1972 – 1985	지분형 리츠의 수익과 예상된 그리고 예상되지 않은 인플레이션과의 관계	월간 보유 기간에 지분형 리츠의 수익은 예상된 인플레이션과 예상되지 않은 인플레 모두와 소극적인 (강하지도 약하지도 않은) 상관관계를 가지고 있다. 연간 보유 기간 중 리츠와 두 가지 유형의 인플레이션 사이에 의미 있는 관계는 없다.

Goebel and Kim (1989)	1984. 1 1987. 12	인플레이션에 대한 FREIT 주식 및 리츠의 효용성	두 가지 유형의 리츠 모두 전체적인 인플레이션을 방지하는 능력은 거의 없다. 예상되는 인플레이션에 대하여는 좋은 방어수단이 되지만 예상되지 않는 인플레이션에 대하여는 방어 능력이 없다.
Gyourko and Linneman (1988)	1972. 2 1986. 12	전체 인플레이션 및 예상된 인플레이션과 예상되지 않은 인플레이션에 에 대한 리츠 증권의 헷징 효과	리츠는 예상되는 인플레이션에 대하여 부분적인 보호를 하는 것으로 확인되었지만 예상되지 않는 인플레이션에 대하여는 방어수단이 되지 못한다. 이런 현상은 모기지형 리츠의 경우 특히 그러하다.
Hartzell, Hekman and Miles (1987)	1973. 4/4 1983. 3/4	대규모 혼합형 부동산 펀드에서 나온 부동산에 관한 자료를 이용한 다양화된 부동산 포트폴리오의 인플레이션 헷징 효과	이 경우 규모가 더 큰 부동산일수록 인플레이션에 대하여 더 큰 보호 기능을 한다.
Maurer and Sebastian (2002)	1980.1~ 1998.12	유럽 부동산 증권의 인플레이션 위험 분석	유럽 각국(프랑스, 독일, 스위스, 영국)의 리츠의 인플레이션 위험 분석을 하였다. 분석결과 독일의 개방형 부동산 펀드는 기대 인플레이션에 대한 우수한 인플레이션 효과를 보였으나, 다른 나라에서는 찾지 못했다. 또한 적자위험 측정을 통한 분석에서 리츠보다 개방형 부동산 펀드의 인플레이션에 대한 수익 손실이 낮았다.
Glascock, Feng, Fan and Bao(2008)	1998~ 2006	홍콩 부동산 자산의 인플레이션 특성분석	홍콩 부동산시장의 인플레이션 위험회피 여부를 파마-슈워트 모형으로 분석한다. 부동산이 장단기 인플레이션에 대하여 좋은 헷징을 나타내지 못했다. 그러나 부동산 유형별로 일부 헷징을 보였다.
Benefield (2006)	1995~ 2006	리츠 유형별 다각화 성과 분석	리츠가 보유한 부동산 유형별 다각화 효과를 분석했으나 이렇다 할 효과를 찾지 못했다.
Adam and Frimpong (2011)	1991. 1 2007. 12	장기적인 측면에서 가나 주식의 인플레이션 헷징 효과	가나의 주식은 장기적인 관점에서 인플레이션에 대하여 헷지 효과를 지지하는 것으로 나타났다.
Hardin III, Jiang, and Wu(2012)	1980~ 2008	리츠 주식가격과 인플레이션 헷징과 오해	리츠에 대한 인플레이션 위험회피와 인플레이션 헷징 효과가 모두 존재하지만, 인플레이션 위험회피 효과가 1980~2008년 기간 동안에는 헷징 효과를 지배하는 것으로 나타났다. 단기 리츠 수익률과 예상 인플레이션과는 부정적 관계를 보였다.

Ro and Ziobrowski (2011)	1997–2006	리츠의 전문화와 다각화 어느 것이 중요한가	리츠의 다각화와 전문화 어느 것이 더 중요한가의 분석에서 다각화가 전문화보다 좀 더 우월한 수익률 성가를 보였지만 통계적 유의미는 없다.
Benefield and Hurst(2012)	1995–2006	부동산 유형별 다각화와 리츠 성관	리츠 수익률에 자산 유형별 다각화, 자산 수익률, 자본 수익률 및 Tobin의 Q 사이에 강력한 양(+)의 상관관계가 존재한다는 것을 제시하였다. 다각화 효과는 "핫"마켓에서 부동산 유형별로 더 좋은 수익률 성과를 보였고, "콜드"마켓에서는 부동산 유형별로 제한적으로 나타났다.
Rafiqul, James, Nuriddin and Charles (2014)	1997–2007	리츠, 주식과 장기채권의 최적 포트폴리오 활당	리츠와 주식의 결합된 위험 프리미엄이 1.5%일 때, 위험 회피가 1에서 6 사이 인 투자자는 거의 전적으로 REIT에 투자하여 채권을 매도하고 주식에 거의 투자하지 않는 다는 것을 알아냈다.
Parajuli and Chang (2105)	1987. 1/4 2013. 4/4	실물자산과 인플레이션 헷징	부동산 및 수목 같은 실물자산은 인플레이션에 헷징 효과 우수하였으나 주식 같은 금융자산은 헷징 효과를 확인 할 수가 없었다. 그러나 지분형 리츠는 인플레이션에 약한 헷징 효과를 보였다.
Bhuyan, Kuhle, Al-Deehaniand Mahmood (2015)	2002–2012	미국의 보통주식과 리츠를 이용한 포트폴리오의 다각화 효과 분석	지분형 및 모기지형, 일반 주식의 수익률 자료를 이용하여 포트폴리오 다각화 이점을 분석하였다. 이들은 지분형 리츠는 포트폴리오 다각화로 수익률을 개선하는데 상당히 기여하였으나 모기지형 리츠는 다각화에 기여도가 없는 것으로 분석하였다.
Hofmann and Mathis (2016)	1995. Q1 2015. Q2	스위스 리츠의 인플레이션 헷징 능력	리츠의 인플레이션에 대한 헷징 효과를 단기에는 확인하지 못했다. 그러나 장기에는 약한 헷징 능력을 보였다
Swedroe (2017)	1978.1 2017.5	다각화 포트폴리오에서 리츠의 역활	혼합 자산 포트폴리오에 리츠를 포함하는 것이 다각화에 이점이 될 수 있는가를 살펴보기 위해 리츠 주식, 미재무부 5년 만기 채권 수익률, S&P500 지수 수익률 자료를 이용하여 분석하였다. 포트폴리오에 리츠를 포함시키면 다각화 효과로 수익률 개선을 보였다.

Xu, Su and Ortiz(2019)	1978. 1 2016. 10	금은 효과적인 인플레이션 헷지 수단인가	금은 단기에는 효과적인 인플레이션 수단이 될 수 없지만 장기에는 헷지 기능을 한다.
Yakob, McGowan (2019)	2010. 1 2014. 3	말레리시아 주식의 포트폴리오 분산화 효과	포트폴리오 분산화 효과를 실증분석하기 위해 포트폴리오 구성을 5개를 최소포트폴리오로 시작하여 5개를 늘려가면서 최대 55개 까지 포트폴리오를 구성하여 비체계적 위험을 줄일 수 있는 분산화 효과를 분석한 결과 포트폴리오로 45개 주식을 구성한 것이 비체계적 위험을 줄이는 것으로 나타났다.
Das and Sarkar (2019)	1990.1 2014.12 (US) 1996.1 2014.12 (UK)	미국과 영국의 구조변경하에서 리츠의 인플레이션 헷징 효과 재조명	미국과 영국의 리츠가 구조변경 후에서도 인플레이션에 우수한 헷지 이점을 보였다.

 5 리츠 주식은 성장가능성이 있는 증권인가?

리츠는 유동성이 대단히 높고 안정적인 소득흐름으로 투자가들이 그들의 포트폴리오에 리츠를 꾸준히 포함시켜 왔다. 우리가 어떤 자산을 선택할 때 우선적으로 고려하는 것이 수익성, 성장성, 안전성 등이다. 앞에서는 리츠의 수익성과 안전성에 대하여 많은 논의를 하였음에도 불구하고 성장성에 대해서는 언급이 거의 안 되었다. 이제 논의를 마무리하기 전에 '리츠는 성장가능한 주식인가?'에 대하여 살펴보기로 하자. 결론적으로 말하자면 리츠는 성장 잠재력이 대단히 높지만, 리츠의 법적 지위상 소득의 90% 이상을 배당금으로 지급해야 하는 의무와 자산구성과 자산 매매에 관련된 까다로운 규제로 인하여 성장 주식일 수 없다는 것에 대체적으로 지지를 같이 한다. 이런 측면에서 성장 주식보다는 소득 주식에 가깝다고 할 수 있다. 리츠가 성장을 하기 위해서는 수익의 일정 비율을 사내에 유보하여 재투자를 해야 하는데 현 법체계상으로는 한계가 있다. 물론 증자라든지 출자를 하여 자본을 늘릴 수 있지만 일반기업처럼 용이하지 않다. 리츠가 자본을 증가시키기 위해서 은행으로 달려가면 은행은 정교한 재무제표를 요구하고 엄격한 심사기준으로 재무제표를 살피게 된다.

Mueller(1998)는 리츠가 자본시장을 통하여 자본을 늘려 성장전략을 취할 수 있지만 그 순간 성장 전략의 선택으로 부터 기대되는 수익과 자금조달 비용간의 균형이상의 수익을 확보할 수 있을 때 가능하다고 한다. 리츠가 부동산을 기초자산으로 한 수익 증권이기 때문에 부동산시장의 동향과 분리하여 생각할 수 없다는 것이 Downs(1998)의 주장이다. 리츠가 1990년대 중반까지만 하여도 기관투자가나 투자가들의 주목을 받지 못했다. 그러나 1990년 중반 이후 급격한 성장이 이루어지면서 미래 성장 동력 산업으로 리츠 주식을 주목하기 시작했다. 특히 미래 미국의 상업용부동산 금융에 리츠가 어떤 역할을 할 수 있겠는가 관심을 가지게 되었다. 리츠 관련 규정이 시장상황에 유리하게 개선되면서 리츠의 성장을 견인하게 되었다. 더욱이 인구가 고령화 되면서 보다 안정적인 고 배당을 기대하는 리츠에 수요가 늘어날수록 리츠 주식의 주가는 상승할 것이고 성장은 지속되겠지만 여전히 성장의 한계가 있다고 Downs(1998)는 주장을 한다. 그는 부동산시장의 움직임은 인구통계, 부동산 유형, 기호 등의 요인과 밀접한 관련성이 있다. 이런 요인들의 변화가 부동산 수요를 결정하게 될 것이다. Ling, Ooi, Xu(2019(Online))는 자산 증가율이 상장된 308개 지분형 리츠 주식의 미래 수익률 성과에 미치는 영향에 관해서 분석하였다. 놀라운 사실은 자산이 빠르게 성장하는 리츠는 느리게 성장하는 리츠보다 수익률 성장이 낮은 경향이 있다는 결과를 제시하였다. 그러나 순자산가치 대비 프리미엄으로 판매되는 리츠에 대해서는 그렇지 않다는 것이다. 이는 이전 증거에서 고려되지 않았던 자산증가가 리츠 주식의 수익률 성과를 희석시킨다는 해석을 제공하는 것이다.

최근의 흥미로운 현상은 임차인들이 전통적으로 단순히 부동산 공간 서비스 소비에 만족하지 않고 ICT(Information Communication Technology)가 융합된 부동산 소비를 원한다는 것이다. 즉, 부동산에 IoT(사물인터넷) 나아가 IoE(만물인터넷)가 결합된 부동산 소비를 빠르게 원한다는 것이다. 이것은 ICT와 디지털 디바이스 기술이 급격히 발전하면서 부동산에 융합되어 삶의 편리성을 높여 주기 때문이다. 이와 같은 맥락에서 리츠는 분명 성장산업 분야 중의 잠재력이 충분히 있지만 관련 법규의 허들(hurdle)로 인한 한계는 여전히 존재한다 하겠다. 그러나 리츠가 성장주는 아니지만 리츠의 성장에 프리미엄이 없는 것은 아니다. 따라서 지속적으로 매력적인 투자대상이 대기 위해서는 일반 주식처럼 꾸준한 성장전략을 선택할 때 투자가들은 리츠를 애호할 것이다.

6 결론

리츠가 출범한 이후 처음에는 미약하였으나 반세기가 넘도록 그 수나 총자산이 지속적으로 증가하여 왔다. 오히려 기관투자가들이 그들의 포트폴리오에 리츠의 비중을 늘리고 있고, 배당을 장기 채권보다 2-3배 높게 지급하여 왔고, 리츠의 내실을 곤고히 하고 고객을 위한 경영 혁신을 노력 하는 한 바람직한 투자대상으로 남아 있을 것이다. 리츠가 기술 중심의 회사처럼 고도성장을 위한 산업분야는 아닐지라도 지속성장 가능한 잠재력을 가지고 있다. 다양한 유형의 리츠가 생겨 낳다가 사라진 리츠도 많이 있지만 지금까지 투자가들의 관심과 선택을 받은 리츠는 시간의 흐름 속에서 고객들의 냉정한 심판을 이겨낸 것이다. 그래서 한때는 시장의 붐을 일으키기도 하면서 단기적으로 우수한 성과를 올리기도 했다.

지금까지 선행연구 결과들을 종합하면 리츠는 성장주라기보다 소득주로서 장기적인 투자대상으로 보는 것이 적합하다 할 것이다. 지난 50년간 지분형 리츠의 평균 수익률은 11.33%이고, 연평균 4.15% 배당금을 지급하였고, 반면 주식을 대표하는 지표로 S&P500의 수익률은 10.45%이고, 연평균 배당금은 1.87% 지급하였고, 채권 수익률은 7%대를 보여 리츠가 평균 수익률이나 배당금 지급 면에서 S&P500과 채권 수익률을 앞서 왔다. 리츠의 안정적인 배당금 지급정책이 투자외면의 가능성을 크게 일축시켜왔고, 오히려 투자가의 선택이 확장되면서 장기적인 투자의 대상으로 보는 것이 온당하다 할 것이다. 리츠가 장기적인 투자의 대상으로 우리 곁에 계속남아 있기 위해서는 반시장적 규제들이 완화되어야 하고, 시장에 영향을 주는 다양한 위협 요인들을 저감시킬 수 있는 전략적 대응책을 수립해나가야 할 것이다.

리츠의 여러 단점들이 있지만 단점에 비하여 소액투자가들에게 투자기회 확대, 소득배분 개선, 유동성, 투명성, 배당, 다각화, 부동산시장의 안정화 등 국민경제에 기여하는 장점이 훨씬 많다. 미국의 경우 전체 인구 3억 가운데 87백만 명이 리츠 주식을 보유하고 있고, 지분형 리츠의 시가총액이 1조 달러를 넘어서고 있다. 2019년 12월 기준, 미국의 리츠가 GDP에 차지하는 비중이 6.8%, 호주가 7.4%, 일본이 3.2% 인데 반하여 우리나라는 0.11% 수준으로 아주 미미한 수준에 머물고 있어 우리나라 GDP 규모에 비해 성장 잠재력은 많이 있다고 보아야 할 것이다. 특히 우리가 주목할 벤치마킹 대상은 일본이다. 일본은 리츠를 우리나라와 비슷한 시기에 도입했는데 20년이 흐른 현재 시점 일본의 리츠가 GDP에 기여하는 비중이 우리나라보다 29배나 높다는 것이다. 국내 부동산시장이 정치, 경제, 사회, 시장 요인 등으로 불안정한 가운데 부동산시장을 안정화 궤도로 돌려놓기 위해서라도 정부, 학계, 산업계, 여러 전문가들이 지혜를 모을 필요성이 있다. 리츠가 먼 길을 왔고 또 먼 길을 떠나기 위해서는 인터넷 기반 부동산 IoR(Internet of Real Estate)을 근간으로 리츠 운영을 디지털 비즈니스 모델 중심으로 신속히 재편하여 변화와 혁신의 선두주자가 되어야 할 것이다.

참고문헌

최차순·노영기·김인수. 2005. 부동산투자신탁, 박영사.

Adam, A.M. and Frimpong, S. 2011. Can Stocks Hedge against Inflation in the Long Run? Evidence from Ghana Stock Market, International Journal of Business and Management 5(6): 188-194.

Adrangi, B. Chatrath, A. Raffiee, K. 2004. REIT Investments and Hedging Against Inflation. Journal of Real Estate Portfolio Management 10(2): 97-112.

Allen, M.T. Maduara, J. and Springer, T. 2001. REIT characteristics and the sensitivity of REIT returns. Journal of Real Estate and Economics 21:141-52.

Ambrose, B.W. Ancel, E. and Griffiths, M.D. 1992. the fractural structure of real estate investment trust returns: the search for evidence of market segmentation and nonlinear dependency. Journal of the American of Real Estate and Urban Economics Association Journal 20:25-24.

Bhuyan, R. Kuhle, J.L. Al-Deehani, T.M. Mahmood, M. 2015. Portfolio Diversification Benefits Using Real Estate Investment Trusts · An Experiment with US Common Stocks, Equity Real Estate Investment Trusts, and Mortgage Real Estate Investment Trusts. International Journal of Economics and Financial Issues 5(4):922-928

Below, S.D. Keily, J.K. and McIntosh, W. 1996. REIT pricing efficiency: Should investors still be concerned? Journal of Real Estate Research 12:397-412.

Benefield, J.D. 2006. Performance differences in property ·type diversified versus specialized real estate investment trusts: A portfolio approach. The University of Alabama, ProQuest Dissertations Publishing.

Benefield, J.D. Hurst, M.E. 2012. Property-type diversification and REIT performance: an analysis of operating performance and abnormal returns. Journal of Economics and Finance volume 39: 48-74.

Bond, Michael T. and Michael J. Seiler. 1998. Real estate returns and inflation: An added variable approach: Journal of Real Estate Research 15:327-38.

Brueggeman, W. B. Chen, A.H. and Thibodeau, T.G. 1992. Real estate investment funds: Performance and portfolio considerations. AREUEA Journal 12:333-54

Brueggeman, W. B. Chen, A.H. and Thibodeau, T.G.. 1992. Some additional evidence on the performance of commingled real estate investment funds:1972-1991. Journal of Real Estate Research 7:433-48.

Burns, W.L. and Epley, D.R. 1982. The performance of portfolios of REITs + stocks. Journal of Portfolios Management 8:37-42

Case, B. 2016. Comparing Average REIT Returns and Stocks Over Long Periods. Nareit Market Commentary, April 20.

Case, B. 2018. Equity Investing in Real Estate Through Public and Private Markets. NAREIT. p.24.

Chan, K.C. Hendershott, P. and Sanders, A.B. 1990. Risk and return on real estate: Evidence from equity REITs. AUREA Journal 18:431-52.

Chandraskeharan, V. 1999. Time-serices properties and diversification benefits of REIT returns. Journal of Real Estate Research 17:91-111.

Chaudry, M,K. Myer, F.C.N. and Webb, J.R.. 1999. Stationarity and cointegration in systems with real estate and financial assets. Journal of Real Estate Finance and Economics 18:339-49.

Chatrath, A. and Liang, Y. 1998. REITs and inflation. A long-run perspective. Journal of Real Estate Research 16:311-25.

Chen, S.J. Hsieh, C. Vines, T.W. and Chiou, S.N. 1998. Microeconomic variables, firm-specific variables, and returns to REITs. Journal of Real Estate Research 16:269-77.

Chen, K.C. and Tzang, D.D. 1998. Interest-rate sensitivity of real estate investment trusts. Journal of Real Estate Research 3:13-22.

Chen, J. and MacKinnon, G. 2000a. What drives equity REIT returns? The relative influences of bond, stock, and real estate factors. Working paper.

Clayton, J. and Mackinnon, G. 2003. The Relative Importance of Stock, Bond and Real Estate Factors in Explaining REIT Returns. The Journal of Real Estate Finance and Economics volume 27: 39 - 60.

Clayton, J. and MacKinnon, G. 2000b. Measruing and explaining changes in RET liquidity: Moving beyond the bid-ask spread. Real Estate Economics 28:89-115.

Das, M. Sarkar, N. 2019. Revisiting the Anomalous Relationship between inflation and real Estate Investment Trust Returns in Presence of Structural Breaks: Empirical Evidence from the USA nad the UK. International Journal of Economics and Financial Issues 10(1): 250-258.

Downs, A. 1998. REIT shares: Are they growth or income stocks? National Real Estate Investor 40:32-34+.

Downs, D. Guner, Z.N. Hartzell, D.J. and Torres, M.A. 2001. Why do REIT prices change? The information content of Baron's "The ground floor." Journal of Real Estate Finance and Economics 22:63-80.

Ewing, B. and Payne. J. 2005. The Response of Real Estate Investment Trust Returns to Macroeconomic Shocks. Journal of Business Research 58: 293-300.

Fang, H. Chang, Lee, T.Y. Hsien, Y. and Chen, W.J. 2016. The impact of macroeconomic factors on the real estate investment trust index return on Japan, Singapore and China. Investment Management and Financial Innovations 13(4-1): 243-253.

Fisher, J. Ling, D.C. and Andy, N. 2006. The Dynamics of Capital Flows and Property Returns: A Disaggregated Analysis of Metropolitan Areas and Property Types, 1-39.
https://www.researchgate.net/publication/228416885

Firstenburg, P.M. Ross, S.A. and Zisler, R.C. 1988. Real estate: The whole story. Journal of Portfolio Management 14:22-34.

Fletcher, S. 1993. Portfolio consideration in commingled real estate funds. Journal of Real Estate Research 8:171-87.

Geltner, D. 1993. Estimating real estate's systematic risk from aggregate level appraisal-based returns. AREUEA Journal 17:463-81.

Geltner, D. and Rodriquez, J. 1997. Public and private real estate: Performance implications for asset allocation. In real estate investment trusts, ed. Richard T. Garrrigan and John F. C. parsons, 371-409. New York: McGraw-Hill.

Ghosh, Chinmoy, Mike Miles, and C. F. Sirmans. 1996. Are REITs stocks? Real Estate Finance 13:46-53.

Giliberto, M.S. 1988. A note on the use of appraisal data in indexes of performance measurement. AREUEA Journal 16:77-83.

Giliberto, M.S. 1990. Equity real estate investment trusts and real estate returns. Journal of Real Estate Research 5:259-63.

Giliberto, M.S. and Mengden, A. 1996. REITs and real estate: Two markets reexamined. Real Estate Finance 13:56-60.

Glascock, J.L. 1991. Market conditions, risk and real estate portfolio returns; Some empirical evidence. Journal of Real Estate Finance and Economics 4:367-73.

Glascock, J.L. and William T. Hughes, W.T.J. 1995. NAREIT identified exchange listed REITs and their performance characteristics: 1972-1991. Journal of Real Estate Literature 3:63-83.

Glascock, J.L. Lu, C. and W. So, R.W. 2000. Further Evidence on the Integration of REIT, Bond, and Stock Returns. The Journal of Real Estate Finance and Economics 20: 177-194.

Glascock, J.L. Lu, C. and So, R. W. 2002. REIT returns and inflation: Perverse or reverse causality effects? Journal of Real Estate Finance and Economics 24: forthcoming.

Glascock, J., Feng, L., Fan, L. and Bao, H. 2008. Inflation Hedging Characteristics of Real Estate Assets in Hong Kong. Statistics & Decisions 301: 107-109.

Goebel, P.R. and Kim, K.S. 1989. Performance evaluation of finite-life real estate investment trusts. Journal of Real Estate Research 4:57-69.

Goetzman, W.N. and Ibbotson, R.G. 1990. The performance of real estate as an asset class. Journal of Applied Corporate Finance 3:65-76.

Gokmenoglu, K.K and Hesami, S. 2019. Real estate prices and stock market in Germany: Analysis based on hedonic price index. International Journal of Housing Markets and Analysis 12(4): 687-707.

Goldstein, M.A. and Nelling, E.F. 1999. REIT return behaviour in advancing and declining stock markets. Real Estate Finance 15:68-77.

Graff, R.A. and Young, M.S. 1997. Institional impact on equity REIT performance. Real Estate Finance 14:31-39.

Gyourko, J. and Keim, D.B. 1992. What does the stock market tell us about real estate returns. Journal of the American Real Estate and Urban Economics Association 20:457-85.

Gyourko, J. and B. Keim, D.B. 1993. Risk and return in real estate: evidence from a real estae stock index. Financial Analysts Journal 19:39-46.

Gyourko, J. and Linneman, P. 1998. Owner-occupied homes, inocme producting properties, and REITs as inflation hedges: Empirical findings. Journal of Real Estate Finance and Economics 1:347-72.

Hardin III, W.G. Jiang, X. and Wu, Z. 2012. REIT Stock Prices with Inflation Hedging and Illusion. The Journal of Real Estate Finance and Economics 45: 262-287.

Hartzell, D. Hekman, J.S. and Miles, M.E. 1987. Real Estate returns and inflation. AREUEA Journal 15:617-37.

Han, J. and Liang, Y. 1995. The historical performance of real estate investment trusts. Journal of Real Estate Research 10:235-63.

He, T.L. Webb, J.R. and Myer, F.C.N. 2003. Interest Rate Sensitities of REIT Returns. International Real Estate Review 6: 1-21.

Hoesli, M. Moreno, C.S. 2007. Securitized Real Estate and its Link with Financial Assets and Real Estate: An International Analysis. Journal of Real Estate 15(1): 59-84.

Hofmann, R. and Mathis, T. 2016. Inflation Hedging Abilities of Indirect Real Estate Investments in Switzerland. Research Review Quarter 2: 11-19.

Howe, J.S. and Shilling, J.D. 1990. REIT advisor performance. AREUEA Journal 18:479-500.

Ibbotson, R.G. and Siegel, L.B. 1984. Real estate returns: A comparison with other investments. AREUEA Journal 12:219-42.

Khoo, T. Hartzell, D. and Hoesli, M. 1993. An investigation of the change in real estate investment trust betas. AREUEA Journal 21:107-30.

Kroencke, T.A. Schindler, F. and Steininger, B.I. 2014. Are REITs real estate or stocks? Dissecting REIT returns in an asset pricing model, EPRA RESEARCH 2014 - Square de Meeus 23, 1000 Brussels, Belgium.

Kuhle, J.L. Walther, C.H. and Wurtzebach, C.H. 1986. The financial performance of real estate investment trusts. Journal of Real Estate Research 2:1-9.

Lai, T.Y. and Wang, K. 1998. Appraisal smoothing: The other side of the story. Real Estate Economics 26:511-35.

Larsen, A.B. and McQueen, G.R. 1995. REITs, real estate, and inflation: Lessons from the gold market. Journal of Real Estate Research 10:471-82.

Li, Y. and Wang, K. 1995. The predictability of REIT returns and market segmentation. Journal of Real Estate Research 10:471-82.

Liang, Y. 2000. REIT correlation with stock indices. Prudential Real Estate Investors Research Notes, 1-3.

Liang, Y. McIntosh, W. and Webb, J.R. 1995. Intertemporal changes in the riskiness of REITs. Journal of Real Estate Research 10:427-43.

Lieblich, F. Pagliari Jr., J.L. and Webb, J.R. 1998. The historical behaviour of REIT returns: A real estate perspective. In real estate investment trusts, ed. Richard T. Garrigan and John F.C. Parsons, 306-38. New York: McGraw-Hill.

Ling, D.C. and Naranjo, A. 1999. The integration of commercial real estate markets and the stock markets. Real Estate Economics 27:483-515.

Ling, D. Ooi, J.T.L. Xu, R. 2019(Online). Asset Growth and Stock Performance: Evidence from REITs. Real Estate Economics 47(3): 884-927. (cf. Original Article: 2016.11.18., For Presentation at the 2016 Real Estate Research Institute Conference)

Liu, C.H. Hartzell, D.J. Greig, W. and Grissom, T. 1990. The integration of the real estate market and the stock market: Some preliminary evidence. Journal of Real Estate Finance and Economics 3:261-82.

Liu, C. and Mei, J. 1992. The predictability of returns on equity REITs and their co-movement with other assets. Journal of Real Estate Finance and Economics 5:401-18.

Lusht, K.M. 1988. The real estate pricing puzzle. AREUEA Journal 16:95-104.

Martin, J.D. and Cook, D.O. 1991. A comparison of the recent Performance of publicly traded real property porfolios and common stock. AREUEA Journal 19:184-212.

Maurer, R. and Sebastian, S.P. 2002. Inflation risk analysis of European real estate securities. The Journal of Real Estate Research 24(1):47-77.

Mei, J. and Lee, A. 1994. Is there a real estate factor premium? Journal of Real Estate Finance and Economics 9:113-26.

Miles, M. and Esty, A. 1982. How well do commingled real estate funds perform? Journal of Porfolio Management 8:62-68.

Mile, M. and McCue, T. 1982. Historic returns and institutional real estate portfolios. AREUEA Journal 70:184-99.

Mueller, G.R. 1998. REIT size and earnings growth: Is bigger better or a new challenge? Journal of Real Estate Portfolio Management 4:149-57.

Mueller, G.R. Pauley, K.R. and Morrill Jr, W. K. 1994. Should REITs be included on a mixed-asset portfolio? Real Estate Finance 11:23-28.

Mueller, G.R. and Pauley, K.R. 1995. The effect of interest-rate movements on real estate investment trusts. Journal of Real Estate Research 10:319-25.

Murphy, J. A. and Kleinman, R.T. 1989. The inflation-hedging characteristics of equity REITs: An empirical study. Quarterly Review of Economics and Business 29:95-101.

Myer, F.C.N, and Webb, J.R. 1993. Return properties of equity REITs, common stocks, and commercial real estate: A comparison. Journal of Real Estate Research 8:87-106.

Myer, F.C. N. and Webb, J.R. 1994. Retail stocks, retail REITs, and retail real estate. Journal of Real Estate Research 9:65-83.

Nelling, E.F. Mahoney, J.M, Hildebrand, T.L. and Goldstein, M.A. 1995. Real estate investment trusts, small stocks, and bid-ask spreads. Real Estate Economics 23:45-63.

Olanrele, O. 2014. PERFORMANCE ANALYSIS: ARE OTHER FACTOR. DETERMINANTS CONSTANT? Asian Economic and Financial Review 4(4): 492-502.

Oppenheimer, P. and Grissom, T. 1998. Frequency space correlation between REITs and capital market indices. Journal of Real Estate Research 16: 291-309.

Patterson, G.A. 2009. The Relationship between REIT Property Types and Economic Risk Factors, ADB Journal 1:1-17.

Parajuli, R. and Chang, S.J. 2015. Real Assets and Inflation: Which Real Assrts Hedge Inflation, Agricultural & Applied Economics Association and Western Agricultural Economics Association Annual Meeting, San Francisco, CA, July 26-28. Research 16:291-309.

Park, J.Y. Mullineaux, D.J. and Chew, I.K. 1990. Are REITs inflation hedges? Journal of Real Estate Finance and Economics 3:91-103.

Peterson, J.D. and Hsieh, C.H. 1997. Do common risk factors in the returns on stocks and bonds explain returns on REITs. Real Estate Economics 25:321-45.

Prahalad, C. K. and Hamel, G. 1994. Strategy as a field of study: Why search for a new paradigm?. Strategic management journal 15(S2): 5-16.

Ro, S.H. and Ziobrowski, A. 2011. Does Focus Really Matter? Specialized vs. Diversified REITs. The Journal of Real Estate Finance and Economics. 42. 68-83.

Rosen, K. 2001. Real estate investment trusts (REIT): A safe haven in volatile financial markets. Lend Lease Rosen. Research report, April. Berkeley, CA.

Roulac, S.E. 1988. How to value real estate securities. Journal of Portfolio Management 14:35-39.

Rafiqul, B. James, K. Nuriddin, I. and Charles, C. 2014. Optimal Portfolio Allocation among REITs, Stocks, and Long-Term Bonds: An Empirical Analysis of US Financial Markets. Journal of Mathematical Finance 4: 104-112.

Rubens, J.H. Bond, M.T. and Webb, J.R. 1989. The inflation-hedging effectiveness of real estate. Journal of Real Estate Research 4:45-55.

REITWatch, NAREIT, 2020. 6.

Sagalyn, L.B. 1990. Real estate risk and the business cycle: Evidence from security markets. Journal of Real Estate Research 5:204-19.

Sanders, A.B. 1998. The historical behavior of REIT returns. In Real estate investment trusts, ed. Richard T. Garrigan and John F.C. Parsons, 227-305. New York: McGraw-Hill.

Scott, L.O. 1990. Do prices reflect market fundamental in real estate markets?

Journal of Real Estate Finance and Economics 3:5-23.

Simpson, M.W. Ramchander, S. and Webb, J.R. 2007. The Asymmetric Response of Equity REIT Returns to Inflation. The Journal of Real Estate Finance and Economics 34: 513-529.

Smith, K.V. and Shulman, D. 1976. The performance of equity real estate investment trusts. Financial Analysts Journal 32:61-66.

Smith, K.V. 1980. Historical returns of real estate equity portfolios. The invesment manager's handbook, ed. Sumner Livine, 426-42. Homewood, Ill.: Dow Jones-Irwin.

Stevenson, S. 2002. An Examination of Volatility spillovers in REIT Returns. Journal of Real Estate Portfolio Management 8: 229-38.

Su, H.M. Huang, C.M. and Pai, T. Y. 2010. The Hybrid Characteristic of REIT Returns: Evidence from Japanese and U.S. States Markets. Journal of Real Estate Literature 18(1): 77-88.

Swanson, Z. Theis, J. and Casey, K.M. 2002. REIT risk premium sensitivity and interest rates. The Journal of Real Estate Finance and Economics 24, forthcoming.

Swedroe, L. The Role of REITs in a Diversified Portfolio. 2017. 8. 21. https://www.advisorperspectives.com/articles/2017/08/21/the-role-of-reits-in-a-diversified-portfolio

Titman, S. and Warga, A. 1986. Riskj and the performance of real estate investment trusts: A multiple index approach. AREUEA Journal 14:414-31.

Wang, K. and Erickson, J. 1997. The stock performance of securitized real estate and master limited partnerships. Real Estate Economics 25:295-319.

Wang, Y.C. Hung, W.R. Nieh, C.C. Ou, H.K. and Chi, M. 2017. Integration between real estate market and stock market: Evidence from Taiwan. 2017 International Conference on Applied System Innovation (ICASI), Sapporo, Japan, 2017.5.

Wang, K. Erickson, J. Gau, G. and Chan, S. H. 1995. Market microstructure and real estate returns. Real Estate Economics 23:85-100.

West, T. Worthington, A.C. 2006. Macroeconomic risk factors in Australian commercial real estate, listed property trust and property sector stock returns: a comparative analysis using GARCH-M. Journal of Financial Management of Property and Construction 11(2): 21-31.

Xu, Y. Su, C.W. and Ortiz, J. 2019. Is gold a useful hedge against inflation across multiple time horizons, Empirical Economics, online 26 November.

Yobaccio, E. Rubens, J.H. and Ketcham, D.C. 1994. The inflation-hedging properties of risk assets: The case of REITs. Journal of Real Estate Research 10:279-95.

Yakob, N.A. McGown, C.B. 2019. The Effect of Portfolio Diversification for the Bursa Malaysia, Accounting and Finance Research, 8:4, 76-92. (https://www.researchgate.net/publication/335949480_The_Effect_of_Portfolio_Diversification_for_the_Bursa_Malaysia)

Yang, Y. and Yildirim, Y. 2011. Dynamic Correlations among Asset Classes: REIT and Stock Returns. The Journal of Real Estate Finance and Economics 44(3):298-318.

Zerbst, R.H. and Cambon, B.R. 1984. Real estate: Historical returns and risks. Journal of Porfolio Management 10:5-20.

제 9 장

리츠와
부동산 펀드

1 리츠와 펀드의 정의

2 부동산 펀드의 개요

3 부동산 펀드의 유형

4 부동산 펀드의 시장 규모

제 9 장 리츠와 부동산 펀드

1 리츠와 펀드의 정의

1) 리츠의 정의

리츠는 불특정 다수로부터 자금을 모아 부동산이나 모기지에 투자·관리·운용하여 얻은 수익을 투자가들에게 배분하는 부동산 간접투자상품으로 주식처럼 증권시장에서 거래된다. 리츠는 지분형 리츠, 모기지형 리츠, 혼합형 리츠 세 가지 유형이 있다. 지분형 리츠는 아파트, 사무실 건물, 쇼핑몰 및 호텔과 같은 부동산을 취득하여 소유하고 운영 관리하는 구조이다. 수익은 부동산을 소유하거나 지분을 보유한 부동산 임대에서 발생하는 임대수익과 매매차익에 따른 자본소득이다. 모기지형 리츠는 주택 및 상업용 모기지에 대출하는 구조이다. 수익은 부동산 매입 및 개발 자금으로 대출하거나 주택담보부증권(MBS)에 투자하여 얻어지는 이자수입이다. 하이브리드 리츠는 지분형과 모기지형 리츠의 결합된 구조이다. 리츠는 배당금을 지불한다. 미국세법(IRS: Internal Revenue Service)은 배당을 통해 과세대상 이익의 대부분을 주주들에게 지불하도록 규정하고 있다. 리츠가 과세대상 소득을 배당금으로 지불하는 경우는 법인 소득세를 지불하지 않는다. 리츠에 대해서는 앞에서 자세히 서술하였으므로 이하에서는 우리나라 펀드에 대하여 자세히 살펴보도록 한다.

2) 펀드의 정의

우리나라 「자본시장과 금융투자업에 관한 법률(이하 자본시장법이라 한다)」[1]에 의한 펀드의 정의는 '집합투자기구(collective investment scheme)'이다. 다수의 투자자로부터 자금을 집합(pooling)한다는 의미에서 '집합투자(collective investment)'라는 용어를 사용하였다.

'집합투자'란 2인 이상의 투자가에게 투자를 권유하여 모은 자금으로 재산적 가치가 있는 자산을 취득·운용·처분하여 얻은 수익을 투자가에게 배분하여 귀속시키는 것이다. 다만 자본시장 법에서는 집합투자 시 배제되는 사항[2]을 따로 두고 있다. 집합투자기구란 집합투자를 목적으로 투자신탁이나 투자익명조합의 집합투자업자 또는 투자회사, 투자유한회사, 투자합자회사, 투자유한책임회사 및 투자합자조합(이하 이 책에서 "투자회사 등"이라 한다) 등으로 구분 할 수 있으며 일반적으로 펀드라 부른다. 펀드란 원래 기금, 자금이라는 뜻으로 사용되는 용어이지만 자본시장법에서는 자금운용전문기관이 불특정다수로부터 자금을 모아 부동산, 리츠, 증권 등에 투자 운용하여 수익금을 투자자에게 나누어주는 제도의 의미로 사용된다.

자본시장법(제183조제1항)에서 펀드는 그 상호 또는 명칭 중에 집합투자기구의 종류를 표시하는 문자(증권·부동산·특별자산·혼합자산 및 단기금융 등)를 사용하여야 한다. 또한 동법(제183조제2항)에서 집합투자기구가 아닌 자는 "집합투자", "간접투자", "투자신탁", "투자회사", "투자유한회사", "투자합자회사", "경영참여형 사모집합투자기구", "투자유한책임회사", "투자합자조합", "투자익명조합", 그 밖에 이와 유사한 명칭을 사용하여서는 아니 된다고 규정하고 있다. 이처럼 펀드의 종류와 그 명칭을 사용하도록 하여 투자자를 보호하기 위해 자본시장의 공정성·신뢰성 및 효율성을 높여 금융투자업을 건전하게 육성할 수 있도록 하였다.

---

1) 자본시장과 금융투자업에 관한 법률은 2009. 2. 4일 제정되어 2020. 4. 1일 개정된 법률에 따르면 자본시장법은 자본시장에서의 금융혁신과 공정한 경쟁을 촉진하고 투자자를 보호하며 금융투자업을 건전하게 육성함으로써 자본시장의 공정성·신뢰성 및 효율성을 높여 국민경제의 발전에 이바지함을 목적으로 하기 위해 제정되었다.

2) 집합투자의 적용이 배제되는 경우(시행령 제6조제1항)는 다음과 같다.
  ① 「부동산투자회사법」, 「선박투자회사법」, 「문화산업진흥 기본법」, 「산업발전법」, 「중소기업창업 지원법」, 「여신전문금융업법」, 「벤처기업육성에 관한 특별조치법」, 「소재·부품·장비산업 경쟁력강화를 위한 특별조치법」,
  「농림수산식품투자조합 결성 및 운용에 관한 법률」 등에 따라 사모의 방법으로 자금을 모아 투자·운용 수익을 배분하는 하는 것으로 투자자의 총수가 49인 이하인 경우
  ② 「자산유동화에 관한 법률」 제3조의 자산유동화의 계획에 따라 금전 등을 모안 투자·운용 수익를 배분하는 경우

3) 펀드의 연혁

세계 최초의 펀드는 1868년 설립된 영국의 'Foreign and Clonial Govermment Trus'이다. 이 펀드는 오늘날의 단위형 신탁과 유사한 것으로 주로 국채에 투자하여 수익을 투자가들에게 배분하는 펀드이다. 우리나라의 최초 펀드는 1970년 5월 20일 한국투자개발공사가 1억 원 규모로 설정한 '안정성장 증권투자신탁 1월호'이다. 공사채형 펀드를 주로 운용하였으며, 어느 정도의 자금을 예치시켰을 경우 은행 정기예금 금리보다 높은 이율을 지급하는 확정형 성격의 금융상품이다. 1975년 한국투자신탁이 '안정성장 주식투자신탁 5월호'를 출시하면서 본격적인 주식형 펀드의 시대가 열렸다.

1980년대 초 오일쇼크로 일시적 부침을 겪은 후 금리인하에 따른 공사채형 펀드의 수익률 저하와 주식시장의 급성장은 주식형 펀드가 성장할 수 있는 토대를 제공하였다. 1990년대 후반 IMF 외환위기 후 1999년 현대투자신탁의 '바이코리아 펀드'는 괄목할만한 투자 열풍을 불러일으키며 펀드에 대한 투자자들을 끌어 모으는 모멘텀이 되었다. 증권과 채권으로부터 시작된 펀드의 관심 고조는 2004년 1월 「간접투자자산운용업법」 제정으로 '부동산 간접투자기구(부동산 펀드)'가 도입되어 국내에도 부동산 펀드시장이 열리게 되었다. 「자본시장과 금융투자업에 관한 법률」이 2010년 2월 제정으로 부동산 펀드가 자본시장법에 명문화하여 부동산 펀드의 시장이 활성화 되고 있다.[3]

4) 펀드의 종류

펀드의 종류를 운용대상과 모집방법에 따라 분류할 수 있다. 우선 운용대상에 따른 종류를 자본시장법 제229조에서는 아래와 같이 구분하고 있다.

(1) 집합투자재산의 운용대상에 따른 종류

① 증권펀드: 집합투자재산의 100분의 40 이상으로서 대통령령으로 정하는 비율을 초과(50%)하여 증권에 투자하는 펀드

---

3) 펀드의 역사, 2019. 6.24. https://blog.naver.com/leewh816/221569664289

② 부동산 펀드: 집합투자재산의 100분의 40 이상으로서 대통령령으로 정하는 비율을 초과(50%)하여 부동산(부동산을 기초자산으로 한 파생상품, 부동산 개발과 관련된 법인에 대한 대출, 그밖에 대통령령으로 정하는 방법으로 부동산 및 대통령령으로 정하는 부동산과 관련된 증권에 투자하는 경우를 포함한다)에 투자하는 펀드

③ 특별자산펀드: 집합투자재산의 100분의 40 이상으로서 대통령령으로 정하는 비율을 초과(50%)하여 특별자산(증권 및 부동산을 제외한 투자대상 자산을 말한다)에 투자하는 펀드

④ 혼합자산펀드: 집합투자재산을 운용함에 있어서 증권, 부동산 및 부동산관련 파생상품, 특별자산펀드 규정의 제한을 받지 아니하는 펀드

⑤ 단기금융펀드: 집합투자재산 전부를 대통령령으로 정하는 단기금융상품에 투자하는 펀드로서 대통령령으로 정하는 방법으로 운용되는 펀드

(2) 펀드의 모집 방법에 따른 종류

펀드는 모집 방법에 따라 공모펀드와 사모펀드로 나눈다. 자본시장법에 따르면 펀드 가입 고객수가 50인 이상이면 공모펀드라 하고, 49인 이하이면 사모펀드라고 규정하고 있다(시행령 제11조, 제14조). 공모펀드는 신문·방송·잡지·안내문·홍보전단 등 메스 미디어 방법 등을 통하여 불특정 다수로부터 공개 모집 또는 매출의 방식으로 자금을 모집하는 형태를 말한다. 사모펀드는 자금을 모집 혹은 매출함에 있어서 공개적인 방법에 의한 것이 아닌 개별적인 증권의 청약 권면에 의하여 모집하는 형태를 말한다. 사모펀드는 공모펀드에 비하여 규제가 적고 상장의 의무가 없고 설립방식이 간단하다. 공모펀드는 고객이 증권 청약 시 투자설명서, 간이투자설명서, 집합투자규약 등을 투명하게 확인 할 수 있어 투자의 안전성이 높다. 반면, 사모펀드는 소수의 투자가나 기관투자가들을 대상으로 충분한 정보에 기초하지 않는 상태에서 자금이 모집되어 위험성이 높은 단점이 있다.

2 부동산 펀드의 개요

1) 부동산 펀드의 정의

부동산 펀드의 일반적 개념은 불특정 다수로부터 자금을 모아 부동산, 리츠, 부동산 관련 주식 또는 이 둘의 조합에 투자하는 부동산 간접투자상품이다. 우리나라 자본시장법(제229조제1항)에 의한 부동산 펀드의 정의는 집합투자자산의 100분의 40 이상으로서 대통령령으로 정하는 비율(100분의 50)을 초과하여 부동산[4]에 투자하는 펀드라고 정의하고 있다. 부동산 펀드는 불특정다수로부터 자금을 모아 부동산 및 부동산 관련 상품에 투자·운용·관리하여 얻은 수익을 투자가들에게 배분해주는 부동산 간접투자상품이다. 협의의 부동산 펀드는 자본시장법에서 정의하는 것으로 한정할 수 있으나, 광의의 부동산 펀드는 다수로부터 자금을 모아 부동산 등에 투자하여 수익을 배분한다는 측면에서 부동산투자회사(REITs) 등도 포함된다. 부동산 펀드의 구조는 [그림 9-1]과 같다.

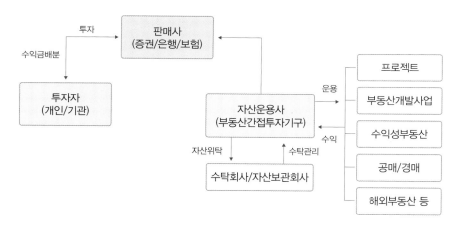

[그림 9-1] 부동산 펀드 구조

---

4) 부동산을 기초자산으로 한 파생상품, 부동산 개발과 관련된 법인에 대한 대출, 그 밖에 대통령령으로 정하는 방법으로 부동산 및 대통령령으로 정하는 부동산과 관련된 증권에 투자하는 경우를 포함한다(령제240조제1항).

우리나라의 부동산 펀드의 도입은 IMF 외환위기 이후 기업의 구조조정과 경기활성화를 위한 수단으로 2004년 1월 「간접투자자산운용업법」 제정으로 '부동산 간접투자기구(부동산 펀드)'가 도입되어 국내 부동산 펀드시장이 열리게 되었다. 이후 2010년 2월 「자본시장과 금융투자업에 관한 법률」 도입으로 간접투자자산운용업법상의 특례에 해당되는 부동산 펀드까지 자본시장법에 명문화하여 부동산 펀드를 정의하고 있다.

2) 리츠와 부동산 펀드의 차이

리츠와 부동산 펀드의 차이는 리츠는 증권시장에 상장되어 거래되지만 부동산 펀드는 증권 시장에 거래되지 않는다는 측면에서 차이가 있고, 리츠와 부동산 펀드 포토폴리오 분산화 (portfolio diversification)를 제공한다는 측면에서 공통점이 있다. 부동산 펀드는 투자자에게 단기 수입을 제공하는 데 초점을 맞추지 않고 장기 투자자에게 더 적합하다. 또한 일부 부동산 펀드도 배당 수입을 리츠처럼 제공하지만 펀드가 보유한 자산을 매각할 때까지 수익을 얻기가 어렵다.

3) 부동산 펀드의 투자대상

부동산 펀드는 펀드 자산의 100분의 50을 초과하여 부동산 및 부동산 관련 자산에 투자해야 하며, 나머지는 증권 및 특별자산에도 투자하는 것을 허용하고 있다. 또한 투자자 보호를 위해 자산 운용의 제한을 두고 있다.

(1) 부동산

자본시장법상에 별도의 규정을 두고 있지 않아 민법상의 토지와 그 정착물을 부동산이라 한다.

(2) 부동산을 기초자산으로 한 파생상품

부동산이나 리츠, 부동산 펀드, 주택저당증권(MBS), 부동산지수 등을 기초자산으로 발행된 상품을 말한다.

(3) 부동산개발과 관련된 법인에 대한 대출

(4) 대통령령이 정하는 100분의 50% 이상을 투자한 신탁재산, 집합투자증권, 유동화 증권 등

① 부동산
② 부동산 관련 권리(지역권, 지상권, 전세권, 임차권, 분양권 등)
③ 부동산투자회사가 발행한 증권
④ 부동산개발회사가 발행한 증권
⑤ 부동산관련 자산에 기초한 가액의 100분의 70 이상 유동화 증권
　　주택저당채권담보부채권(MBB: Mortgage-Backed Bond)[5], 주택저당증권(MBS: Mortgage-Backed Security) 등행된 상품을 말한다.

(5) 대통령령으로 정하는 방법으로 부동산에 투자

부동산의 개발, 부동산 임대, 부동산관리 및 개량, 「기업구조조정촉진법」 상의 채권금융기관이 보유한 금전채권 등

(6) 증권 및 특별자산

채무증권(국채, 지방채, 특수채, 기업어음증권, 지급청구권), 지분증권, 수익증권, 증권예탁증권, 특별자산(일반상품, 선박, 항공기, 미술품, 어업권, 광업) 등이 투자대상이다.

4) 부동산 펀드의 운용제한

부동산 펀드는 투자자 보호차원에서 자산 취득과 부동산 처분에 제한을 두고 있다. 부동산을 국내에서 취득한 경우는 3년 이내 처분을 못하도록 하고 있으며, 국외에서 취득한 부동산은 집합투자규약에서 정한 기간이내에는 처분을 못하도록 하고 있다. 다만, 부동산개

---

5) MBS와 달리, 주택저당채권을 담보로 하여 발행하는 채권이 MBB이다.

발 사업에서 토지, 건축물 등을 분양하는 경우와 부동산집합투자기구 간의 합병, 해지, 해산이 되는 경우는 예외로 하고 있다. 부동산개발 사업을 목적으로 취득한 토지는 시행하기 전에는 해당 토지 처분을 할 수 없으나, 부동산 펀드 간의 합병, 해산되는 경우에는 관련 법령의 변경으로 사업성이 크게 떨어져 사업수행이 곤란한 경우는 예외로 한다. 증권과 파생상품도 각 관련법령에 따라 운용제한을 두고 있다. 또한 각 펀드에 속하는 증권총액의 100분의 50을 초과하여 환매조건부매도를 금지하고 있으며, 각 펀드에 속하는 증권의 100분의 50을 초과하여 대여금지, 각 펀드의 자산총액의 100분의 20을 초과하여 증권차입을 못하도록 하고 있다.

3 부동산 펀드의 유형

자본시장법 제188조 이하에서 부동산 펀드의 유형을 신탁형 부동산 펀드, 회사형 부동산 펀드, 유한회사형 부동산 펀드, 합작회사형 부동산 펀드, 조합형 부동산 펀드, 익명 조합형 부동산 펀드 등으로 분류하고 있다.

1) 신탁형 부동산 펀드

신탁형 부동산 펀드는 집합투자업자, 신탁자, 투자자간에 신탁계약(집합투자계약)에 의해 이루어지며, 집합투자업자는 부동산신탁을 설정하는 경우 신탁계약서에 의하여 신탁업자와 신탁계약을 체결하고 신탁계약서에 정한 신탁원본 전액을 금전으로 납입하여야 한다. 또한 신탁업자는 집합투자업자인 위탁자가 신탁한 자산을 투자·운용함에 있어서 집합투자업자의 지시에 따라야 한다. 부동산투자신탁을 설정한 집합투자업자는 투자신탁의 수익권을 균등하게 분할하여 수익증권을 발행해야 하며, 수익자는 신탁원본의 상환 및 이익의 분배 등에 관하여 수익증권의 좌수에 따라 균등한 권리를 가진다. 부동산투자신탁의 총회는 부동산투자신탁을 설정한 집합투자업자가 소집하며, 부동산투자신탁에는 투자신탁에는 전체 수익자로 구성되는 수익자총회를 두며, 수익자총회는 이 법 또는 신탁계약에서 정한 사항에 대하여만 결의할 수 있다.

2) 회사형 부동산 펀드

회사형 부동산 펀드는 상법에 따른 주식회사 형태의 부동산투자회사이다. 여기서 말하는 부동산투자회사는 부동산투자회사법에서 정의하는 부동산투자회사와 다르다. 부동산투자회사의 설립은 회사명, 목적, 발행할 주식의 총수, 주주보호 사항 등을 기재한 정관을 작성하여 발기인 전원이 기명날인 또는 서명하여야 한다. 부동산투자회사의 주주총회는 이사회가 소집하며, 주주총회는 출석한 주주의 의결권의 과반수와 발행주식 총수의 4분의 1 이상의 수로 결의한다. 다만, 이 법에서 정한 주주총회의 결의사항 외에 집합투자규약으로 정한 주주총회의 결의사항에 대하여는 출석한 주주의 의결권의 과반수와 발행주식 총수의 5분의 1 이상의 수로 결의할 수 있다.

3) 유한회사형 부동산 펀드

유한회사형 부동산 펀드는 상법에 따른 주식회사 형태의 부동산투자회사이다. 상법상의 유한회사는 집합투자업자가 정관을 작성하여 설립등기 함으로 설립된다. 유한회사는 상법상 회사의 하나로 사원이 회사에 출자한 출자금액 한도 내에서 책임을 지는 형태이다. 따라서 회사채권자에 대하여 어떤 책임도 지지 않는 유한책임을 지는 회사 형태이다. 부동산투자유한회사의 사원총회는 법인이사가 소집하고, 부동산투자유한회사의 사원총회는 출석한 사원의 의결권의 과반수와 발행된 지분증권 총수의 4분의 1 이상의 수로 결의한다. 다만, 이 법에서 정한 사원총회의 결의사항 외에 정관으로 정한 사원총회의 결의사항에 대하여는 출석한 사원의 의결권의 과반수와 발행된 지분증권총수의 5분의 1 이상의 수로 결의할 수 있다. 부동산투자회사의 사원은 지분 증권의 수에 따라 출자금의 반환 및 이익을 분배 받을 수 있는 권리를 가진다.

4) 합자회사형 부동산 펀드

합자회사형 부동산 펀드는 상법에 따른 합자회사 형태의 부동산투자합자회사이다. 상법상의 합자회사는 무한책임사원 1인과 유한책임사원 1인이 정관을 작성하여 설립등기 함으로써 설립된다. 부동산투자합자회사는 업무집행사원 1인 외의 무한책임사원을 둘 수 없고, 이 경우 업무집행사원은 집합투자업자이어야 한다. 부동산투자합자회사의 사원총회는 업무집행사원이 소집하며, 사원총회는 출석한 사원의 의결권의 과반수와 발행된 지분증권 총수의 4분의 1 이상의 수로 결의한다. 다만, 이 법에서 정한 사원총회의 결의사항 외에 정관으로 정한 사원총회의 결의사항에 대하여는 출석한 사원의 의결권의 과반수와 발행된 지분증권총수의 5분의 1 이상의 수로 결의할 수 있다. 부동산투자합자회사의 유한책임사원은 투자합자회사의 채무에 대하여 출자를 이행한 금액을 한도로 하여 책임을 진다. 부동산투자합자회사는 정관이 정하는 바에 따라 이익을 배당함에 있어서 무한책임사원과 유한책임사원의 배당률 또는 배당순서 등을 달리 정할 수 있다. 부동산투자합자회사는 손실을 배분함에 있어서 무한책임사원과 유한책임사원의 배분율 또는 배분순서 등을 달리 하여서는 아니 된다.

5) 조합형 부동산 펀드

조합형 부동산 펀드는 민법에 따른 부동산투자조합 형태이다. 조합은 민법상 2인 이상이 상호출자 하여 공동의 사업을 영위할 목적으로 구성된 계약이다. 조합형 부동산 펀드는 부동산투자조합의 채무에 대하여 무한책임을 지는 집합투자업자인 업무집행조합원 1인과 출자액을 한도로 하여 유한책임을 지는 유한책임조합원으로 구성된다. 부동산투자조합의 조합원총회는 업무집행조합원이 소집하며, 조합원총회는 출석한 조합원의 의결권의 과반수와 발행된 지분증권 총수의 4분의 1 이상의 수로 결의한다. 다만, 이 법에서 정한 조합원총회의 결의사항 외에 조합계약으로 정한 조합원총회의 결의사항에 대하여는 출석한 조합원의 의결권의 과반수와 발행된 지분증권 총수의 5분의 1 이상의 수로 결의할 수 있다. 부동산투자합자조합은 조합계약으로 정하는 바에 따라 이익을 배당함에 있어서 무한책임조합원과 유한책임조합원의 배당률 또는 배당순서 등을 달리 정할 수 있다. 부동산투자합자조합은 손실을 배분함에 있어서 무한책임조합원과 유한책임조합원의 배분율 또는 배분순서 등을 달리 하여서는 아니 된다.

6) 익명 조합형 부동산 펀드

익명 조합형 부동산 펀드는 상법에 따른 부동산투자익명조합 형태이다. 상법상 익명조합은 당사자의 일방이 상대방의 영업을 위하여 출자하고 상대방은 그 영업으로 이익을 분배할 것을 약정함으로써 그 효력이 생긴다(상법78조). 익명조합은 무한책임을 지는 영업자와 유한책임을 지는 익명의 조합원으로 구성되며, 대외적으로 영업자(상인)의 영업만이 외부에 나타날 뿐 익명조합원은 그 뒤에 숨겨져 영업에 관한 권한은 갖지 못한다. 부동산투자익명조합은 집합투자업자인 영업자 1인이 운용한다. 부동산투자익명조합에 익명조합원 전원으로 구성되는 익명조합원총회를 두며, 익명조합원총회는 이 법 또는 익명조합계약에서 정한 사항에 대하여만 결의할 수 있다. 부동산투자익명조합의 익명조합원총회는 영업자가 소집하며, 부동산투자익명조합의 익명조합원총회는 출석한 익명조합원의 의결권의 과반수와 발행된 지분증권 총수의 4분의 1 이상의 수로 결의한다. 다만, 이 법에서 정한 익명조합원총회의 결의사항 외에 익명조합계약으로 정한 익명조합원총회의 결의사항에 대하여는 출석한 익명조합원의 의결권의 과반수와 발행된 지분증권 총수의 5분의 1 이상의 수로 결의할 수 있다. 부동산익명투자조합의 사원은 지분 증권의 수에 따라 출자금액의 반환 및 이익의 권리를 가진다.

7) 부동산 사모펀드

사모부동산 펀드는 투자자의 총수가 49인 이하인 부동산 사모투자 전문회사이다. 부동산 사모투자 전문회사는 지분증권을 사모로만 발행하고 금융위원회 부동산 사모투자전문회사로 등록하여 설립된다. 사모의 방법으로 자금을 모아 부동산 및 부동산 등에 투자·운용하여 운용기간 중 수익을 배분함과 동시에 운용 종료 후 부동산 및 부동산 등을 매각하여 투자금을 회수하는 부동산 사모투자 전문회사로써 자본시장법의 집합투자에 관한 규정이 배제된다. 사모펀드에 대해서는 별도의 특례 규정을 두고 있다.

부동산 펀드의 시장 규모

우리나라의 부동산 펀드의 시장규모는 2005년 1조 4천억 원 수탁고 성과를 달성한 후 2020년 4월 17일 현재 총 펀드 수는 14,757개 이며, 부동산 펀드 설정액은 102조 원이고, 총 펀드 설정액 중에서 14.9% 점유를 차지하고 있다.

〈표 9-1〉 펀드 유형별 설정액

(단위: 조 원)

펀드유형	부동산	증권	단기금융	파생상품	특별자산	혼합자산	합계
설정액	102	253	141	53	96	38	683
펀드수	2,004	6,407	140	2,021	1,422	2,763	14,757
점유율(%)	14.9	37.0	20.6	7.8	14.1	5.6	

자료: 금융투자협회

부동산 펀드의 설정액 시계열 추이는 2004년 말 0.9조원에서 2019년에는 98.3조원으로 15년 만에 약 100배 가까운 성장세를 시현하였고, 특히 2015년 34.9조원에서 2019년 98.3조원으로 불과 4년 만에 3배 정도 급격한 성장세를 〈표 9-2〉에서 확인 할 수 있다.

〈표 9-2〉 부동산 및 증권 펀드 설정액 시계열 추이

(단위: 조 원)

구분	2001	2002	2003	2004	2005	2006	2007	2008	2009	2010
부동산	0	0	0	0.9	2.6	4	6.8	8.4	11.2	14
증권	120.3	125.4	103	121.1	123.4	152.8	214.4	222.4	215.9	199.4

구분	2011	2012	2013	2014	2015	2016	2017	2018	2019	비고
부동산	16.4	19.9	24.2	29.6	34.9	45.6	59.8	75.5	98.3	
증권	186.9	179.5	184.7	199.7	217.9	227.9	225.4	241.5	263.9	

자료: 금융투자협회

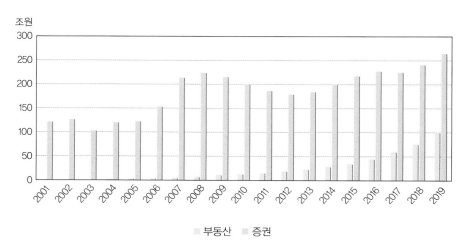

[그림 9-2] 펀드 설정액 시계열 추이

부동산 펀드의 판매형태는 2005년 도입 초기에는 공모방식이 6,732억 원, 사모방식이 2,844
억 원으로 공모방식이 70.3%, 사모방식이 29.7% 이었으나 2020년 2월 28일 기준 공모방식이
11,181억 원으로 1.2%, 사모방식이 956,310억 원으로 98.8%로 절대 우위를 점유하고 있음
을 〈표 9-3〉에서 볼 수 있다.

〈표 9-3〉 부동산 펀드 판매형태

(단위: 억 원)

구분	2005.2		2010.2		2015.2		2020.2	
	금액	%	금액	%	금액	%	금액	%
공모	2,844	29.7	6,866	6.1	9,703	3.2	11,181	1.2
사모	6,732	29.7	105,138	93.4	295,430	96.8	956,310	98.8
합계	9,576		112,004		305,133		967,491	

자료: 금융투자협회

부동산 펀드가 사모방식 판매형태로 급격한 증가를 보인 것은 앞에서 서술한바와 같이 사
모방식이 펀드를 판매하기가 비교적 용이하고 시장의 규제를 덜 받기 때문이다. 따라서 앞
으로도 공모방식 보다는 사모방식의 부동산 펀드가 성장할 것으로 전망된다.

참고문헌

김병우 · 이동훈. 2015. 부동산금융론, 두남.

자본시장과 금융투자업에 관한 법률(약칭: 자본시장법), 2020. 4. 1. 시행

자본시장과 금융투자업에 관한 법률 시행령(약칭: 자본시장법 시행령), 2020. 4. 1. 시행

펀드의 역사, 2019. 6. 24.

https://blog.naver.com/leewh816/221569664289

금융투자협회, http://www.kofia.or.kr

한국펀드평가, http://www.kfr.co.kr/

우리나라 리츠
(K-REITs)

1 우리나라 리츠의 도입 배경

2 우리나라 리츠의 개요

3 우리나라 리츠 현황

4 부동산산업에서 리츠의 역할

제 10 장 우리나라 리츠(K-REITs)

1 우리나라 리츠의 도입 배경

1) IMF 경제위기

(1) 당시의 부동산시장

IMF 경제위기는 1997년 12월 3일 우리나라가 국제통화기금(IMF)에 대외채무 상환을 위한 구제 금융을 요청하면서 발생하였다. 우리나라는 수출중심 산업 국가이다. 수출을 위해 부존자원이 없는 우리나라는 외국에서 원유를 비롯한 대부분의 원자재를 수입해야만 했다. 원자재 대금을 결재해야만 하는 상황에서 당시 우리나라 외환보유액이 고작 39억 달러로 급감했고, 급기야 IMF에 195억 달러 구제 금융을 받아 간신히 국가부도 사태를 면했다.

IMF 경제위기의 원인은 기업의 과도한 해외 단기 차입금 확대와 고비용 저효율성에 기반한 재벌기업의 문어발식 기업 확장, 정부의 외환관리 정책의 실패와 경제인들의 도덕적 해이(moral hazard)였다. 또한 1997년 7월 타이의 밧화 폭락, 8월 인도네시아 루피아화 폭락 등 아시아 주변국들의 외환시장 불안정 속에서 환율 방어를 하면서 외환보유고는 감소하기 시작했고, 나아가 외국 투자가들은 투자자금을 인출하였다. 따라서 우리나라의 외환보유고는 급격히 소진했고, 만기가 도래하는 해외차입금의 규모가 점차 증가하면서 차입금 상환의 허들을 넘지 못하자 외환위기가 전 경제를 강타하였다. IMF의 경제충격 쓰나미는 우리 경제에 크나큰 뼈아픈 교훈을 남겼고, 부동산시장도 무임승차로 범람의 강을 건널 수는 없었다.

IMF 경제위기로 기업이나 금융기관은 보유한 부동산을 처분하여 유동성을 확보하는 것이

급선무였다. 기업은 불요불급한 부동산을 처분하여 금융기관이나 대외채무를 상환할 자금 마련이 절실하였고, 금융기관 또한 대출 채권으로 보유한 부동산을 처분할 마땅한 수요처 가 없었다. 당시 부동산시장의 구조는 실물을 사고파는 자산시장 위주의 시장이었다. 부동산은 고가성, 불분활성, 저유동성, 장기성, 지역성, 저환금성 등의 특성 때문에 유통과정이 복잡하고 시간과 비용이 많이 소요된다. 부동산을 현금흐름의 자산으로 인식하기보다는 소유의 관념으로 강한 애착을 가지고 있었다. 이런 부동산의 특성과 부동산에 대한 진부한 인식은 부동산 거래를 더욱 어렵게 하는 요인으로 작용하게 되었다.

많은 회사들이 부도 및 경영 위기에 직면하였고, 이 과정에서 대량 해고와 경기 악화, 주식시장이 폭락하면서 부동산시장에 부동산의 공급은 넘쳐났지만 수요세력이 실종되어 부동산가격은 폭락하였고 유동성을 확보할 마땅한 대안이 없자 경제위기의 불안감은 더 깊어만 갔다. 정부는 경제위기를 신속히 극복하고 부동산경기 활성화를 위해 기업과 금융기관이 보유하고 있는 부동산을 효율적으로 처분할 수 있는 지원제도 도입이 절실히 필요하게 되었다.

IMF 구제 금융을 신청하면서 정부는 기업의 생존을 위해 강도 높은 자구책을 요구하였고 외국인의 부동산 취득을 사전거래 허가에서 사후신고제로 완화하였다. BIS 기준에 미치지 못하는 은행, 보험사, 종합금융사 등에 대해서는 강력한 퇴출을 강요받았다. 그러자 이들이 보유한 부동산을 시장에 헐값에 내놓으면서 부동산 공급은 넘쳐나지만 수요세력이 없어 경제회복이 지연된다는 우려의 목소리가 높아졌다. 정부는 더 이상 지체할 수 없어 금융시장 안정 및 금융 산업 구조조정을 위한 환율 변동 폭 확대, 부실채권정리기금, 부실금융기관의 조속한 정리를 위해 1997년 12월 자본시장을 전면 개방하였다. 이제 기업이나 금융기관은 흑자도산을 막고자 보유하고 있는 부동산을 매각할 수밖에 없는 상황에 직면하게 되었다. 우리나라의 알짜배기 부동산들이 헐값에 외국인들의 수중에 넘어가면서 국부유출이라는 문제가 제기되었다. 뿐만 아니라 경기가 회복되면 사무실과 공장부지가 필요하게 되는데 외국인에 넘어간 부동산을 되사온다는 것은 기업의 경쟁력을 그 만큼 약화시킨다는 우려가 현실의 문제로 제기되었다.

(2) 건전한 부동산시장 육성

정부는 IMF 이후 부동산시장 붕괴로 시장의 기능이 제대로 작동하지 않자 부동산시장의 안정화와 활성화라는 두 가지 과제를 해결하고자 다각적인 정책을 추진하였다. 부동산시장의 수급의 불균형을 해소하는 차원에서 부동산거래에 여러 장애요소로 작용했던 규제와 세제들을 가감이 완화내지 제거하였고, 자본이 부동산시장으로 흘러갈 수 있도록 제도적 장치를 도입하였다.

1986년 아세안 게임과 1988년 올림픽을 치루면서 우리나라의 위상이 급격히 높아지면서 국내외 기업환경이 호전되었고 높은 경제 성장에 유발하여 토지 수요도 크게 늘어났다. 전국적으로 토지 개발이 이루어지고 투기의 열풍이 불자 투기수요를 원천적으로 차단한다는 취지로 토지공개념인 택지소유상한에 관한 법률, 토지초과이득세법, 개발이익환수에 관한 법률을 1989년 도입하였다. 택지소유상한제는 개발촉진과 일부에게 부가 편중되는 것을 막기 위해 서울을 비롯한 6개 시에서 1가구당 200평 이상의 택지를 취득 시 허가를 받도록 하는 제도였다. 그러나 사유재산권 침해 문제로 위헌결정이 내려져 1998년도 말에 폐지되었다. 토지초과이득세는 개인의 유휴 토지나 법인의 비업무용 토지가 가격상승으로 이득을 볼 때 가격 상승분의 일부를 세금으로 환수한다는 것이다. 이 역시 미 실현이익에 세금을 부과한 것으로 사유재산권 보장 취지에 반하여 1994년 헌법불합치 판정을 받았다. 개발이익환수제는 택지개발, 재건축개발, 도시개발 등의 개발로 상승한 토지가격 중 정상적인 지가 상승분을 제외한 초가 상승분의 25%를 개발 부담금 명목으로 환수한다는 것이나 1998년 위헌 판정을 받고 폐지되었다.

토지거래 허가구역은 토지가격이 급격히 증가할 우려가 있거나 투기를 방지하고자 1979년 도입되어 전 국토의 30% 이상을 차지하였으나, 이를 해제하여 지자체의 허가 없이 자유롭게 사고 팔 수 있게 하여 거래의 활성화를 도모하였다. 또한 국토이용관리법을 개정하여 토지거래에 장애요인으로 작용했던 토지거래신고제, 유휴지제도, 토지거래 허가구역내사후신고제 등을 폐지하였다.

외국인토지법을 개정하여 국내에 거주하는 외국인이 토지 취득을 자유롭게 거래 할 수 있도록 하였다. IMF 외환위기 전까지는 외국인이 토지를 취득하는 경우 사전에 허가를 받도록 하여 부동산 거래를 어렵게 하였다. 그러나 IMF 외환위기 이후 외국인의 토지 취득을 신고제로 전환하였다. 이러한 전향적인 일련의 조치들은 당시 부동산시장에 부족한 수요를 확충하여 거래를 활성화시키는데 촉진제가 되었다. 이로 인하여 외국인의 토지 취득은 아래 [그림 10-1]과 같이 급격히 증가하였다. 외국인의 토지취득은 2002년에 142,867㎡ 였으나 2019년에 244,783㎡로 불과 17년 만에 71%로 늘어났다. 이는 전국토면적의 0.24%에 해당한다.

또한, 신속한 기업구조조정과 금융기관의 부실채권을 정리하고자 한국토지공사와 한국자산관리공사를 통하여 집중적으로 부동산을 매입함으로 부족한 수요기반을 넓힐 수 있었다. 한국토지공사는 기업의 구조조정을 신속히 지원하기 위해 채권 발행 재원으로 1,300건에 3조 6천억 원어치 토지를 매입하기로 하였으나, 5차에 817건에 2조 6천억 원어치의 부동산을 매입하여 유동성 흐름을 크게 개선시켰다. 한국자산관리공사는 1962년 산업은행 산하의 '성업공사'로 출범하였으나, IMF 외환위기를 맞아 1997년 11월 금융기관의 부실채권 및 부실 징후기업의 효율적 처리를 위한 배드뱅크(Bad Bank, 부실채권 전담은행) 체재로 전환하여 2000년 한국자산관리공사로 사명을 변경하였다. 한국자산관리의 주요업무는 금융회사 부실채권의 인수, 정리 및 기업구조조정업무, 구조조정기금 관리운용 업무, 체납조세정리 업무 등으로 금융기관의 부실채권을 정리하는 과정에서 부동산의 수요세력으로 큰 역할을 하였다.

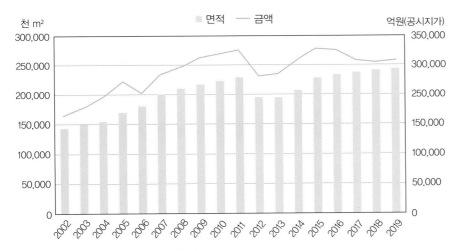

자료: 통계청 국가통계포털, 외국인토지소유

[그림 10-1] 통계청 국가통계포털, 외국인토지소유

그리고 부동산 거래를 원활히 하는데 장애요소인 세제·금융 규제들을 가감이 정비하였다. 무엇보다 법인이 기업구조조정을 위해 부동산양도 시 특별부가세를 면제하는 등 부동산 거래에 부과되는 여러 간접세를 면제하거나 완화하였다. 개인이나 기업의 비업무용 토지의 범위를 완화하거나 유예시켰다. 한시적으로 미분양·신축주택을 구입하여 5년 이내에 양도하더라도 양도세를 면제하고 취득세, 등록세를 25% 감면하여 부동산 거래를 원활하게 하였다. IMF이전에는 개인이 부동산을 취득할 시 자금조달에 많은 규제와 조건이 있었으나, 이를 폐지하여 부동산 매입에 대한 금융제한을 원천적으로 개선시켰다. 우리나라는 1997년 12월 IMF로부터 구제 금융을 받으면서 전 산업부문에 가혹한 구조조정을 실시하였다. 실물부문에서는 대기업의 부채비율 200% 유지정책과 채산성이 없는 유사한 기업들 간에 대규모 빅딜 등을 실시했고, 금융부문에서는 부실금융기관의 퇴출과 BIS 자기자본비율의 확보 등을 추진하였다. 또한 국내경제의 대외개방을 급속히 추진하였고 무엇보다 선진화된 부동산 유동화시장을 채택하였다.

〈표 10-1〉 IMF 이후 외국인 주요부동산 매입현황

투자자	부동산	매입금액(억 원)	연면적(평)	위치
론스타	현대I타워	6,600	64,580	역삼동
맥쿼리센트럴	극동빌딩	1,580	22,763	중구
푸르덴셜그룹	노스게이트타워	1,120	10,380	종로구
DEKA(독일)	서울증권빌딩	947	12,233	여의도
GIC RE	코오롱빌딩	830	8,918	무교동
GIC RE	서울파이낸스빌딩	3,550	36,193	세종로
GIC RE	아시아빌딩	490	9,989	회현동
GIC RE	현대상선빌딩	750	10,380	무교동
론스타	SKC증권빌딩	660	11,993	여의도
골드만삭스	은석빌딩	715	4,840	여의도
론스타	동양증권빌딩	649	8,477	여의도
도이치뱅크	HSBC빌딩	2,037	11,406	중구
모건스탠리	갑을빌딩	300	2,605	중구
SGS	한일은행(구)	1,230	13,036	서소문

자료: 빌딩정보, 문화일보, 2005.1.12., 외국자본, 오피스 뉴스, 2008.10.21.

(3) 부동산 유동화시장 추진

IMF 외환위기는 실물거래 중심의 부동산시장을 증권거래 중심의 부동산 유동화시장으로 패러다임을 전환 시켰다. 주택이나 토지 등의 실물을 사고파는 부동산시장에서 주택이나 토지 등의 부동산을 기초자산(underlying assets)으로 증권을 발행하여 주식시장에 상장거래시킴으로 써 부동산 거래의 큰 약점인 저유동성의 문제를 개선시켜 거래 활성화를 도모

하며, 수요기반을 대폭 확충할 수 있었다. IMF 외환위기는 부동산에 대한 인식과 부동산시장의 패러다임을 대 전환시켰다. IMF 외환위기 이전에는 개인이나 기업이 부동산을 취득하기 위해 은행으로부터 대출을 받을 수 있는 것은 극히 제한적으로 이루어졌다. 따라서 은행의 금전신탁은 부동산 거래, 개발 관련 여신이 거의 불가능하였다. 하지만 1998년 4월 신탁업법시행령을 개정하여 은행의 금전신탁 투자대상에 부동산이 포함되도록 하였다. 은행의 금전신탁 수탁금액의 100분의 70이상이 부동산의 취득, 거래, 개발, 부동산 관련 대출 및 증권에 투자 운용하는 경우, 이를 부동산투자신탁이라 부르며 부동산시장으로 자금이 흐르도록 하였다. 이로서 은행은 자금의 운용처가 늘어났고, 투자가들은 부족한 자금의 갈증을 한층 더 쉽게 해소할 수 있는 길이 열리게 되었다.

그러나 은행의 부동산투자신탁제도는 부동산의 특성인 고가성, 저유동성, 장기성, 전문성 등에 대한 충분한 검토 없이 도입되어 실질적으로 부동산시장에 자금이 원활하게 유입되기에는 한계가 있을 수밖에 없었다. 이를 극복하고자 정부는 1998년 8월에 자산유동화에 관한 법률을 제정하여 금융기관과 기업의 자금조달을 원활히 하여 구조조정을 신속히 하고 재무구조의 건전성을 높이고자 대출 및 매출채권 등을 보유하고 있는 자산을 쉽게 매각할 수 있도록 하였다. 즉, 유동화전문회사를 도입하여 자산보유자가 보유하고 있는 대출 및 매출채권 등을 유동화전문회사에 양도하고 유동화전문회사는 양도받은 자산을 기초자산으로 자산담보부증권(ABS: Asset Backed Security)을 발행하여 유통시킬 수 있도록 하였다. 뿐만 아니라 은행이 주택을 담보로 대출을 일으킨 대출채권을 유동화시 킬 수 있는 주택저당채권유동화회사법을 1999년 1월 제정하였다. 즉, 은행이 주택을 담보로 대출을 한 경우 은행은 한국주택금융공사에 대출채권을 양도하고, 한국주택금융공사는 다양한 대출채권을 풀(pooling)로 하여 대출채권의 특성과 신용도 등의 기준에 따라 주택담보부증권(MBS: Mortgage Backed Security)을 발행하여 유통시킬 수 있어 은행은 대출 채권을 조기에 회수 할 수 있어 재무건전성이 높아지고, 투자가들은 투자할 수 있는 상품 확대로 투자기회의 폭이 더 확대되었다.

그러나 이런 일련의 제도 개선으로 유동성은 크게 개선할 수 있으나 부동산 자체를 유동화시킬 수는 없었다. 그래서 정부는 기업의 구조조정을 신속히 하고, 경기의 활력을 불어넣고자 부동산 자체를 증권화 하여 유동화시킬 수 있는 부동산투자회사(REITs)법을 2001년 4월 도입하게 되었다.

〈표 10-2〉 IMF 이후 부동산시장 건전화 육성 정책

정책	구체적방안	시행방법	시행시기
토지거래허가 신고구역전면 해제	신고구역전면해제(37%) 허가구역대폭해제(33→3.3%) 허가구역완전해제	해제고시 해제고시 해제고시	1997년12월20일 1998년1월31일 1998년4월20일
토지거래 규제완화	토지거래 신고제도 폐지 유휴지제도 폐지 허가구역내 사후신고제 폐지	국토이용관리법개정 국토이용관리법개정 국토이용관리법개정	1999년2월8일 1999년2월8일 1999년2월8일
토지공개념 대폭완화	택지소유상한제 폐지 개발부담금 부과중지 토지초과이득세 폐지	택지소유상한에관한법률 폐지 개발이익환수에관한법률 개정 토지초과이득세제폐지	1998년9월19일 1998년9월19일 1998년12월28일
토지공사의 기업토지매입	1조 원(채권이율: 5%) 3.5조 원(채권이율 : Primerate)	매입추진(실적: 268억 원) 채권발행으로금융기관 부채 상환용 기업토지매입	1997년12월12일 -1998년4월13일 1998년4월30일 -1999년3월10일
부동산시장 대외개방	외국인의 토지취득제한 전면 폐지	외국인토지법 개정	1998년5월26일
세제 · 금융 지원	건물분양공급업 · 임대업개방 토지개발공급업 · 임대업개방 특별부가세 면제 법인세 · 취득세 감면 취득세 · 등록세 면제	외국인투자에관한규정개정 외국인투자에관한규정개정 조세특례제한법시행령개정 법인세법시행규칙 지방세법시행규칙 개정 조세특례제한법개정	1998년4월1일 1998년5월8일 1997년12월31일 1997년12월31일 1998년12월28일
부동산의 증권화	양도소득세율 인하(30~35% → 20~40%) 금융제한 폐지 부동산투자신탁 자산담보부증권(ABS) 주택저당증권(MBS,MBB)	소득세법 개정 금융기관여신운용규정 개정 신탁업법시행령 개정 자산유동화에관한 법률 제정 주택저당채권유동화 회사법 제정	1998년12월28일 1998년1월26일 1998년4월 1998년9월16일 1999년1월29일
부동산시장 활성화	부동산투자회사(REITs)	부동산투자회사법 제정 시행	2001년4월7일 2001년7월1일

자료: 우리나라 리츠 이론과 실무, 박상덕외7인, 형설출판사, 2001, p.12,

2) 부동산시장의 전문화 · 선진화

IMF 이전의 우리나라 부동산시장은 실물중심으로 거래가 이루어지면서 관행적으로 거래되었던 거래 방식이 부동산시장의 선진화에 걸림돌로 작용하였다. 우선, 부동산 거래 계약서 작성이 실거래가 중심으로 작성되는 것이 아니라 1990년 후반까지 내무부의 과세시가표준액을 중심으로 거래가 이루어 졌다. 따라서 부동산을 매도하는 사람은 양도세를 줄이기 위해, 사는 사람은 등록세와 취득세를 낮추기 위해 공공연히 이중계약서로 거래가 이루어졌다. 이를 개선하고자 1989년 4월 지가의 현실화 및 지가체계의 일원화를 위한 '공시지가' 제도를 도입하였다. 이는 그동안의 기준시가를 대신한다고 하여도 여전히 토지는 개별공시지가로, 건물은 내무부 지방과세시가 표준액 건물 분으로, 아파트·연립주택 등 국세청장이 지정한 지역은 국세청 기준시가로 세금이 부과되어 과세 형평성과 공평성에 문제가 제기될 수밖에 없다. 가격이 일원화 될 수 없었던 이유는 각 부동산별로 가격 산정의 논의된 합의가 없기 때문이다. 그러나 일관성과 통일된 가격기준이 없어 이원화된 과세표준의 산출방식은 과세 형평성에 어긋나며 실질과세 원칙과도 동떨어져 투명성과 객관성에는 여전히 거리가 멀었다. 관청에 신고하는 계약서상의 신고가격과 실거래 가격과의 차이는 부동산 거래의 불신과 부동산시장의 선진화에 역행하는 처사이다. 그래서 부동산시장의 거래 관행의 정상화가 절실히 요구되었다. 이런 사회적 요구를 받아들여 2006년 1월 1일부터 부동산거래 계약서 작성 시 실거래가 작성을 법제화하고 등기부등본에 의무적으로 기록하게 하였다.

부동산의 특성상 거래와 관련된 다양한 법체계, 부동산시장 흐름의 정확한 이해력 부족, 국내외 경기변동, 부동산 수급의 불일치, 인구 및 가구 구성의 변화, 정책변화에 따른 자율적 전략 결핍, 부동산을 둘러 싼 비즈니스 환경의 내·외적 요인들의 정보와 지식 결여로 일개 개인이 부동산시장에 진입하여 소득을 창출하기는 쉽지 않다. 부동산 거래는 매매당사자 외에는 실거래 가격을 알 수가 없다. 당연히 관리 감독의 체계는 사각지대로 놓일 수밖에 없고 거래의 투명성을 담보할 수 없게 되었다. 부동산 거래의 형평성과 투명성을 높여 부동산시장의 선진화에 대한 요구가 높아지자 선진국의 제도를 벤치마킹하여 도입한 것이 부동산증권화이다. 부동산 증권화는 부동산거래 관련 정보 공시를 의무화 하여 투자가들에게 투명하게 제공하는 것을 기반으로 한다.

부동산업은 진입장벽이 존재하여 겸업과 확장을 통한 시너지효과를 창출하기가 용이하지 않다. 부동산시장의 개방화와 글로벌화로 IT와 AI, 빅데이터를 활용한 경제흐름과 부동산시장의 경기흐름, 금융조달기법 등을 종합적으로 분석하여 능동적으로 부동산시장을 운용할 수 있는 우수한 전문인력을 육성할 필요성이 있다. 이런 사회적 수요에 부응하기 위해 체계적인 전문인력 양성 시스템을 구축할 필요성이 있다.

3) 부동산 소득 양극화 해소

인류의 생존은 토지로부터 시작되었다. 토지로부터 먹거리를 얻고 토지 위에 집을 건축하면서 살아 왔기에 토지에 대한 강한 애착은 지극히 자연스러운 것이다. 그래서 우리의 선조들은 "농자천하지대본"이라고 하였다. 우리 민족은 토지에 강한 소유욕을 가지고 있어 왔다. 전통적인 농업사회에서는 토지가 단순한 식량자원의 공급 원천이었으나, 도시화와 산업사회로 변하면서 비탄력적인 토지의 공급에 비해 수요가 급증하면서 소유편중도 심화되어 왔다. 국토교통부 2018년 말 토지소유현황에 따르면 소득 상위 1%가 토지 31.3%를 보유하고 있으며, 상위 10%가 토지 73.3%를 보유하고 있고, 상위 25%가 토지 91.6%를 보유하고 있는 것으로 나타났다. 이는 토지 소유의 심각한 편중현상을 보여주는 것으로 토지가격의 지속적인 상승에 비추어 본다면, 부(富)의 불균형을 초래하여 많은 사회적 문제가 될 수 있다. 부동산가격의 지속적인 상승은 소득구조개선을 어렵게 한다. 부동산을 보유하지 못한 계층은 상대적인 박탈감과 근로의욕의 저하로 건강한 경제사회를 형성하기가 어렵다. 부동산가격은 고가이며 비분활거래의 특성이 존재하여 저소득층이 구입하기가 쉽지 않다. 소득하위 저소득 25%는 토지를 겨우 0.17% 보유하고 있는 것으로 나타났다. 이는 소득 상위 25%가 누릴 수 있는 부동산 소득을 소득하위 25%는 거의 누릴 수 없다는 의미가 된다.

이러한 구조적 불평등을 개선하고자 부동산의 거래의 지분화(증권화)를 도입하였다. 부동산의 지분은 증권시장에 상장되어 누구나 쉽게 투자할 수 있고 부동산으로부터 발생되는 소득을 누릴 수 있다. 부동산의 증권화 이전에는 특정계층에만 부동산 부의 편중되었으나, 부동산을 증권화 하여 소액으로 거래할 수 있는 제도적인 장치가 마련됨에 따라 저소득 계층에도 부동산 소득을 향유할 수 있게 되었다. 즉, 부동산 증권화로 저소득층에도 부동산 투자기회가 제공되어 부동산가격 상승 시 자본이득을 얻을 수 있어 소득재분배가 가능하게 되었다. 부동산투자회사(REITs)는 IMF 외환위기로 기업과 금융기관의 구조조정을 신속히 추진하여 경제 활력을 제고하고 소액투자가들에게도 부동산 투자기회 제공으로 소득의 양극화를 해소하고자 도입되었다.

2 우리나라 리츠의 개요

우리나라 부동산투자회사의 도입 취지는 부동산시장을 선진화 전문화하고자 하는 취지뿐만 아니라, IMF 외환위기로 기업과 금융기관의 보유 중인 부동산을 매각하여 기업의 신속한 구조조정을 추진하고 경기 침체를 극복하기 위한 수단으로 도입되었다. 기업이나 금융기관의 신속한 구조조정의 관건은 이들 기관이 보유중인 부동산을 매각하여 유동성을 확보하는 것이다. 그러나 부동산의 매수기반이 취약하여 부동산 거래가 원활하게 이루어지지 못하였다. 그래서 정부는 2001년 2월에 기업의 구조조정을 전문적으로 처리하는 기업구조조정 부동산투자회사제도의 도입을 처음으로 추진하였다. 한편, 전근대적인 우리나라 부동산시장을 선진화하여 국민들에게 공평한 투자기회를 제공하고 부동산산업의 국민경제 기여를 높이고자 2001년 4월 7일 부동산투자회사법(REITs: real estate investment trusts)을 제정하였다.

기업구조조정 부동산투자회사(CR REITs: company restructure real estate investment trusts, 이하 CR REITs라 한다)와 부동산투자회사 제도의 도입 취지로 본다면 양제도가 이질적인 측면이 있으나, 두 제도가 모두 부동산의 매입, 투자, 운용을 목적으로 함에 있어서 비슷함에도 불구하고 양 제도를 각기 별도로 운용할 경우 큰 혼란과 관리 감독상 문제점이 노출될 수 있어 시행하기도 전에 2001년 5월 24일 의원입법의 형태로 기업구조조정 부동산투자회사를 부동산투자회사법의 제49조의2에 특례조항으로 개정되는 과정을 거쳐 건설교통부 중심으로 운용하게 되었다. 부동산투자회사는 다수로부터 자금을 모아 부동산에 투자, 개발, 관리, 운용하여 얻은 그 수익을 투자가들에게 배분해주는 부동산간접투자기구(vehicle)이다. 부동산투자회사와 기업구조조정 부동산투자회사에 대하여 관련법을 중심으로 살펴보고자 한다.

1) 부동산투자회사(REITs)

(1) 설립

우리나라의 리츠 제도는 2001년 7월 1일부터 시행되었다. 부동산투자회사법은 2019년 8월 20일 개정될 때까지 33회 개정되었다. 부동산투자회사의 설립은 일정한 자격요건[1]을 갖추어 건설교통부 장관의 인가를 받아야 하며, 법에서 특별히 정한 경우를 제외하고는 주식회사로 상법의 적용을 받게 된다. 최저 자본금은 자기관리형 리츠가 70억 원 이상이며, 위탁관리형 리츠가 50억 원이어야 하며, 발기인은 자본금의 30%를 초과하지 않는 범위 안에서 대통령이 정하는 비율에 상당하는 금액 이상의 주식을 인수하여야 한다. 또한 부동산투자회사 설립은 간접투자기관이므로 설립 시 발행주식의 30% 이상을 반드시 일반청약에 의하여 공개 모집하도록 강제하고 있다. 일반인의 부동산에 대한 건전한 투자활성화를 목적으로 하기에 1인당 주식 10% 이상 소유한도를 정하여 주식을 분산하도록 규정하고 있다.[2]

그러나 연금, 기금 등의 경우에는 다수의 투자자 집합이고 자체의 포트폴리오 차원에서 부동산투자회사의 주요한 기관투자자가 될 수 있으므로 해당 연기금을 1인 주주로 보지 않고 해당 연기금의 수익자들을 1인 주주로 보도록 하는 예외를 인정하고 있다. 현물출자는 영업인가를 받거나 등록을 하고 최저자본금을 갖춘 후 할 수 있다. 또한 부동산개발 사업에 투자하려면 개발 대상 토지, 개발방법, 그 밖에 대통령령으로 정하는 사항이 포함된 사업계획서를 작성하여 부동산투자자문회사의 평가를 거쳐 할 수 있고, 차입 및 사채발행은 자기자본의 2배내에서 차입 및 사채발행을 허용하고 있다. 부동산투자회사는 「자본시장과 금융투자업에 관한 법률」 제390조제1항에 따른 상장규정의 상장 요건을 갖추게 된 때에는 지체 없이 같은 법 제8조의2제4항 제1호에 따른 증권시장에 주식을 상장하여 그 주식이 증권시장에서 거래되도록 하는 의무 규정을 두고 있다. 우리나라의 리츠 구조는 [그림 10-2]와 같다.

---

1) 일정한 자격요건은 상법상 주식회사의 모집 설립절차에 따라 설립되며, 3인 이상의 발기인으로 구성된 발기인 조합이 정관을 작성하고, 일부주식을 직접 인수한 후 주식을 공모하여 인적·물적 설비를 갖추면 창립총회를 거쳐 회사를 설립하게 된다.
2) 다수의 소액주주의 이익을 보호해야 하므로, 회사의 일부 경영진에 의해 좌우 되는 것을 방지하기 위하여 주주 1인과 그 특별관계자는 발행 총주식의 100분의 30을 초과하여 주식을 소유하지 못하도록 하고 있다(법15조 제1항).

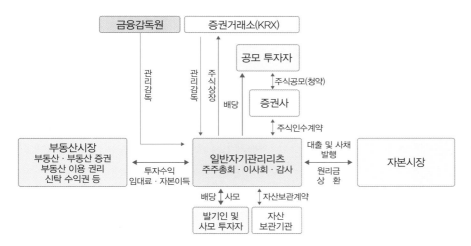

[그림 10-2] 리츠 구조

(2) 운용

부동산투자회사는 다수의 투자자로부터 자금을 모아 부동산에 투자하는 회사이며, 투자자가 직접 경영에 참여하지 않으므로 투자자 보호를 위하여 건전한 자산운용을 유지하기 위하여 업무범위를 제한하고 있다. 따라서 자산 운용의 주체에 대해서 부동산투자회사는 3인 이상의 전문운용인력을 둔 실질회사(영 14조)와 명목회사형(위탁관리)로 운용되고, 투자·운용방법에 대해서 회사형으로 부동산투자회사 내에서 경영진과 자체 전문인력을 확보하여 관리하는 자기관리(self management)방식과 외부의 자산운용회사(AMC: Asset Management Company)에 위탁하는 방식이 있다.

운용대상은 부동산의 취득, 관리, 개량, 처분, 개발, 임대차, 유가증권의 매매 및 금융기관의 예치, 지상권·임차권 등 부동산 사용에 관한 권리에의 취득, 관리, 처분에 투자·운용하여야 하며, 이 법 또는 다른 법령에 의한 경우를 제외하고는 다른 업무를 겸업할 수 없다. 부동산 자산의 구성은 총자산의 100분의 70 이상이 부동산으로, 총자산의 100분의 80 이상이 부동산관련 유가증권 및 현금으로 구성되도록 하여 자산의 대부분이 안정적인 수익이 발생하는 자산으로 구성되도록 하고 있다. 투자한 부동산은 취득한 후 3년 이상 보유하여야 하나, 부동산 개발 사업을 위하여 토지를 취득한 후 관련 법규의 개정·폐지 등으로 사업성 영이가 불가능하여 객관적으로 입증이 되는 경우와 합병·해산·분할 또는 분할 합병의 경우에는 3년 이내에도 처분할 수 있다.

유가증권 투자는 여유자금의 운용을 위하여 제한된 범위 내에서 허용된다. 다른 회사의 의결권 있는 발행주식의 100분의 10을 초과하여 취득하여서는 아니되며, 동일인이 발행한 유가증권을 총자산의 100분의 5를 초과하여 취득하여서는 아니 된다.[3] 부동산관련 유가증권은 총자산의 30% 이내, 기타 유가증권은 10% 이내에서만 투자가능 하다. 또한 개발 사업으로 인한 리스크를 최소화하기 위하여 개발 사업에 대한 총 투자한도는 총자산[4]의 100분의 30을 초과할 수 없도록 하고 있다. 영업인가를 받은 자기관리 부동산투자회사 또는 영업인가를 받거나 등록을 한 위탁관리 부동산투자회사 및 기업구조조정 부동산투자회사의 자산관리회사는 대통령령으로 정하는 바에 따라 사업연도별로 분기마다 해당 부동산투자회사의 투자보고서를 작성하여야 하며, 국토교통부장관과 금융위원회에 대통령령으로 정하는 기한까지 그 투자보고서를 제출하고, 이를 공시하여야 한다.

(3) 기관

부동산투자회사도 부동산투자와 관련된 내용을 제외하고는 상법상 주식회사이므로 주식회사의 기관에 관한 규정이 적용된다. 주식회사의 필요적 기관은 회사의 대내적 의사결정기관으로 이사회, 대표기관이자 업무집행기관으로 대표이사, 그리고 감독기관으로 감사를 두며, 검사기관으로 검사인을 선임할 수 있다. 또한 부동산투자회사는 부동산전문회로 부동산운용을 위한 일정한 자격요건을 갖춘 전문인력을 반드시 확보하여야 한다.

이사회는 업무집행의 의사결정기관이며 이사의 직무집행을 감독하는 기관으로 부동산의 취득·처분, 총자산의 100분의 10 이상 유가증권의 취득·처분, 차입에 관한 사항 등을 결의한다. 대표이사는 대외적으로 부동산투자회사를 대표하고 대내적으로 업무집행을 담당하는 상설기관이며 독립기관이다. 감사는 회사의 업무집행 및 회계업무 등을 감사한다. 자기관리 부동산투자회사는 령 제18조에 의거 자산운용 전문인력을 영업인가 시 3명 이상, 영업인가를 받은 후 6개월 경과 시는 5명 이상 확보하여야 한다. 또한 임직원의 횡령사고를 방

---

3) 부동산투자회사는 다른 회사의 의결권 있는 발행주식의 100분의 10을 초과하여 취득하여서는 아니되나 예외규정을 두고 있다(법27조).
4) 총자산이라 함은 직전 사업연도 말 대차대조표의 자산총액 말한다.

지, 자산운용의 투명성 확보 등을 위하여 임직원의 자격요건을 두고 있으며, 부동산투자회사의 부동산, 현금, 유가증권은 외부의 자산보관기관에 보관을 위탁하여야 한다.

(4) 배당

이익배당은 회사가 경영활동으로 얻은 이익을 주주들에게 분배하는 것으로 영리법인의 본질적 요소이다. 부동산투자회사는 「상법」 제462조 제1항에 따른 해당 연도 이익배당한도의 100분의 90 이상을 주주에게 배당하여야 한다. 이 경우 「상법」 제458조에 따른 이익준비금은 적립하지 아니한다. 제1항에도 불구하고 자기관리 부동산투자회사의 경우 2021년 12월 31일까지 「상법」 제462조 제1항에 따른 해당 연도 이익배당한도의 100분의 50 이상을 주주에게 배당하여야 하며 「상법」 제458조에 따른 이익준비금을 적립할 수 있다. 이 경우 「상법」 제462조 제2항 단서에도 불구하고 다음 각 호의 구분에 따른 방법으로 이익배당을 정한다〈개정 2019. 8. 20.〉, 상장된 부동산투자회사가 총자산에서 대통령령으로 정하는 비율 이상을 차지하는 부동산을 매각하여 그 이익을 배당할 때에는 해당 사업연도 말 10일 전까지 이사회를 개최하여 이사회의 결의로 배당 여부 및 배당 예정금액을 결정하고, 결정된 배당은 주주총회의 결의를 거쳐 실시해야 하지만, 정관으로 이사회의 결의로 배당을 할 수 있다고 규정하는 경우에는 이사회의 결의로 배당을 실시할 수 있다.

(5) 공시

부동산투자회사는 다수의 투자자가 관련되어 있고, 투자자들이 직접 경영에 관여 하지 않으므로 경영진이 도덕적으로 해이해질 가능성이 큰 제도라 할 수 있다. 따라서 일반 다수의 투자자들에게 부동산투자회사의 중요한 변동사항의 정보를 공개하게 하므로 선의의 피해자가 발생하지 않도록 투자자 보호 장치가 필요하다. 이를 위하여 부동산투자회사가 매분기 및 결산기에 작성하는 투자보고서와 재무제표를 공시하도록 하는 별도의 회계기준을 제정토록 하는 등 투명성을 한층 강화한 기업공시제도(corporate disclosure system)를 두고 있다. 또한 부동산투자회사법에 정하지 않는 사항에 대해서는 상법의 적용을 받으므로 상법 공시규정(상법 제187조, 제396조, 제446조 등) 및 증권거래법상의 공시규정(증권거래법 제186조 등)을 받고 있다. 한편, 부동산투자회사가 회사의 임원 등 회사와 일정한 이해관계를 가지는 자와 그 소유의 운용과 관련하여 자유로이 거래할 수 있다고 한다면 회사의 임원 등은 자신의 이익을 위하여 불공정한 거래를 할 소지가 있다. 이를 위하여 거래제한(제30조), 겸업제한(제31조), 미공개 자산운용정보의 이용금지(제32조), 임·직원의 행위 준칙(제33조), 준법감시인 제도를 도입하여 투자자 보호를 하고 있다.

2) 기업구조조정 부동산투자회사(CR-REITs)

기업구조조정 부동산투자회사 제도란 다수의 투자자로부터 자금을 모아 기업이 구조조정을 위해 매각하는 부동산을 매입(총자산의 70% 이상 매입)하고 관리·처분·개발·임대차·유가증권매매·운영하여 얻은 수익을 투자자에게 배분하는 제도를 말한다. CR 리츠는 기업의 구조조정을 촉진하기 위하여 부동산투자회사법에 특례조항을 규정하고 있다. CR 리츠는 정관에 존립 기간을 정하는 한시적 명목회사(paper company)로 설립과 해산이 일반 리츠와 비교(〈표 10-3〉)시 비교적 용이하며, 자산운용을 자산관리 회사에 위탁하여야 하며 구조는 [그림 10-3]과 같다.[5]

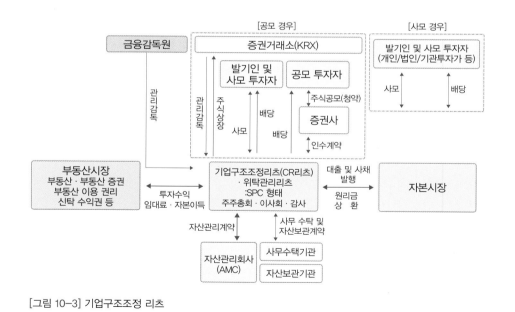

[그림 10-3] 기업구조조정 리츠

---

5) 부동산투자회사에서는 자산운용의 자문 및 평가 업무에 대해서만 부동산투자자문회사에 위탁할 수 있는 것에 반하여 CR 리츠는 자산관리회사에 반드시 위탁하여야 한다.

〈표 10-3〉 부동산투자회사와 기업구조조정 부동산투자회사 비교

| 구분 | 2001년 4월 7일 제정 | | 2019년 8월 20일 개정 |
	부동산투자회사 (REITs)	기업구조조정 부동산 투자회사(CR REITs)	부동산투자회사 (REITs)
관련법	부동산투자회사법	좌동	부동산투자회사법
시행시기	2001.7.1	좌동	2020.2.21
인허가 기관	건교부장관	좌동	좌동
설립주체	민간, 실체회사 명목회사	Paper Company	민간, 실체회사 명목회사
자본금	500억 원 이상	500억 원 이상	자기관리 REITs-70억 원, 위탁관리, CR REITs-50억 원, (최저자본 5억 원)
현물출자	개발사업인가 후부터 가능	제한 없음	영업인가 또는 등록 후부터 가능 (자본금의 50% 이내)
투자대상	부동산, 부동산 관련 유가증권	구조조정용 부동산 70% 이상 투자	부동산, 부동산개발사업 부동산사용에 관한 권리, 유가증권
유가증권 투자	다른 회사의 의결권 주식 10% 이상, 동일인 발행주식에 총자산의 5% 이상 투자금지	동일함	다른 회사의 의결권 주식 10% 이상, 동일인 발행주식에 총자산의 5% 이상 투자금지
부동산의 처분제한	부동산은 취득 후 3년 이내, 나지는 개발사업 시행 전 처분금지	제한 없음	부동산을 취득한 후 5년의 범위에서 대통령령으로 정하는 기간 이내 처분불가 투자자보호, 개발사업 토지. 건축물분양은 예외
상장여부	의무화	비의무화	의무화
수익구조	임대료, 개발이익 자본이득, 이자	임대료, 개발이익 자본이득, 이자	좌동
자산의 구성	총자산의 70% 이상은 부동산, 90% 이상은 부동산·부동산관련 증권·현금	총자산의 70% 이상을 기업의 구조조정과 관련된 부동산	총자산의 70% 이상은 부동산 총자산의 80% 이상은 부동산, 부동산 관련 증권·현금
자산관리	내·외부관리	외부관리	내·외부관리
자본조달	공모, 사모	좌동	좌동

주식분산	10% 이상 소유금지 (연기금 제외)	제한 없음	1인당 소유한도 100분의 50 이상 소유 금지(예외: 연기금. 임대주택 100분의 70)
배당	이익배당 한도의 90% 이상	90%이상	이익배당 한도의 90% 이상
차입	투자목적의 차입 금지	좌동	투자 · 운용.기존차입금 및 발행 사채 상환위해 차입 및 사채발행
세제혜택	법인세 면제 없음	법인세 면제	법인세 면제 있음(CR, EM리츠), 없음(자기관리리츠(IM)
존속기관	제한 없음	정관명시	정관명시

CR 리츠도 부동산투자회사법의 적용을 받으나 주요 특례사항으로 1인당 주식소유한도 50% 적용을 배제하고 있으며, 회사 설립 시 발행주식 총수의 30% 이상을 일반 공모하도록 하는 규정에 대하여서도 배제 규정을 두고 있다. 또한 부동산의 단기거래를 허용, 배당가능 이익의 90% 이상을 배당할 때 법인세 전액 과세 대상에서 제외 및 자율성이 보장되고 있다.

3 우리나라 리츠 현황

1) 일반 현황

우리나라의 리츠는 2001년 도입 후 여러 차례 법률 개정을 거쳐 현재는 자기관리리츠, 기업 구조조정리츠 및 위탁관리리츠가 있다. 총리츠 수는 235개사에 총 자본금이 16조 2,487억 원이고, 총 자산규모는 48조 6,926억 원 규모이다. 자기관리리츠가 4개사에 자산이 4,588억 원 이고, 기업구조조정리츠는 29개사에 자산이 3조 9,794억 원 이고, 위탁관리리츠는 202개 사에 자산이 44조 2,545억 규모로 가장 큰 비중을 차지하고 있다. 리츠는 상근 인력의 유무 에 따라 자기관리리츠는 상근 임짐원이 직접관리 운영하는 구조이고, 위탁관리리츠 및 기업 구조조정리츠는 상근 임직원이 없어 위탁관리 운영하는 구조이다. 또한 투자대상 부동산의 유형에 따라 자기관리리츠와 위탁관리리츠는 일반부동산을 투자대상으로 취급하는데 반하 여 기업구조조정리츠는 기업체의 구조조정부동산을 투자의 대상으로 취급한다는 측면에서 차이가 있다.

한편, 자산관리회사별 리츠 수탁점유율은 〈표 10-4〉와 같다. 자신관리회사 35개중 한국토지주택공사가 18조 9,620억 원으로 1위이고, 코람코자산신탁이 8조 6,649억 원으로 2위, 대한토지신탁이 4조 9,988억 원으로 3위, KB부동산신탁이 3조 5,011억 원으로 4위를 차지하고 있다.

〈표 10-4〉 자산관리회사별 리츠 수탁점유율

자산관리회사	리츠 수	자산액(십억 원)	수탁점유율(%)
한국토지주택공사	42	18,962.0	35.4
코람코자산신탁	35	8,664.9	16.2
대한토지신탁	25	4,998.8	9.3
KB부동산신탁	23	3,501.1	6.5
서울투자운용	9	2,081.5	3.9
제이알투자운용	12	2,502.9	4.7
한국자산신탁	10	1,822.2	3.4
케이티에이엠씨	9	1,491.1	2.8
에이알에이코리아	6	1,122.6	2.1
기타	87	8,453.1	15.7
합계	258	53,600.2	100

주) 1. 2020. 1분기 기준
자료: 한국리츠협회, REIT Journal Summer Vol.35, 2020.

2) 리츠 투자 성과

리츠의 투자대상별 운영 및 성과는 〈표 10-5〉와 같다. 기업구조조정리츠와 위탁관리리츠의 회사 총수는 259개사이고, 이들 리츠가 가장 많이 투자하는 부동산은 주택이 52.9%로 가장 높고, 오피스텔이 23.2%, 리테일이 12.0% 순이다. 투자금액은 주택이 60.6%로 가장 높고, 오피스텔이 24.2%, 리테일이 10.2% 순으로 나타났다. 우리나라 리츠가 가장 선호하는 투자대상은 주택인 것을 알 수 있으나, 연평균 수익률은 주택이 0.9%로 전체 평균 수익률 6.0%에도 훨씬 못 미치는 것으로 나타났다. 가장 높은 수익률은 물류로서 43.2%이고, 오피스가 14.6%, 리테일이 9.5% 순으로 성과를 보였다.

〈표 10-5〉 리츠의 투자대상별 운영 및 성과

투자대상	회사		투자		연평균수익률 (%)
	수	비중(%)	금액(억 원)	점유율(%)	
오피스	50	23.2	130,362	24.2	14.6
리테일	31	12.0	55,042	10.2	9.5
물류	14	5.4	9,332	1.7	43.2
호텔	4	1.5	2,644	0.5	2.1
주택	137	52.9	325,953	60.6	0.9
혼합형	13	5.0	14,518	2.7	4.6
합계	259		537,851		

주) 1. 2020. 1분기 기준
자료: 한국리츠협회, REIT Journal Summer Vol.35, 2020.

한편, 2001년부터 우리나라에 기업구조조정 리츠가 처음도입 된 후 자기관리리츠, 위탁관리 리츠 등의 유형이 새로이 도입되어 운영되고 있다. 이들 리츠들은 부동산시장을 조기에 안정화 시키며 부동산시장 선진화에 큰 기여를 했다. 리츠의 시계열적 수익률을 살펴보는 것은 미래를 가늠해 볼 수 있는 바로미터가 된다. 2002년 이후 지난 20년 동안의 연도별 유형별 평균 배당 수익률은 12.5% 성과를 보였음을 〈표 10-6〉에서 볼 수 있다. 기업구조조정 리츠는 도입초기에서부터 2007-2009년을 제외하고 약 10%를 상회하는 선에서 견실한 수익률 성과를 보였다. 이런 이유는 기업구조조정 리츠는 신속한 기업의 구조조정을 촉진할 목적으로 설립된 리츠이기 때문에 자본을 유치하기 위한 인센티브라는 유인책이 부여되기 때문에 다른 리츠보다 수익률이 높은 것으로 추정된다. 그에 비해 일반 리츠는 2007~2009년을 제외하고 대체적으로 기업구조조정 리츠보다 수익률이 저조한데 이는 인센티브가 없는 투자가의 자율적 선택에 의해 시장의 경쟁력에 의해 수익률이 결정되기 때문인 것으로 풀이된다. 이런 리츠의 시계열적 수익률 성과는 투자가들의 관심을 끌기에 충분한 수익률이다.

〈표 10–6〉 연도별 유형별 리츠 배당 수익률

(단위: %)

연도	기업구조조정리츠 (CR–REITs)	위탁관리리츠 (EM REITs)	일반리츠 (Listed REITs)	평균수익률
2002	8.5	0	8.9	8.5
2003	6.6	0	7.1	6.6
2004	8.4	0	8.7	8.4
2005	12.2	0	11.9	12.2
2006	12.1	10.1	11.1	11.9
2007	49	7.4	70.3	40.4
2008	40.3	6.3	93.8	28
2009	40	7.2	71.7	26.1
2010	10.4	6.4	9.9	8.6
2011	9.9	6.4	6	8.3
2012	9.4	4.9	3.7	7.1
2013	16.2	4.2	7	9.2
2014	9.4	4.6	2.8	6.2
2015	10.1	7.3	7.1	8.1
2016	7	5.8	3.1	6
2017	10.6	4.1	4.4	7.6
2018	15.8	6.4	11.1	9.2
2019	15.8	8.1	7.7	9.5

주: 1. CR-REITs의 2007-2009년은 매각차익금이 연평균 배당수익률 포함되어 배당수익률이 증가됨
　　2. EM-REITs의 2017-2019년에는 임대주택 리츠 수익률 제외한 수익률임
　　3. 평균 수익률 2017-2019년 임대 임대주택 리츠 수익률 제외한 수익률임

자료: 한국리츠협회, REITs Journal Smmer Vol.35, 2020.

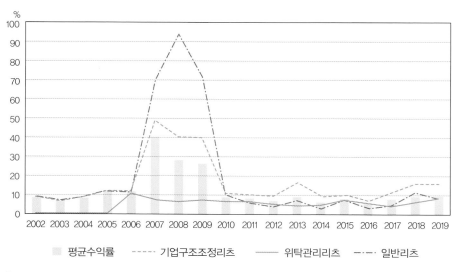

[그림 10-4] 연도별 리츠 유형별 배당 수익률 추이

3) 리츠와 타상품별 수익률 성과

투자가는 위험을 최소화하고 기대수익률을 극대화하기 위해서 포토폴리오의 자산구성을 어떻게 최적화 할 것인가가 주된 관심사일 것이다. 포토폴리오의 자산구성을 최적화하기 위해서는 경험칙 성과에 의해서 위험성이 높은 자산을 줄이고 위험성이 낮고 수익률이 높은 자산으로 포트폴리오 조정이 필요하다. 리츠는 주식이나 채권과 같은 금융상품으로 투자가들이 부동산 실물자산 대신에 선호하는 부동산 파생상품이다. 리츠와 타 상품 간의 최근 3년간의 수익률 성과는 〈표 10-7〉과 같다. 리츠 수익률은 2017년 4.10%에서 2019년 까지 평균 4%를 상회하여 동기간 아파트의 평균 수익률 1.30% 약 3배 높은 수익률 성과를 보였다. 뿐만 아니라 국고채, 회사채와 주택채권보다도 약 2배 높은 수익률을 시현하였다. 리츠 수익률은 2017년부터 2019년까지 주식수익률 평균치보다도 높았고, 동기간 리츠 수익률의 변동성은 낮은데 비하여 주식수익률의 변동성은 매우 높은 것으로 나타났다. 비록 짧은 기간의 비교이지만 리츠가 주식보다는 변동성이 낮고 채권수익률보다 수익률이 높은 것으로 나타나 우리나라의 리츠 시장도 선진국의 리츠 시장 흐름과 유사한 패턴을 보이고 있음을 알 수 있다.

<표 10-7> 리츠와 타상품별 수익률 성과

(단위: %)

		2017 ①	2018 ②	2019 ③	전전연비 ④=③/①	전연비 ⑤=③/②
리츠		4.10	4.40	4.20	0.1	-0.2
부동산(APT)		1.36	2.99	-0.30	-1.6	-3.3
국고채	3년	1.80	2.10	1.53	-0.3	-0.6
	5년	2.00	2.31	1.59	-0.4	-0.7
	10년	2.28	2.50	1.70	-0.6	-0.8
회사채 3년		2.33	2.65	2.02	-0.3	-0.6
주택채권 5년		2.16	2.45	1.68	-0.5	-0.8
KOSPI		16.32 (2311.4)	0.59 (2325.0)	-9.42 (2106.1)	-25.74	-10.0
금가격(국제)		0.67 (1260.4)	0.68 (1268.9)	9.80 (1393.3)	9.13	9.12
소비자물가지수		1.94 (102.9)	1.47 (104.5)	0.38 (104.9)	-1.6	-1.1

주)1. 리츠 수익률은 연평균 배당수익률 임
  2. 부동산 수익률은 APT매매가격 전년말대비 증감률(2019. 1.=100.0)임
  3. 국고채, 회사채, 주택채권 수익률은 연말 수익률임
  4. KOSPI는 연평균지수 증감률임
  5. 금 가격 온스당 연평균 달러가격, macrotrends, Gold Prices - 100 Year Historical Chart,
     https://www.macrotrends.net/1333/historical-gold-prices-100-chart
  6. 소비자물가지수는 연말 증감률임(2015=100)
자료: 한국은행 경제통계시스템, KB국민은행 부동산통계, 한국리츠협회 각 년도별 REITs Journal

리츠의 최근 3년간의 수익률 성과는 4%대를 유지하여 왔으나, 부동산을 비롯한 채권 및 주식 수익률은 2019년에 크게 하락한 것으로 나타나 대체투자상품으로 관심을 가져볼 필요성이 있다. 리츠에 대한 일반투자가들의 대중적 관심도를 높이기 위해서는 교육과 홍보를 지속적으로 확대할 필요성이 요구된다.

4 부동산산업에서 리츠의 역할

우리나라에 리츠 제도가 도입된지 근 20년의 세월이 흘렸지만 리츠가 대중화되어 부동산시장을 견인하지 못하고 있는 상태이다. 처음 리츠의 도입 취지는 IMF 외환위기로 기업이나 금융기관이 보유하고 있는 부동산의 매수 기반을 확대하여 신속한 기업의 구조조정과 경제회복을 위하여 도입되었다. 초기의 리츠 도입은 리츠가 시장 친화적 투자자 욕구를 충족시키기 위한 투자수단으로 도입되었기 보다는 외환위기 조기 극복에 주안점을 두었다. 따라서 리츠의 교육과 홍보에 게을리 한 것이 사실이다. 또한 현재까지 리츠 법을 수차례 개정해 왔지만 아직까지도 리츠 제도의 시대적 환경변화 흐름에 맞는 지속적인 세제 제도 변화가 병행하지 못한 것이 사실이다. 그럼에도 불구하고 2019년 3분기 기준 231개 리츠가 사업을 영위하고 있으며 투자 금액은 48조 6,920억 원 규모이다. 이는 우리나라 GDP의 2.5% 수준으로 경제성장에 기여하는 비중을 점차 늘려가고 있다.

부동산시장이 투기시장에서 건전한 투자시장으로 변모해 가는데 리츠의 역할이 중요하다. 리츠 제도의 근본 취지가 소액투자가들에게 투자기회를 제공하여 부의 편중심화를 완화하고 부동산시장의 건전한 육성을 통한 국민경제 기여를 높이기 위해서는 리츠 제도, 금융, 세제, 경영개선 등의 지속적인 개선이 병행하여야 한다. 우선 리츠의 설립 및 운영에 대한 문턱을 낮추어 선진국과 경쟁할 수 있는 기초체력을 키우는 것이 시급하다. 주무부처가 업계의 요구수준을 선제적으로 지원하고 육성시키기 위해서 산업계, 학계, 전문부서간의 상시적인 회의체를 구성하여 관련 제도개선을 해 나갈 필요가 있다. 또한 리츠의 상장요건을 단순화 현대화 할 필요성이 있다. 이를 위해 표준적인 상장요건 기준을 도입하여 리츠의 상장화가 확대될 수 있도록 하여야 한다.

리츠 산업의 성장과 발전을 유도하기 위해서는 부동산 취득, 공모 리츠 등에 대한 과감한 세금감면 정책이 추진되어야 한다.

다음으로 리츠의 운용 및 경영개선이 필요하다. 리츠의 포트폴리오로 주택이나 오피스, 상업시설 외에도 상업용 부동산, 임대주택, 데이터 센터, 물류창고, 의료시설, 호텔, 농지, 화혜시설, 입목, 주유소, 인프라스트럭츠 등으로 다변화 할 필요성이 있다. 특히 주목할 대상은 데이터 센터와 물류창고 시설이다. 데이터 센터 리츠는 구글, 페이스 북, 빅데이터 등과 같은 글로벌 ICT 회사의 하이퍼스케일 데이터를 저장하고 처리할 클라우드 서브 등 시설을 임차해주고 수익을 창출하는 구조이다. 21C 클라우드 호스팅 사업은 4차 산업혁명시대의 중심산업으로 떠오르는 핵심 산업분야이다. 구글, 페이스 북, 마이크로소프트 등은 클라우드 호스팅 서비스 공급을 확대하기 위해 전 세계적으로 데이터센트 건설에 선택과 집중을 하고 있다. 이들 산업의 성장 전망은 무궁무진하여 리츠의 투자대상을 ICT 혹은 IoT 관련 부동산 업종으로 다양화 한다면 리츠의 비즈니스 지평은 무한히 뻗어 갈 것이다. 왜냐하면 기술의 변화와 혁신은 지금도 계속 진행형이기 때문이다. 물류창고 리츠는 소셜미디어와 전자상거래(e-markt)업체인 아마존이나 페덱스 같은 물류창고나 배송 센터를 임차해주고 수익을 창출하는 구조이다. 소셜미디어와 전자상거래가 급격히 성장하면서 물류창고 리츠 지수는 2015년 이후 연평균 19%, 데이센터 리츠 지수는 연평균 17%이나 고성장을 보였다.[6]

국내 리츠의 수는 259개가 넘지만 상장된 공모 리츠는 고작 13개 정도이다. 국내 리츠의 대부분이 사모 리츠인 까닭은 공모 리츠에 비해 설립이 쉬우며 관리 감독의 규제가 적다는 것이다. 리츠의 대중화와 투명성을 높이기 위해서는 사모 리츠가 공모 리츠로 전환하기 쉽도록 제도적인 정비와 금융 및 세제적인 지원 정책이 요구된다. 리츠를 운용하는 전문가 육성과 선진 운용기법들을 벤치마킹하는 것이 요구된다. 최근에 주유소 리츠, 임대주택 리츠 등의 움직임은 리츠 산업의 미래를 밝게 해주는 신호가 된다.

---

6) 한국리츠협회, REITs Journal Winter Vol.33, 2019, p.136.

참고문헌

김영곤·이현석·서후석·지규현·이명식. 2012. 한국리츠 구조의 이해와 경영, 한국리츠협 회.

박상덕·김원보·김영곤·서권식·오종원·김종현·박진호·김한솔. 2001. 우리나라 리츠 이론과 실무.

매일경제, 기업구조조정 위해 토지공사 매입여력 확충, 1998. 4. 15.

문화일보, 빌딩정보, 2005.1.12.

부동산스터디, 네이버 부동산칼럼에 기고했던 정권별 양도세 변천사, 2020.2.23.,
    cafe.naver.com/jaegebal/1613896

오피스 뉴스, 외국자본 오피스빌딩, 2008.10.21.,
    https://blog.naver.com/winwin57/110036476793

유대인, 외국계 큰손 빌딩, 싹쓸이, 2008.8.3.,
    https://blog.naver.com/cjseong123/60053765431

부동산투자회사법, 한국리츠협회, 2014.

정보와 부동산 뉴스, 외국자본, 빌딩 장사로 돈방석, 2004.12.14.,
    https://blog.naver.com/yttrrer/20008306253

통계청 국가통계포탈, http://kosis.kr/index/index.do

한국리츠협회, REITs Journal Winter Vol.33, 2019.

한국은행 경제통계시스템, http://ecos.bok.or.kr/

Macrotrends, Gold Prices - 100 Year Historical Chart,
    https://www.macrotrends.net/1333/historical-gold-prices-100-chart

리츠의 디지털 기술 융합화

1 리츠 진화의 트렌드

2 리츠의 디지털 기술사용

3 리츠의 디지털 비즈니스 플랫폼

[11] 리츠의 디지털 기술 융합화

제 11 장

수익을 추구하려는 투자자의 목적과 자본 증대를 도모하려는 기업가의 목적을 효과적으로 연결하기 위하여 고안된 목적 적합성(goal congruence)의 증권(shares)이 리츠(REITs)이다. 오늘날 우리가 알고 있는 리츠는 20세기 초 전통적인 부동산투자 개념의 부활이다. 지난 60년 동안 리츠가 부동산 산업의 한 분야로 자리를 지켜오기까지는 번영과 부침의 파노라마 였다. 리츠가 제조업이나 IT기업들과 같이 고도성장을 추구하는 데는 태생적 한계가 있다. 즉 리츠는 수동적인 사업구성체다. 그럼에도 불구하고 리츠는 리츠의 법적 지위를 유지하는 선에서 그들의 임차인이 필요로 하는 상당한 분량의 정보를 제공하려고 노력해 왔다. 이제 리츠는 3차 산업혁명의 기술을 접목한 경영 전략과 기술적 수혜 등을 평가하기도 전에 4차 산업혁명의 아침을 맞이하게 되었다.

세계경제 포럼의 창시자 클라우스 슈밥(Klous Schtwab)은 2016년 다보스 포럼에서 디지털 기술이 산업전반의 흐름을 변화시킬 것이라는 4차 산업혁명을 처음 예고하였다.[1] 4차 산업혁명은 이념적 논쟁거리가 아닌 우리 생활의 구석구석에서 현실로 다가왔다. 4차 산업혁명은 사물인터넷, 자율주행차, 인공지능(AI), 항공기의 무인항법 시스템, 로봇공학, 만물인터넷, 나노기술, 3D 기술, 증강현실(AR) 및 가상현실(VR)기술, 빅데이터 등의 기술을 다양한 산업 분야에 연결(connection) 및 융합(convergence)하여 창조(creativity)하는 3C 현상을 말한다.

기업 비즈니스와 산업 분야에서 기술의 변화에 보조와 호흡을 맞추어 오듯이 리츠도 초기 수동적인 입장에서 임차인의 정보와 요구 충족이라는 서비스를 제공해 왔다. 그동안 리츠는 변화를 선도하는 퍼스트 무브(first move)라기보다 리츠의 특성으로 인하여 늘 한걸음

---

1) Klaus Schwab, 클라우스 슈밥의 제4차 산업혁명, 새로운 현재, 2016.

뒤쳐서 추격하는 팔로우(follower)였다. 융합이라는 대변혁이 지구상 이 모퉁이 저 모퉁이에서 꿈틀거리며 일어나 리츠 산업의 지각변동을 이루어 새 역사를 만들어 가고 있다. 리츠 산업은 디지털 변화의 시대에 어떻게 생존하며 미래로 나아갈 수 있을까 조망해보는 것은 의미가 있다.

1 리츠 진화의 트렌드

4차 산업혁명을 맞이하여 리츠를 언급하기 전에 알아둬야 할 것은 과거 우리와 함께 했던 리츠의 변천을 뒤 돌아보는 일이다. 리츠는 지난 60년 세월 동안 번영과 부침의 굴곡의 명암을 남기면서 투자가들의 애호를 받아 왔다. 리츠의 1세대는 탄생부터 1970년대까지로 생존을 위한 몸부림이었다. 물론 일부의 자본가에게는 부를 축적할 수 있는 좋은 기회였지만 리츠의 인식 부재와 운영 경험 미숙과 리츠 산업에 녹록치 않은 제도적 미비점으로 생존을 위한 시련의 시기였다. 옷을 구매하고자 옷 가게에서 마음에 드는 옷을 구매하였는데 문제는 자신의 신체에 맞지 않을 때 어떤 부위를 얼마만큼 재단해야 하는 새로운 고민은 선택의 갈등 못지않게 중요하다. 리츠가 초기 모기지 리츠로부터 출발하였으나 개발 및 건설회사의 탐욕은 규모의 경제를 무시한 체 콘도미니엄, 아파트, 건설 물량의 과잉공급은 이내 부도의 길로 들어섰고, DSR(총부채원리금상환비율)을 감당하기에는 모기지형 리츠가 적합한 비즈니스 모형이 될 수 없다는 결론에 도달 후 지분형 리츠로 사업의 방향을 선회하기까지는 너무나 뼈아픈 대가를 치를 수밖에 없었다.

리츠의 2세대는 1980년대부터 1990년까지 성장의 토대를 마련하고자 제도적 보완, 리츠 운영의 다양한 운영기법 도입, 재무 분석가들이 리츠 성과에 대한 보고서를 내며 기관투자가들이 투자 다변화에 참여한 시기였다. 이런 일련의 노력과 관심은 큰손이라 할 수 있는 기관투자가들이 리츠를 그들의 포트폴리오에 5~10% 수준을 담게 되면서 대중화, 보편적 투자 수단으로 한 걸음 더 다가가는 계기가 되었다. 무엇보다 미국에서 출발한 부동산 투자의 새로운 형태의 개념인 리츠가 부동산 간접투자상품으로 견실한 성과를 실현하며 그 지위를 얻으면서 그 형태와 유형을 달리 하면서 네덜란드, 영국 등 유럽, 호주, 싱가포르, 홍콩,

일본, 한국을 비롯한 아시아 등 전 세계적으로 확산되는 시기라고 말 할 수 있다. 각국이 지분형 리츠의 비즈니스 모델을 도입하여 성과를 보이자 리츠에 대한 긍정적인 신뢰와 믿음의 눈길을 주었다.

리츠의 3세대는 2000년대부터 2010년대까지 전통적인 운영방식에서 컴퓨터와 인터넷을 결합하여 임차인들의 정보 필요성의 욕구를 상당한 정도로 제공하려고 비즈니스 모델을 변화시키고 혁신한 시기였다. 리츠는 제3자 공급자가 공급할 수 있는 것보다 저렴한 비용에 그들의 고객들에게 상품과 서비스를 제공한다. 이러한 서비스에는 전통적인 세탁업과 케이블 TV 서비스로부터 신용카드 서비스, 텔레커뮤니케이션 및 컴퓨터 서비스, 편익시설 서비스, 모기지 브로커 서비스, 부동산 소유권 보험 서비스, 인터넷 접근 및 기타 웹기반 서비스의 가능성까지로 다양하다. 몇 가지 예를 열거해 보면, BRE Properties사는 자신들의 임차인들에게 고속 인터넷 서비스를 제공하는 데 투자하였다. CarrAmerica사는 CarrAmerica의 임차인들에게 텔레커뮤니케이션의 주요 공급자인 창업회사에 투자하였다. CenterPoint Properties는 자신들의 임차인들이 텔레커뮤니케이션 서비스, 컴퓨터 제품 등을 우대 고객으로 구입할 수 있도록 하고자 창업회사에 투자를 하였다. CenterPoint도 자신들의 임차인들에게 온라인 임대료 지급서비스, 유지보수 서비스, 회계 서비스를 제공하여 왔다.[2] 다른 리츠들은 안내나 영행 서비스 같은 아주 특별한 서비스를 제공하기도 했다. 이러한 모든 활동들은 리츠의 임차인들에게 최신의 제품들을 저렴한 가격으로 구매할 수 있는 기회를 제공하여 우호적인 임차기간을 연장하고 수익을 개선하려는 노력이었다.

리츠의 4세대를 3세대와 명확하게 구분할 수는 없지만 2010년 후반부터라고 추정할 수 있다. 왜냐하면 리츠도 분명 4차 산업혁명의 웨이브를 빗겨갈 수는 없기 때문이다. 컴퓨터, 인터넷 나아가 정보통신기술(ICT; Information and Communication technology)이 만들어 낸 비즈니스 모델은 놀라울 정도로 변화와 혁신을 계속하고 있다. 사물인터넷(IoT), 인공지능(AI), 3D, 증강현실(AR)과 가상현실(VR)기술이 5G와 연결되어 엄청난 정보를 생성하고 이런 정보를 보관할 클라우드 서버 호스팅 수요가 폭발적으로 확대하고 있다. 이제 리츠도 디지털 기술이 만나는 부동산을 투자대상으로 관심을 기울일 때 4차 산업혁명시대 선두주자(first move)로 나갈 수 있을 것이다.

---

2) 최차순외 2인, 전게서, pp.308-310.

2 리츠의 디지털 기술사용

지난 수년간 미국 기업의 생산성이 크게 증가한 것은 사업의 효율성을 제고하고자 컴퓨터와 새로운 텔레커뮤니케이션 기술 등을 성공적으로 연결하였기 때문이다. 이것은 물론 리츠 사업에도 예외일 수 없다. 그러나 다른 산업분야와 비교해서 리츠는 초기에 이러한 새로운 기술들을 리츠 사업에 적용하는 속도는 상당히 느렸다. 분명한 것은 리츠가 일단 운영회사처럼 변화면 이러한 경향은 크게 변화할 것이다. 이것은 회계, 임대, 세무, 금융, 매매, 부동산 개발, 분양, 관리, 유지 및 보수, 임차인 모집, 고객관리 등의 분야에서 특별히 부정할 수 없다. 게다가, 고객의 필요를 찾아내고 수익을 향상하는 다양한 서비스를 그들에게 제공하는 데 첨단 디지털 디바이스들이 사용되어 왔다.

점점 더 많은 리츠가 최근에 그들의 공급품 구매, 정비, 수리 서비스를 위해 인터넷 기술을 채택하였다. 이렇게 하는 이유는 리츠의 수익률 제고 나아가 리츠의 생존과 직결되는 문제이기 때문이다. 사실 어떤 리츠는 신속한 의사결정과 관리비 절감을 통한 추가적인 소득을 얻고자 기존방식에서 새로운 방식으로 접근하고자 리츠 운영 프로세스 소프트웨어 개발에 직접 투자를 하고 있다. 다른 리츠는 이러한 제품들을 자신들의 임차인들에게 제공할 수 있는 능력을 향상하고자 직접 기술회사에 투자함으로써 이러한 방향으로 훨씬 많이 나가고 있다.

리츠의 디지털 기술이용의 가장 활발한 분야는 자신들의 부동산을 인터넷 사이트에 올리고, 웹 사이트를 통해 자신들의 임차인들에게 서비스를 제공하고, SNS를 통해 고객과의 관계를 밀착시켜 부동산을 매매하고 임대하고 있다. 이러한 변화는 고객과의 관계개선 향상을 통해 현재의 임차인을 유지 지키고, 신규 고객을 찾아내고, 시설관리를 개선하고, 임차인들에게 서비스를 제공하는 비용을 줄이고, 투자가들에게 정보를 제공하는데 매우 중요하다. 리츠의 브랜드 인지도를 높이고 브랜드 가치를 창출하며 이상적인 고객을 유치 할 수 있는 확실한 방법은 디지털 콘텐츠를 개발하고 접목하는 것이다. 디지털 디바이스를 기반으로 리츠 비즈니스를 블로그(blog), 팟캐스트(podcast), 바이라인 네트워크(by-line network)기사 또는 기타 컨텐츠와 연결할 수 있는 메쉬망을 구축하여 정보를 공유하는 것은 효과적인 전략이 될 수 있다.

1) 고객관계가치(CRV)와 디지털 디바이스

인터넷, 모바일, 인공지능, 빅데이터, 사물인터넷 등 디지털 기술의 놀라운 발전과 혁신으로 자동화, 지능화가 고도화 가속화 되면서, 생산 공정의 단축, 기업경영, 재무관리, 새로운 비즈니스 모델, 고객관리, 자산관리 등에 대해 전통적인 방식과 다른 새로운 방식으로의 비즈니스 환경이 빠르게 전환되고 있다. 디지털 디바이스를 기반으로 한 이러한 전환은 기업의 매출 증대, 고객관리, 기업의 생존과 직결되는 문제이다. 리츠가 그들의 고객인 임차인들에게 질 높은 서비스를 제공하기 위해 디지털 기술을 이용할 수 있는 방법은 무엇일까?

백화점에서 매출을 높이기 위해서는 좋은 제품, 고객 확보와 친절한 서비스를 제공하는 것이다. 이를 리츠에 대입해본다면, 고객이 선호하는 건물(임차: 공간 서비스) 제공, 양질의 고객 확보와 관리는 높은 수익과 직결될 것이다.

인터넷은 남녀노소를 막론하고 우리 생활에서 뗄 수 없는 디지털 라이프의 알파와 오메가이다. 새로운 정보를 검색하고 신규 사이트에 접속하기 위해 나의 개인 정보를 제공하고, 내 스마트 폰으로 사진을 찍고 동영상을 만들고, 텍스트를 만들어 인터넷 망으로 이메일을 주고받으며, 페이스북, 트위터 등 SNS를 통하여 끊임없이 데이터가 생성된다. 이렇게 생성된 데이트를 고객은 어떤 수단을 통하여 접할까? 당연히 인터넷과 SNS(소셜 네트워크 서비스)일 것이다.

실제로 고객들은 정보를 어디로부터 가장 많이 얻을까에 대한 디지털마케팅연구회가 설문조사를 통하여 디지털 마케팅 포럼에서 2020 디지털 마케팅 트렌드 분석 및 전망을 발표하였다. 디지털 마케팅 트렌드 분석에서 고객관리와 관련하여 흥미 있는 시사점을 제시하고 있다. '디지털 마케팅 전략에서 가장 중요하다고 생각하는 것은 무엇입니까?'라는 질문에 고객분석(58%), 미디어 및 캠페인효과분석(48%), 마케팅접점의 고객경험기반 통합(47%) 순으로 중요도를 답했다. 뿐만 아니라 '고객변화와 행동을 이해하기 위한 고객 분석 및 조사방법은 무엇입니까?' 라는 물음에 로그분석(62%)[3], 데이터 플랫폼 구축(53%), 소셜 모니터링

---

3) 로그분석이란 웹로그 분석(Weblog analysis)을 말하는 것으로 웹사이트의 방문객이 남긴 자료를 근거로 웹의 운영 및 방문자 행태를 분석하여 마케팅 자료와 고객관리에 유용한 자료로 이용할 수 있다. 즉, 방문객이 웹 사이트에 방문하게 되면 방문자의 수, 방문 유형, 각 웹페이지별 방문횟수, 시간, 요일, 계절별 접속 등 당양한 통계자료를 얻을 수 있다

(41%) 순으로 나타나 센스 및 트래킹 솔루션 기반 활용의 니즈가 높은 것으로 [그림 11-1]과 같이 나타났다.[4]

고객들은 새로운 정보에 갈급해하고 있어 리츠는 고객들의 니즈에 충족하는 유의미한 정보 제공 체제를 갖추고 있어야 한다. 고객과 리츠 간에 소통되는 정보들을 분석하고 데이터화 하여 커머셜(commercial)에 이용할 수 있는 인사이트(insight)를 찾아내야 할 것이다. 매일 매일 부동산 상품과 상품, 사람과 사람 부동산과 사람 간에 쏟아지는 다양(Variety)하고 방 대한 자료(Volume)를 신속히(Velocity) 처리(소위 3V)하여 유의미한 정보를 찾는 것은 빅데 이터 기술을 활용해야 한다. 빅데이터는 고객관리의 솔류션을 알고 있다.

미국의 아마존이 이와 유사한 마케팅 전략과 고객관리로 글로벌 이비즈니스(e-business) 선 두주자로 주목을 받고 있다. 특히 아마존은 우한 코로나로 세계적 팬데믹(pandemic) 속에 서 괄목할만한 성장으로 유통시장의 패러다임을 바꾸고 있다. 소비자의 다양한 소비성향 자료를 수집하여 데이터로 축적하고 이 축적된 데이터를 빅데이터 기술을 활용하여 데이터 를 분석 정리하여 잠재적인 소비자들을 발굴하고 그들의 니즈에 적합한 다양한 아이템이나 쿠폰 등 안내 메시지를 제공하여 유효한 고객으로 연결시키는 시스템 구축으로 혁신을 이 끌어 내고 있다. 아마존의 마케팅 전략의 성공은 아마존의 주가 지수에서도 확인할 수 있 다. 아마존의 주가지수는 우한 코로나가 미국에서 나타나기 전 2020년 1월 2일 1,898이었 으나 5월 19일 현재 2,485를 기록하여 무려 31%나 증가하였다. 이는 놀라운 성과를 이루어 낸 것과 비교해 미국의 1분기 GDP 성장률은 연률 기준 −4.8%를 기록하였다고 미국 상무 부는 발표하였다.

한편, 월가는 2분기에 −50%까지 마이너스 성장을 할 수 있다는 우울한 보고서를 내 놓는 것과는 사뭇 대조적이다.[5]

LG그룹의 구광모 회장은 2020년 사장단 워크에서 "지금까지와는 다른 양상의 위기에서 디 지털 트랜스포메이션(digital transformation)이 더 나은 고객 가치를 창출하는 핵심 수단 이자 우리의 경쟁력을 한 차원 끌어올리기 위해 꼭 필요한 변화중의 하나일 것"이라는 메시

---

4) 디지털마케팅연구회, 2020 디지털마케팅트렌드분석 및 전망, 디지털 마케팅 포럼, 2019. 11. 13, https://www.marketcast.co.kr/2191?category=525028

5) 한국경제, 2020.4.29, https://www.hankyung.com/international/article/2020042947581

지를 던졌다. 그는 이어 뉴 LG의 핵심 키워드로 '선택과 집중' '디지털 전환', '고객가치 실현'을 제시하였다.[6]

자료: 디지털마케팅연구회, 2020 디지털마케팅트렌드분석 및 전망, 디지털 마케팅 포럼, 2019. 11. 13, https://www.marketcast.co.kr/2191?category=525028

[그림 11-1] 고객변화와 행동을 이해하기 위한 고객분석 및 조사방법

고객관리의 핵심은 빅데이터 활용으로 고객관계가치(CRV: Customer Relationship Value)를 만들어 내는 것이다. 리츠가 CRV를 만들어 내기 위해 고객관리라는 핵심역량에 빅데이터(Big data) 기술을 융합하여 고객 관계망을 구축하고 데이터를 축적하고 이 데이터를 인공지능(AI)으로 분석해 기존고객과의 우호적인 관계유지와 신규고객의 창출에 시너지화 해야 한다. 이렇게 축적된 빅데이터 정보를 커머셜 마케팅으로 활용하여 CRV를 높여야 할 것이다. 즉 오피스텔, 원룸, 펜션, 콘도, 아파트 등 임차인들에게 인기를 얻고 있는 부동산 유형과 트렌드를 발견하고 고객선호형 부동산(CPR: Customer Preference Real estate) 공간 서비스를 어떻게 제공할 것인가를 끊임없이 고민하고 창조적인 혁신을 이루어 가야 한다. 리츠도 선택과 집중을 해서 고객관계가치(CRV)를 창출할 수 있는 고객관리 핵심역량을 디지털 트랜스포메이션(digital transformation)하여 고객의 다양하고 방대한 정보를 처리하여 CRV(고객관계가치)로 연결될 수 있는 최적화된 플랫폼(Optimal Platform) 구축이 필요하다.

---

6) Salesinsight, 영업의 디지털 전환과 세일즈포스 CRM 활용효과, 2020. 2. 24, https://blog.naver.com/hndgt/221821564889

리츠는 부동산 물건을 찾고 구매하려는 고객들에게 최적화된 정보를 리얼타임으로 인터넷과 모바일로 검색할 수 있도록 고객의 흥미와 관심을 끌 수 있는 정보를 제공해야 한다. 고객들은 수많은 정보를 어떻게 활용하고 이용하는 가를 모니터링 하여 고객이 검색한 키워드, 방문한 웹사이트 기록 등을 광고와 마케팅 기법, CRV로 연결시켜 고객이 선호하는 기술이 만나는 부동산 물건을 제공해야 할 것이다. 소비자들은 증강현실을 통하여 그들의 일상에서 색 다른 경험을 하기도 하고 미디어 피드, 광고 심지어 스팸메일을 통하여 경험을 강요당하기도 한다. 그렇게 경험된 것은 강한 일상으로 기억되어 물건을 찾고 소비할 때 결정적인 정보로 활용된다는 것이다.

리츠도 이제 고객의 연령, 성별, 소득수준, 임차기간, 기호, 적절한 임대료 수준, 선호하는 임차 물건 특성, 요구하는 서비스 등의 고객 정보를 인공지능기술과 융합된 데이터베이스화 하여 수동적인 고객관리에서 능동적인 고객관리 콘텐츠로 변화를 요구 받고 있다. 이를 위해 리츠 고객관리에 핵심역량을 집중하는 일은 빅데이터, 인공지능, 사물인터넷, 증강현실 및 가상현실 등을 연결한 플랫폼을 구축하여 CRV를 창출하는 리츠만이 4차 산업혁명 시대에 적자생존 할 수 있을 것이다.

Walker(2018)는 새로운 고객 기반을 개발하고 관리를 하게 되면 매출을 5~20% 늘릴 수 있다는 데이터를 제시하고 있으며, 고객 유지율이 5% 증가하면 25~95%의 수익을 올릴 수 있다는 지적에 주목할 필요가 있다.[7] 소비자와 관련된 모든 정보를 통합하고 관리 분석하여 리츠의 모든 직원이 하나의 창에서 확인할 수 있어야 한다. 디지털 시대의 CRV 창출의 핵심은 기업이 고객과 소통할 수 있는 늘 새로운 수단을 고민하고 고안해 내야 한다.

2) 스마트홈과 디지털 디바이스

전통적인 방식의 부동산 물건 소개는 건물의 사진을 사이트에 올려 고객들이 평면적인 건물의 단면을 보는 수준에 거쳤다. 그러나 가상현실기술에 기반한 부동산 물건의 소개는 웹사이트에 매매 또는 임대하려는 주거나 상가시설, 호텔, 실버하우스, 등을 업로드 하여 고객들이 언제 어디서나 실시간으로 접속하여 위치와 장소, 주변 환경, 크기, 구조, 위치, 방향,

---

7) Walker,R. 12 Powerful Growth Strategies to Increase Revenue, business 2 Community, April 5. 2018.

인테리어, 시설을 둘러보게 하고 나아가 구조 및 인테리어 재배치, 선택사양이나 옵션품목들도 가상적인 체험을 갖게 하여 만족도를 높이고 맞춤식 부동산을 제공하여, 실제 임대차 계약 및 유지율을 높여 수익 창출의 기회를 높이는 것이다.

현대건설과 SK텔레콤이 기술을 접목해 만들어낸 미래지향적 IoT(사물인터넷) 기술이 접목된 스마트홈[8] 시연회를 2016년 11월 강남의 한 모델하우스에서 가졌다. 집안의 모든 가전제품이 스마트폰과 연결되어 식사 준비, 냉장고 온도조절, 난방장치나 출입문 제어, 조명이나 TV 등의 가전을 마음대로 조절하는 등 마술과 같은 시연이 펼쳐졌다. 컨넥티드 홈의 탄생이 본격화 된 것이다.[9] 고객들의 풍요롭고 편리한 삶을 위해 이들 회사는 기존의 벽을 뛰어넘어 IoT[10]가 빌트인 된 아파트를 상용화 하고자 파트너십을 체결했다.

자료: ERA, https://www.era.com/

[그림 11-2] VR을 이용한 아파트 구조 시현

---

8) 스마트홈이란 IoT가 빌트인 된 하우스를 지칭한다.

9) 강규일, 한권으로 읽는 4차 산업혁명, 책정원, 2018, pp.18-19.

10) IoT는 1999년 MIT 공대에서 처음 사용된 단어로 Internet of Things'의 줄임말로 '사물인터넷'이라 한다. 사물인터넷이란 인터넷 망을 기반으로 사람과 사물, 사물과 사물 간 정보통신기술이 융합되어 데이터를 주고받는 지능형 기술을 말한다.

토지나 임야를 개발하거나 매매하기 위해서는 임장활동이 매우 중요하다. 접근성이 좋은 토지는 임장활동의 시간과 비용이 많이 소요되지 않지만 접근성이 곤란한 토지의 형상, 지질, 크기를 육안으로 식별하기가 쉽지 않다. 이럴 경우 드론 기술을 이용하면 효율적 임장활동에 도움이 된다. [그림 11-2]는 VR로 아파트의 내부를 데모한 것이다.

보수적이고 전통적인 부동산 전방 시장(시행·시공·분양)에서 가상현실기술을 활용해 부동산업계의 사물인터넷화가 소비자의 만족도와 이익을 더 높이고, 부동산 산업의 혁신과 발전을 가져올 것이라고 올림프래닛 대표 권재현은 주장한다. 그는 "원래 건설업계에서 가상현실기술 활용은 단순히 분양상품을 홍보하는 이벤트에 그치는 수준이었다면, '집뷰(Housing View)'가 제공하는 VR콘텐츠 기반의 플랫폼 서비스는 부동산 프로젝트 개발 단계에서부터 컨설팅, 분양 영역까지 부동산 전방 시장의 공급과 다자간을 연계하는 솔루션을 제공한다"고 설명했다.[11] 리츠는 언제 어디서나 공급자와 소비자가 쉽고 편리하게 부동산 거래를

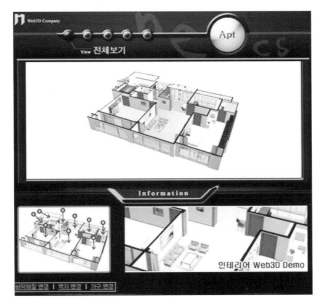

자료: 익스트리플

[그림 11-3] 3D를 이용한 아파트 모델 하우스

---

11) 조선비즈, "볼 수 없었던 집을 VR로… 부동산 종합서비스회사 그리는 올림플래닛", 2019. 5. 18.
https://biz.chosun.com/site/data/html_dir/2019/05/07/2019050702193.html

할 수 있도록 하는 서비스 기반을 마련해야 할 것이다.

한편, 익스트리플은 아파트 분양회사의 모델하우스를 웹 3D 기술 중 하나인 VRML 기술을 이용하여 모델하우스 웹사이트를 통해서 고객에게 실제 모델하우스를 [그림 11-3]과 같이 시연 및 시뮬레이션 할 수 있도록 Full 3D 형식으로 제작 하여 선보였다. 웹사이트 방문자가 모델하우스를 이리 저리 360도로 회전, 확대/축소, 이동은 물론 실제품의 기능을 동작해 보고, 가구나 벽지를 바꿔보고, 소품을 이동하여 자신의 방을 미리 꾸며 볼 수 있도록 제작해 소비자의 호응도를 끌어내려고 시도하였다.[12]

또한 베트남에서 가장 큰 부동산중개회사인 CenLand(센츄리부동산합동주식회사)는 VR 기술 기반에 의한 웹사이트에 아파트 분양 모델하우스를 탑재하여 고객들이 사이트에 등록하여 실재 현장에서 모델하우스를 요모조모 둘러보고 체험하는 플랫폼을 제작하여 선을 보였다. 베트남이 아직 초기 단계이지만 군사 훈련과 교육의 질을 향상시키는 애플리케이션 외에도, 디지털 전시회, VR 박물관, VR 관광 또는 부동산 사업 분야에도 응용하고 있다.[13] 베트남의 디지털 기술 기반이 아직은 열악하지만 정보를 생성하고 생생하게 실시간으로 전달하여 시청자들을 끌어들이고 상호작용하는 능력을 높여가고자 다양한 콘텐츠를 개발하는 것은 매우 고무적인 일이 아닐 수 없다.

2019년 12월 중국 우한에서 촉발된 우한 코로나로 인한 전 세계적인 팬데믹 상황 속에서 건설회사가 각종 분양을 위한 하드웨어적인 모델 하우스로 고객을 초대하는 것은 불가능에 가깝다. 건설회사나 개발회사들이 가상현실과 증강현실, 3D 기술을 결합한 모델하우스를 구축하여 실제 주택이나, 호텔, 쇼핑몰, 골프장 등을 가상적인 공간에서 실제 현장과 같이 체험도 하고, 가구나 벽지의 칼라, 구조 등을 고객 마음대로 변경, 인테리어 선택사양 및 옵션을 고객이 원하는 맞춤형으로 디자인 하여 생동감 있는 정보를 제공하여 호감도와 만족도를 높여 유효고객으로 유치하여 높은 수익을 창출할 수 있는 아주 바람직한 마케팅 전략이 될 수 있다.

이러한 변화는 진행 중에 있으며, 21세기 4차 산업혁명시대에 리츠의 비즈니스 대상의 부동

---

12) 익스트리플, 3D 모델하우스, 2013. 11. 1, http://www.extriple.com/board_002/579
13) 한국콘텐츠진흥원, 베트남콘산 20-2, 베트남 뉴콘텐츠 드랜드 및 협력방안. 2020. 3. 2.

산은 인터넷 기반 부동산(IoRE: Internet of Real estate)[14]이 될 것이다. 리츠는 IoRE를 대상으로 다양한 고객층에 특화된 다양한 콘텐츠로 다가갈 수 있도록 선택과 집중을 해야 한다. 이제 새로운 디지털 기술이 융합된 리츠가 누릴 수 있는 상당한 혜택 때문에 가까운 미래에 폭발적인 다양한 리츠를 보게 될 것으로 기대한다. 사실상 리츠 산업이 시장에서 디지털 기술과 융합되어 가장 진보된 존재가 되는 것을 보게 되는 것은 놀라운 일이 아니다.

3) 리츠의 투자대상으로 ICT 연결 부동산

리츠는 투자대상으로 어떤 유형의 부동산에 투자해야 하나? 당연히 정보통신기술 관련 데이터 보관 부동산산업이다. 저금리·저성장 시대 투자 대안으로 떠오르고 있는 리츠는 전자상거래, 소셜미디어, IT 산업의 발전에 힘입어 물류창고 리츠와 데이터 센터 리츠 등이 유망하다. 조선비즈 보도에 따르면 미국에는 주거용·오피스·상업 시설 리츠 외에도 데이터 센터, 물류창고, 의료시설, 호텔 리츠, 학생용 주택(student housing) 등 보유하고 있는 부동산 종류에 따라 다양한 상장 리츠가 있다. 이 중에서 2019년 단연 높은 수익을 내고 있는 것이 '데이터 센터 리츠'와 '물류창고 리츠'이다. 대신증권에 따르면, 연초 이후 데이터 센터 리츠의 평균 수익률은 48.5%, 물류창고 리츠 평균 수익률은 41.8%에 달했다. 주거용(33.2%), 오피스(22.8%), 상업 시설(13.2%) 리츠를 모두 제쳤다. 이 수익률은 주식처럼 증시에서 리츠 가격이 오른 상승률에 리츠 배당수익률을 합친 것이다. 이는 데이터 센터와 물류창고 사업의 높은 '성장성'을 내다보고 투자가 몰렸기 때문이다. 데이터 센터 리츠는 트위터, 페이스 북 같은 IT(정보 기술) 회사에 데이터를 저장하고 처리할 수 있는 서버 등 시설을 임차해주고 임대수익을 낸다. '물류창고 리츠'는 아마존 등 전자상거래 업체나 페덱스 같은 배송 회사들에 물류창고나 배송 센터를 임차한다. 소셜미디어와 전자상거래가 급격히 성장하면서 물류창고 리츠 지수는 2015년 이후 연평균 19%씩, 데이터 센터 리츠 지수는 연평균 17%씩 고성장 성과를 시현하였다.[15]

---

14) IoRE은 본사에서 인터넷 기반 부동산을 지칭한다. 인터넷 기반 부동산이란 5G 통신기술이 부동산에 빌트인 되어 스마트폰으로 부동산에 연결된 모든 디지털 디바이스를 구현할 수 있는 부동산을 지칭한다.

15) 조선비즈, 2019. 11. 20,
https://biz.chosun.com/site/data/html_dir/2019/11/19/2019111903635.html

4차 산업혁명 시대에 5G 리츠에 주목하는 것은 당연하다. 5G 통신기술은 우리가 여태껏 겪어보지 못한 새로운 세계로 들어가는 초고속도로와 같다. 5G 리츠는 통신사의 셀 타워지지 구조물 등 인프라를 임차해주고 수익을 창출하는 수익구조이다. 미국에는 대표적인 5G 리츠로 AMT(American Tower Corp), SBA(SBA Communications)와 CCI(Crown Castle International) 등이 있다. 5G 리츠를 언급하기 전에 5G 통신기술에 대한 이해가 있어야 만 이 리츠가 앞 다투어 5G에 주목하는지 알 수 있다. 5G 기술은 무선 기술의 5세대 이동통신으로 불린다.[16] 5G 기술은 기존의 휴대폰 단말기 연결을 넘어 모든 전자기기를 연결할 수 있는 이제까지 경험했던 통신기술을 훨씬 뛰어 넘는 새로운 시대로 디지털 세상을 바꿀 것이다. 5G 이동통신은 현재 사용하고 있는 4G 이동통신 기술인 LTE(롱텀에볼루션)과 비교하여 최대 속도가 20Gbps 빠르고, 처리용량은 100배 많다. 즉, 5G는 초고속, 현재보다 10분의 1 수준의 지연시간(초저지연), 100배 높아진 전송가능 트래픽과 함께 단위면적(1km²)당 접속가능 기기 100만 개(초연결) 등의 특징을 가진 통신기술이다. 이와 같은 통신기술이 기반이 되어야만 빅데이터, 가상·증강현실, 자율주행, 사물인터넷 등에서 생성된 메가톤급 데이터를 지연 없이 초고속으로 구현할 수 있다.[17] 5G는 4차 산업혁명 시대의 디지털 기술을 구현할 수 있는 핵심 통신기술이다. 지금 전 세계는 5G 기술과 시장 선점을 위해 치열한 경쟁을 벌이고 있다. 대표적인 예가 미국과 중국과의 무역전쟁의 단초는 5G를 기술을 먼저 확득하고자 패권다툼을 벌이고 있다. 지금도 이 전쟁은 진행 중이다.

4) 리츠의 뉴비즈니스 모델로 5G 기술 기반 부동산 주목

5G 이동통신을 하려면 각 통신업체는 셀 타워 인프라를 보유해야만 한다. 그래서 리츠는 통신업체에 셀 타워 인프라 등을 장기 임차해주고 수익을 얻는다. 4차 산업혁명 시대에 5G는 핵심 중추 인프라 신경망이다. AMT는 미국 최대 셀룰러 인프라 리츠이다. AMT는 지난 10년 동안 연평균 수익률 21%를 올렸고, 금년 초부터 현재까지의 수익률은 54%에 달했다. 이는 저렴한 스마트 폰이 폭발적으로 늘어남에 따라 5G 출시와 신흥 시장에 대한 기대로 자본이 쏠리고 있는 것으로 추정된다. SBA는 북미, 중미 및 남미에 약 3만 개의 셀 타워

---

16) 5G의 G는 세대를 의미한다. 2G는 CDMA, 3G는 WCDMA, 4G는 LTE가 휴대폰과 연결하는 기술이다.
17) 시사상식사전,
   https://terms.naver.com/entry.nhn?docId=1968158&cid=43667&categoryId=43667

를 가지고 있어 가장 작은 셀룰러 인프라 리츠이다. 그럼에도 불구하고 SBA는 향후 5년 동안 연간 80% 이상의 성장률을 보일 것으로 예상하고 있다. CCI 역시 미국의 4대 무선 통신 업체에 셀타워를 제공하는 업체로 아주 견실한 성장을 예상하고 있다.[18] 이와 같은 것은 21세기 리츠가 지향해야 할 비즈니스 모델의 방향을 가리키는 것이다. 4차 산업혁명 시대에 리츠도 정태적인 관념에서 벗어나 변화와 혁신의 웨이브에 선두주가가 될 수 없다면 빠르게 쫓아가는 추격자가 되어야 할 것이다.

이제 리츠는 기술이 만나는 부동산을 투자대상으로 하여야 한다. 데이터 센터 리츠는 우리나라에서 아직 첫걸음도 떼지 못했지만 우리나라 리츠가 관심을 집중시킬 산업분야이다. 데이터 센터는 클라우드 서버를 저장하는 건물이다. 컴퓨터에서 생성된 파일을 저장할 때 개인 컴퓨터 드라이버뿐만 아니라 인터넷과 연결된 중앙컴퓨터에 저장할 수 있는데 이 공간을 클라우드라고 한다. 인터넷이 연결되는 곳은 시공을 초월해 언제든 데이터를 불러와 작업을 할 수 있다. 특히 5G 기술 환경과 연결된 스마트 폰을 통한 클라우드 접속이 매우 간편해져 우리의 일상의 대 변혁을 불러올 것이다. 이는 컴퓨터 이동의 불편함과 USB 메모리 용량 한계와 데이터 보관의 위험을 최소화 할 수 있다. 클라우드 시장의 상용화로 저장비용이 저렴해지면서 5G 통신기술에 기반한 빅데이터, 가상·증강현실, 3D, 자율주행, 사물인터넷 등으로부터 생성 되는 문자, 통계자료, 사진이나 그래픽, 동영상 등 메가톤급 데이터를 지연 없이 초고속으로 송수신하여 분석 처리하는 데는 빅데이터와 인공지능(AI)기술이 적용된다. 컴퓨터를 이용하여 생성된 데이터를 안전하게 보관하고 전천후로 활용하기 위해서는 클라우드 인프라를 임대하여 사용하는 것이 점점 중요해지고 있다.

SK텔레콤은 아마존웹서비스(AWS)와 제휴하여 국내에서 5G 기반 모바일 에지 컴퓨팅(MEC)사업을 추진 중에 있고, 회원 수 1억 6천만 명을 보유한 글로벌 동영상 서비스 업체인 넷플릭스도 아마존의 AWS를 대여하여 사업을 하고 있다. 뿐만 아니라 쿠팡, 배달의 민족, 마켓컬리와 같은 유통업체도 클라우드 서비스를 아웃소싱 하여 주문을 받고 배달을 하고 있다. 알리바바는 직접 구축한 클라우드를 활용하여 유통뿐만 아니라 모든 산업에서 디지털 혁신을 지원한다는 전략으로 핀테크, 부동산 개발 분야까지도 사업영역을 확대하고 있

---

18) Forbes, 5G REITs: Where Tech Meets Real Estate, 2019. 9. 12,
   https://www.forbes.com/sites/moneyshow/2019/09/12/5g-reits-where-tech-meets-real-estate/#30d977772fa7

다. 구글, 마이크로소프트, 인텔, 아마존 등 글로벌 IT 기업들은 우리나라에 클라우드 서비스 제공을 위해 데이터 인프라 구축에 집중 투자하고 있다. 특히 하이퍼스케일 클라우드 데이터 센터 건립에 투자를 확대하고 있다. 하이퍼스케일 데이터 센터는 2019년 말 기준 560여 개에 이르고 있으며, 미국이 44%, 중국 8%, 일본과 영국이 6%, 호주와 독일이 5%를 점유하고 있다. 2021년에는 828개로 늘어날 전망이다.

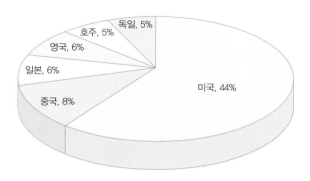

[그림 11-4] 데이터 센터 점유율

한편 우리나라 2019년 말 데이터 센터는 158개이고, 민간 운용이 90개, 공공 운용이 68개이다. 민간 운용의 90개 데이터 센터는 상업용 목적의 대여가 49개이고 자사이용이 41개 이다.[19] 4차 산업혁명 시대에 하이퍼스케일 클라우드 서브를 보관할 데이터 센터의 임대 수요가 폭증한다는 것이다. 5G 기술을 선도하기 위해 LG 유플러스, SK 텔레콤, KT, 네이버 등이 데이터 센터 확장에 투자하고 있다. 한국데이터 센터연합회가 발표한 '2020 데이터 센터 산업 현황 전망 보고서'에 따르면 우리나라 상업용 데이터 센터는 2025년까지 연평균 15.9% 성장을 하여 일본에 이어 아시아 2위 수준으로 부상할 것으로 내다보고 있다.[20] 2019년 글로벌 데이터 센터 리츠 1위인 에퀴닉스 리츠와 2위인 디지털리얼티 리츠는 한국 시장에 진출하였다. 이제 우리나라도 데이터 센터 및 물류센터 리츠 등의 사업으로 리츠 사업의 지형을 확장해야 할 것이다.

---

19) 최민성, 4차 산업혁명 시대 부동산 ①, ②, 스트레이터뉴스, 2020. 1. 21.
20) 한국데이터 센터연합회, 2020 데이터 센터 산업 현황 전망 보고서, 2020. 5. 20,
    http://kdcc.or.kr/bbs/board.php?bo_table=sub6_4

3 리츠의 디지털 비즈니스 플랫폼

4차 산업혁명 시대에 개인과 기업은 변화의 도도한 물결에 역행할 수 없는 현실을 맞게 되었다. 5G가 디지털 비즈니스 프로세스를 조기 구축할 수 있는 중추 신경망이다. 5G는 지역별 국가별 광대역으로 네트워크를 넓히면서 빅데이터, 인공지능, 3D, VR 등의 모든 디지털디바이스가 생성하는 거대한 정보를 초고속으로 전할 수 있게 되었다. 이제 리츠도 폐쇄적인 웹 사이트 운영에서 벗어나 디지털 비즈니스 플랫폼 전환으로 변화와 혁신을 강력히 요구받고 있다. 아래 [그림 11-5]는 리츠의 디지털 비즈니스 플레폼 모형을 제시한 것이다. 수요보다 공급이 부족할 때는 천수답형 비즈니스 모델이 관심을 받을 수 있다. 리츠 사이트에 특정 유형의 부동산을 데모한 상태에서 고객들이 쇼핑하면서 구미에 당기는 부동산을 선택할 때 계약으로 성사되어 수익을 얻는 구조가 천수답형 비즈니스 모델이다. 수요보다 공급이 넘쳐나지만 고객이 찾고 있는 진정한 부동산이 무엇인지 알기를 원한다면 천수답형 비즈니스 모델로는 승부를 할 수 없다. 고객의 니즈를 수집 분석하여 고객이 원하는 부동산을 신속하고 정확하게 제공하고 신규고객을 지속적으로 찾아서 계약(매매)으로 연결될 수 있는 고객정보 기반 디지털 비즈니스 플랫폼(DBP: Degital Business Platform) 구축이 경쟁력을 높일 수 있다.

디지털 비즈니스 플랫폼은 표준화·모듈화·공용화를 통한 개방형 혁신기술이다 라고 권상국(2020)[21]은 정의한다. 리츠 산업의 목적은 고객관계가치(CRV: Customer Relationship Value)[22] 창출의 극대화와 고품질의 인터넷 기반 부동산(IoRE: Internet of Real estate)을 제공하기 위해 디지털 비즈니스 모델 구축에 핵심역량을 집중시킬 필요성이 강조된다. 리츠가 수익구조 개선을 위해 불연속 및 분산된 비즈니스 프로세스를 디지털 비즈니스 플랫폼으로 전환하여 고객이 요구하는 정확한 정보를 신속히 제공하여 리츠 사이트의 신뢰성과 브랜드의 인지도를 높여야 한다. 리츠는 가용할 수 있는 한정된 자원을 고객관계가치(CRV) 창출과 인터넷 기반 부동산(IoRE)제공을 위해 디지털 비즈니스 플랫폼 전환으로 선택과 집

---

21) 권상국, IT를 넘어 DT로, 생각나눔, 2020. pp.255-257.

22) CRV(Customer Relationship Value)라는 것은 고객관리를 통한 잠재고객이 구매(계약) 고객으로 연결되어 기업의 실질적인 가치를 높이는 가치를 지칭한다.

중을 해야 한다. 아래 서술하는 각 플랫폼은 각각 독립된 플랫폼이라기보다 유기적으로 결합된 하나의 리츠 플랫폼이다. 다만 이해를 돕기 위해 구분하여 각 플랫폼을 설명하고 각 플랫폼에서 강조점을 제시하려고 한다.

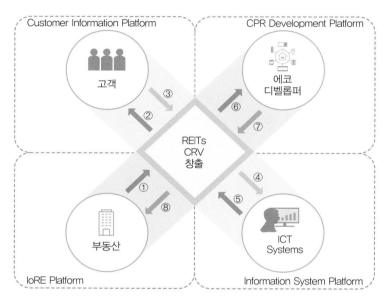

[그림 11-5] 리츠의 디지털 비즈니스 플랫폼(RDBP)

1) 고객정보 플랫폼(CIP)

고객정보 플랫폼(CIP: Customer Information Platform)은 넘쳐나는 고객 정보를 수집하고 축적된 데이터를 인공지능(AI)과 빅데이터(Bigdata)로 분석하여 리츠 커머셜(commercial)에 연결될 수 있는 인사이트(insight)를 찾는 고객관리 운영체제이다. 고객관리의 핵심은 고객관계가치를 창출하는 것이다. 고객관계가치(CRV)를 창출하기 위해서는 계약 성공률을 높이는 것이다. 고객관계가치란 고객들이 리츠의 웹사이트를 쇼핑하고 계약(매매)으로 연결되어 창출되는 수익이다. 계약 성공률은 임차인들이 어떤 과정을 통해서 계약이 이루어지는지 전 과정을 이해할 때 높아진다. 이를 위해 '가치 있는 부동산이 있다'[23]는 것을 우선 알

---

23) 가치 있는 부동산이란 기술이 만나는 부동산을 말한다. 즉 ICT와 연결될 수 있는 부동산이다.

려야 한다. 알리는 방법은 다양한 미디어를 통해 알 릴 수 있다. 문제는 광고가 광고로 끝나는 것이 아닌 광고가 CRV(고객관계가치)로 어떻게 되돌아왔는지에 대하여 시스템으로 알 필요가 있다. 즉 고객이 부동산에 대한 정보를 어떤 경로를 통해 인식하게 되었고, 어떤 반응을 보였고, 계약의 결심에 이르게 된 유의미한 고객의 내면적 동기 및 가치 등의 정보를 시스템적으로 관리할 필요성이 요구되고, 그 방대한 정보를 종합적 시스템적으로 관리하는 프로세스가 고객정보 플랫폼(CIP)이다.

이해를 돕기 위해 원룸 리츠 플랫폼을 예로 들어보자. 이 플랫폼에는 아주 다양한 콘텐츠와 이 콘텐츠 정보를 교환하는 임대인과 임차인이 모여 있다. 원룸 리츠의 주 수입원은 임대차 계약에 따른 임대수입이다. 원룸 리츠는 임대차계약 성공률을 높이는 것이 수익과 직결된다. 이 프로세스를 부동산학에서는 고객점유 마케팅인 [그림 11-6]의 AIDA 원리라 한다. AIDA의 원리는 Lewis(1898)가 고안한 것으로 인간의 욕망과 행동과는 기억의 연결고리가 작용하여 계약(구매)으로 연결되는 것으로 그 뒤 여러 학자들에 의해 다양한 분야에 응용되었다.

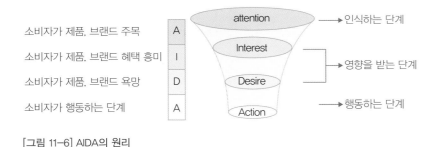

[그림 11-6] AIDA의 원리

이 원리는 Townsend(1924)에 의해 구매 깔때기(Purchase Funnel) 모델로 [그림 11-7]과 같이 확장되었다.[24] 이 모델이 진화하여 오늘날 마케팅 깔때기 모델(Marketing Funnel Model)원리로 진화했다. 깔때기 모델은 입구가 넓고 출구가 좁다. 그렇다, 부동산시장에는 아주 다양한 유형의 고객이 존재한다. 아무리 고객이 많이 존재한다 하더라도 그 고객이 임차인(매수인)으로 연결될 때 고객관계가치(CRV)를 창출 할 수 있다. 고객이 고객관계가치

---

24) Townsend, William W.(1924), Bond salesmanship, Arno Press. p.109.

(CRV)를 창출할 수 있는 가치고객으로 연결되는 프로세스가 AIDA의 원리이다. 리츠가 고객관계가치를 높이기 위해서는 고객정보 플랫폼(CIP)에 마케팅 깔때기 원리를 응용할 수 있다. 잠재고객에서 가치고객으로의 연결을 높이기 위해서는 고객이 잠재고객으로, 잠재고객에서 가치가격으로, 가치고객이 구매(계약)로 이전되는지, 가치고객이 신규고객을 추천하여 새로운 고객으로 연결 및 전이과정을 각 단계별 프로세스로 이해하고 유의미한 정보를 수집, 분석, 데이터화 하여 상시적으로 최적의 정보를 리츠의 모든 구성원이 공유할 때 고객관계가치를 창출할 수 있다.

웹 사이트, 블로그, 광고, 이벤트, 캠페인, 소셜미디어, 소비자 조사 등로 유용한 정보를 제공하여 소비자를 끌어들임.

소비자가 관심을 보이는 분야에 대한 전자메일, 타겟 콘텐츠 제공, 업계 및 브랜드 제공, 뉴스 레터로 관심 유발.

잠재고객으로 자동화된 이메일 통해 제품정보, 사례연구, 무료 사은품 제공, 잠재고객을 지속적 관리.

제품 데모, 제품이 구매자에게 최고의 선택 인가에 대한 근거 제시.

구매자는 제품 및 서비스를 구매할 지에 대한 최종 평가, 구매자가 선택하는 제품 서비스가 최고의 선택임을 확신.
잠재 고객이 고객으로 전환되어 매출로 이어진다. 구매자가 구입한 제품 서비스를 지인에게 추천하여 신규고객 창출.

[그림 11-7] 마케팅 깔때기 모형

고객(임차인)이 어떤 제품이나 서비스를 구매(계약)하는 과정은 사람이 제품에 대한 인지와 욕망에서 구매에 이르기 까지 기억이 작용한다는 것이다. 고객은 다양한 정보매체를 통해 제품을 인식 → 관심 단계는 인식한 제품에 대하여 전자메일, 타겟 콘텐츠 제공으로 관심을 유발 → 고려 단계는 잠재고객으로 무료 사은품 제공, 사례연구 등의 제품정보 제공으로 지속적인 관리 → 의도 단계는 제품 데모, 제품 선택이 고객의 최고의 선택 인가에 대한 정보 제시 → 고객이 선택하는 제품이 최고의 선택임을 확신 → 잠재 고객이 고객관계가치고객으로 전환되어 매출로 이어지고, 가치고객이 지인에게 제품(서비스)을 추천하여 신규고객이 창출되는 선순환 구조로 연결된다. 고객정보 플랫폼(CIP)은 전통적인 일방향 방식(One-Way)의 고객관리에서 양방향(Two-Way) 방식의 고객관리로 전환을 의미한다. 이런 원리로부터 각 단계에서 생성되는 다양한 정보를 수집, 분류, 분석, 축적하여 고객관계가치를 창출할 수 있는 고객정보 플랫폼(CIP)을 구축할 필요성이 있다.

2) 인터넷 기반 부동산 플랫폼(IoRE Platform)

인터넷 기반 부동산 플랫폼(IoRE Platform)이란 고객이 선호하는 인터넷 기반 부동산 (IoRE)을 데모하고, 경험하고, 고객의 반응과 관련된 다양한 정보를 수집, 축적하여 고객이 찾고 있는 맞춤형 부동산 등을 제공하는 운영체제이다. 리츠가 웹사이트에 인터넷 기반 부동산(IoRE)을 데모하여, 구조, 디자인, 크기, 위치, 유형, 고객의 만족, 요구 개선사항, 인터넷 기반 부동산(IoRE) 시스템의 만족도 등 부동산과 부동산 서비스에 관련된 종합적인 정보를 체계적으로 관리해야 한다. 부동산 및 고객 정보는 종합정보플랫폼(ISP: Information system Platform)에서 관리되어 고객관계가치를 창출하고 고객 친화적 에코 디벨롭이 가능하도록 정보 교환이 되어야 한다. 즉, 고객이 선호하는 부동산(CPR; Customer Preference Real estate)을 지속적으로 개발하기 위해 CPR 개발 플랫폼(CPR Development Platform)에서 관리되어야 한다. 전통적인 부동산 개발은 고객의 니즈가 미 반영된 것이다. 그러나 인터넷 기반 부동산(IoRE)은 고객이 원하는 다양한 가치가 결합된 부동산이다. 마케팅의 출발점이 고객의 니즈가 미반영된 부동산을 데모하는 것이 아니라 고객이 원하는 가치가 융합된 부동산을 인터넷 웹사이트에 데모하여 고객의 인식이 구매(계약)로 연결되도록 하는 것이다. 인터넷 기반 부동산(IoRE) 플랫폼의 우선 가치는 부동산이 아닌 고객이다. 고객의 유형은 소득, 기호, 연령, 성별, 지역별 등 다양하다. 시장 유형에 따라 고객이 원하는 가치가 융합된 부동산을 제공해야 리츠의 수익구조를 개선할 수 있다.

3) 고객이 선호하는 부동산 개발 플랫폼(CPR Development Platform)

고객이 선호하는 부동산 개발 플랫폼은 고객 중심 인터넷 기반 부동산(IoRE) 개발을 위해 기술이 만나는 부동산 건축 기술 정보를 종합적으로 관리하는 운영체제이다. 물론 리츠가 직접적으로 부동산을 개발 할 수도 있지만, 개발된 부동산을 매입하는 경우가 훨씬 더 많다. 4차 산업혁명 시대에 리츠는 기술이 만나는 부동산 IoRE를 투자(임차)의 대상으로 할 것이다. 이 경우 고객이 선호하는 부동산 개발은 외부업체가 하게 된다. 그러면 왜 리츠가 고객이 선호하는 부동산 개발 플랫폼을 운영해야 하는지 의문이 제기될 수 있다. 리츠가 IoRE를 고객에게 제공하기 위해서는 부동산 개발업체와 전략적 제휴 내지 공동개발을 할 수도 있다. 리츠는 리츠가 원하는 부동산을 개발업체에 요구하고 개발업체는 리츠가 원하는 질 좋은 부동산을 개발하여 적기에 리츠에 제공할 때 리츠와 부동산 개발업체는 서로 윈 윈(Win-Win) 할 수 있다. 결국 리츠가 생존하고자 할 때 고객이 가치를 부여하는 IoRE에 투자와 계약을 하게 된다. 다양한 고객의 유형에 따라 맞춤식 IoRE를 제공하기 위해 CPR 개발 플랫폼도 갖춰져 운영되어야 할 것이다.

4) 리츠도 디지털 비즈니스 플랫폼 속으로

그러면 이제까지 논의한 리츠의 디지털 비즈니스 플랫폼의 흐름도를 정리해보자. 리츠는 고객인 선호하는 인터넷 기반 부동산(IoRE) ①을 리츠의 웹사이트에 데모 → 수많은 고객들이 인터넷 기반 부동산(IoRE) ②을 인지와 반응 → 고객의 인지와 반응에 따라 1차적으로 구매(계약) 또는 유보/클레임 등 다양한 정보 생성③ → 리츠의 정보 플랫폼(ISP)에 데이로 축적④ → 고객과 부동산에 관한 유의미한 정보를 필터링 / 고객관리와 부동산 개발 및 품질개선으로 정보 환류⑤ → 고객이 요구하는 부동산 개발 및 품질 정보가 CPR 개발 플랫폼(CPR DP)에 접수⑥ → 에코 디벨로퍼들이 기술적 검토/평가하여 고객이 선호하는 인터넷 기반 부동산 개발⑦ → 인터넷 기반 부동산을 리츠의 웹 사이트에 데모⑧ 하여 고객과 부동산의 정보를 조직적 체계적으로 관리하여 효과적으로 커머셜 인사이트를 찾고자 디지털 비즈니스 플랫폼(DBP) 구축이 필요하다.

결론적으로 리츠의 디지털 비즈니스 플랫폼은 고객의 정보를 기반으로 침투시장의 지평을 넓혀 구매(계약)를 높이고 고객이 부여할 수 있는 유의미한 콘텐츠를 제공하여 리츠의 브랜드 이미지를 높여 구글이나 아마존처럼 부가적인 광고 수입을 늘려 수익구조를 개선하는데 그 목적이 있다. 수익구조 개선은 수익을 늘리던지 아니면 비용을 줄이면 된다. 리츠마다 처해 있는 회사 여건이 상이함으로 신뢰성, 공감성, 고객 소통성 등을 고려한 디지털 비즈니스 플랫폼 도입이 필요하다.

참고문헌

강규일. 2018. 한권으로 읽는 4차 산업혁명, 책정원.

권상국. 2020. IT를 넘어 DT로, 생각나눔.

최차순·노영기·김인수. 2005. 부동산투자신탁, 박영사.

디지털마케팅연구회, 2020 디지털마케팅트렌드분석 및 전망, 디지털 마케팅 포럼, 2019. 11. 13,

익스트리플, 3D 모델하우스, 2013. 11. 1,

    http://www.extriple.com/board_002/579

시사상식사전,

    https://terms.naver.com/entry.nhn?docId=1968158&cid=43667&categoryId

조선비즈, "볼 수 없었던 집을 VR로"…부동산 종합서비스회사 그리는 올림플래닛 ", 2019. 5. 18.

    https://biz.chosun.com/site/data/html_dir/2019/05/07/2019050702193.html

조선비즈, 2019. 11. 20,

    https://biz.chosun.com/site/data/html_dir/2019/11/19/2019111903635.html

최민성, 4차 산업혁명 시대 부동산 ①, ②, 스트레이터뉴스, 2020. 1. 21.

한국경제, 2020.4.29.,

    https://www.hankyung.com/international/article/2020042947581

한국데이터 센터연합회, 2020 데이터 센터 산업 현황 전망 보고서, 2020. 5. 20,

    http://kdcc.or.kr/bbs/board.php?bo_table=sub6_4

한국콘텐츠진흥원, 베트남콘산 20-2, 베트남 뉴콘텐츠 드랜드 및 협력방안. 2020. 3.2.

Forbes, 5G REITs: Where Tech Meets Real Estate, 2019. 9. 12,

Klaus Schwab, 클라우스 슈밥의 제4차 산업혁명, 새로운 현재, 2016.

    https://www.marketcast.co.kr/2191?category=525028

Salesinsight, 영업의 디지털 전환과 세일즈포스 CRM 활용효과, 2020. 2. 24,

    https://blog.naver.com/hndgt/221821564889

Townsend, William W., Bond salesmanship, Arno Press. 1929, p.109.

Walker, R. 12 Powerful Growth Strategies to Increase Revenue, business 2 Community, April 5 2018.

제 **12** 장

리츠의 미래

⌂1 새로운 차원에 접어든 리츠의 진화

⌂2 부동산산업을 선도하는 리츠

⌂3 운영회사 대 펀드 구조

⌂4 앞으로 있을 변화

⌂5 리츠의 공개 대 비공개 지위와
　　부채 사용의 증가

⌂6 리츠 컨셉의 글로벌화

⌂7 적자생존

⌂8 맺는 말

1 새로운 차원에 접어든 리츠의 진화

1960년대 초에 최초로 일반 투자가들에게 소개된 리츠의 개념은 지난 60년 동안 의미 있게 변화해 왔다. 이 진화의 기간 동안 리츠 관리자들은 더 넓은 시야로 리츠를 바라볼 수 있었고 투자자들의 투자 습관을 변화시켰고 시장의 환경 또한 크게 뒤바뀌는 계기로 작용하면서 리츠 자체는 좀 더 다양화되었다. 리츠가 세계 각국으로 확산되며, 기관투자가들이 그들의 포트폴리오에 비중을 높이며, 증권분석가들의 적절한 보고서와 일반투자자들이 주목하면서 이전에는 상상도 할 수 없을 정도로 대중화되었다. 이러한 변화들이 Wall Street, 동경 증권시장, 영국의 시티로 하여금 리츠에 더 큰 관심을 가지도록 하였으며, 투자시장에 새로운 강자로 리츠를 새롭게 인식하는 계기가 되었다.

리츠가 장기적인 투자 수단으로 투자가들의 주목을 받으면서 투자가들은 매력적인 장기 투자 수단으로서의 지위를 유지하기 위해 성장하고 변화할 것이라는 점을 분명히 확신하게 될 것이다. 과거에는 자본을 보유한 자들이 개인적 혹은 공적인 수단으로 부동산을 직접 소유하려는 다양한 형태로 존재하였다. Mueller와 Anikeeff(2001)는 1960년대는 모기지형 리츠, 1970년대는 부동산 리미티드 파트너십, 1980년대는 부동산 운영회사, 1990년대는 지분형 리츠를 가장 인기 있는 투자 수단이라고 지적하였다.[1] Sarah(2017), Dorrington(2020)[2]은 리츠가 투자자들에게 안정적인 수익을 제공하는 투자상품이 될 것이며, 각국의 정치 제

---

1) 최차순 외 2인 전개서, p.303.
2) Dorrington, B.는 publisher of APAC Real Estate이다.

도적 차이에 의해 다소간의 시차는 존재할 수 있겠지만 지속적으로 투자자들의 관심을 갖게 될 것으로 내다본다. 리츠 출범 후 리츠 운영자, 부동산 보유자, 부동산 개발업자, 기관투자가와 일반투자가들은 부동산을 보유하고, 개발 및 이용, 부동산에 투자하는 가장 합리적인 수단이 어떤 것인지를 연구하는 과정에서 수 없는 시행착오를 거치면서 다양한 형태의 구조를 실험해 왔다. 아직도 그 실험은 진행 중에 있으며 보다 적합한 수단으로 투자가의 기대에 부응하기 위해 리츠 운영자, 부동산 개발업자, 투자가들이 지혜를 모으고 있다. 이러한 리츠 개념이 가까운 미래에 투자자들의 인기가 시들지 아니하며 지속될 수 있다는 그럴만한 이유가 있을까?

한 간단한 통계는 부동산의 증권화가 미래에도 엄청나게 성장해 갈 수 있는 잠재력을 가진 매우 유용한 투자수단이 될 것이라는 통찰력을 주고 있다. Kenney(2016)은 오늘날 미국에서 기관투자가들이 그들의 투자계획에서 부동산 부문의 적절한 할당으로 8~10% 정도의 리츠를 포트폴리오에 꾸준히 유지해 왔다고 주장한다. 왜냐하면 기관투자가들이 장기적으로 리츠를 고수익을 실현할 수 있는 매력적인 상품으로 투자를 해왔기 때문이다. 또한 리츠의 수익률과 인플레이션 헷징 수단이 기관투자가들의 관심을 끌게 하였고, 그들의 전체 포트폴리오의 위험을 최소화시킬 수 있는 충분한 기회로 여겼다.[3] 이것은 장래 리츠 산업의 성장에 대한 잠재력을 시사하는 것인데, 현재의 리츠 구조가 이러한 성장의 도구로 사용될 수 있을 것인가? 만약 그렇다면, 미래에 리츠가 어떻게 변화할 것으로 기대할 수 있을까?

이 물음의 답은 리츠가 5G 기술 기반에 의한 부동산 투자에 주목하고 있다는 것이다. 5G 기술은 디지털 디바이스에서 생성하는 모든 정보를 가장 신속하게 연결하는 10차선 고속도로와 같은 기술이다. 경제가 좋든지 나쁘든지 간에 5G 기술기반 사업은 계속이어 질 것이기 때문에 사물인터넷(IoT: Internet of Things) 더 나아가 만물 인터넷(IoE: Internet of Everything) 부동산에 투자하는 것은 투자자들에게 성장과 방어를 동시에 제공하게 된다. 리츠 산업의 변화와 혁신을 이끌어 갈 선두주자 3개의 리츠가 모두 5G 리츠(AMT, SBA, CCI)[4]이다. 이뿐만 아니라 리츠가 5G 기술 기반에 의한 비즈니스 모델로 들어서지 않으면

---

3) 기관투자가들의 리츠에 많은 투자(Allen Kenney, 2016.3.17.), https://rei.com/news/podcasts.

4) Forbes,5G REITs: Where Tech Meets Real Estate. 2019.9.12. AMT(American Tower Corp), SBA(SBA Communications Corp), CCI(Crown Castle International Corp)는 5G 통신을 연결해주는 통신타워회사이다. 통신타워 수요는 계속 폭발적으로 증가할 것이고 이들 관련 부동산 투자에 리츠가 주목하는 것은 너무나 당연하다.

안 되는 새로운 차원의 변화의 물결이 지구상 이곳저곳에서 일어나고 있다는 사실을 우리는 목도하고 있다.

본 장에서 우리는 리츠가 계속 존속될 것으로 예측할 수 있다. 지금의 리츠 구조나 유형은 보다 친 투자적인 환경으로 변화할 것으로 기대할 수 있지만 우리는 부동산 보유를 위한 중요한 투자 수단으로 리츠의 개념이 지속될 것으로 관측한다. 리츠 산업은 고용, GDP, 부동산가격 안정, 분배 등 국민경제에 더 많은 영향을 미치는 산업으로 부각될 것이며, 그렇다면 리츠 산업의 성장과 번영, 스마트한 구조에 영향을 미칠 수 있는 요인들과 변화들을 살펴보는 것은 의미가 있을 것이다. 이러한 변화는 단순한 예측에 거치는 것이 아니라 투자가들의 관심을 받으면서 고객이 원하는 가치 있는 새로운 형태의 5G 기술 기반 리츠가 개발되고 있다.

2 | 부동산산업을 선도하는 리츠

지난 60년 동안 리츠 수익률 성과의 경험치에 비추어 본다면 리츠 개념이 어느 정도 변화의 과정은 피할 수 없을지 모르나 부동산산업을 이끌어갈 선두주자 리츠에 대해서 짚어보려고 한다. 우리는 과거 60년간 리츠 수익률 실적이 시장의 다른 증권에 비해 우수하다고는 말 할 수는 없지만 리츠에 대한 투자가들의 수요는 분명히 존재했으며, 여전히 평균수익률 이상을 유지하기 위한 분산투자의 훌륭한 수단으로 리츠를 선호해 왔다고 말할 수 있겠다. 모든 주식시장에서 리츠는 자유롭게 거래되고 있다. 과거에는 주식 거래를 하려면 아침부터 장이 종료될 때까지 주식시장에서 주식매매주문서를 수기로 작성하여 증권사 영업직원에 제출하여 거래하였지만, 지금은 IT 기술 발달로 굳이 증권시장에 가지 않더라도 모바일 트래이딩 시스템으로 24시간 언제 어디서든지 시세의 흐름을 보면서 매매할 수가 있다. 리츠의 증권도 주식시장에 상장되어 거래되기 때문에 국내든 해외든 언제든지 쉽게 투자할 수 있는 부동산투자의 대체 종목이 되어버렸다. 이러한 변화와 리츠에 대한 기관투자가들과 전문가들의 우호적인 보고서와 정부의 적극적인 지원은 물론이고 투자자 보호를 위한 환경 조성과 더불어 수요가 존재하는 한 리츠는 성장을 계속할 것이다.

리츠의 배당 지급 비율이 높다는 점과 법인 소득세가 없다는 점, 유동성과 거래의 투명성을 높였다는 점이 리츠에 대한 매력적인 투자 수단이다. 즉, 자산유동화증권(ABS), 주택저당증권(MBS)이 채권(bond)은 고정이자(fixed-income) 수익만을 수취하는데 반하여 리츠는 지분형(equity) 부동산 간접투자상품으로 배당수익(dividend yield)과 주가상승이익(appreciation)을 동시에 추구할 수 있기 때문이다. 증권시장이 활황일 때는 리츠 및 다른 증권 모두에 대한 수요가 증가한다. 그러나 증권시장이 불황이거나 변동성이 심할 때 투자가들은 좀 더 안전한 피난처와 안정된 현금 흐름을 확보하고자 높은 현찰배당을 지급하는 리츠를 선호하게 된다. 사실은 증권시장이 호황일 때 리츠의 비중을 어느 정도 줄일 수 있지만 코로나 팬데믹 같은 경기가 불황일 때(즉, 경제 불황으로 증권가격이 하락할 때) 어떤 투자가들은 자신들의 증권 매도를 주저할 수도 있다. 이런 위기상황에서 리츠는 투자가들의 소득을 상당한 정도로 보장할 수 있는 탄탄한 수단이 된다.

리츠가 안정적인 소득 흐름을 제공할 수 있는 매력은 간단하다. 지분형 리츠의 소득은 전형적으로 리츠의 기초자산인 부동산 임대소득(rental income)에서 나온다. 임대소득은 통상 장기 임대를 통해 확보되기 때문에 적어도 단기적으로는 리츠의 현금흐름이 증권시장의 변동성에 의해 영향을 받지 않는다는 것이다. 모기지형 리츠 역시 차입자와 일정기간 계약에 의한 이자 수입의 현금 흐름이 경기상황의 변동에 따라 큰 타격을 받지 않기 때문에 증권시장의 변동성에 별 영향을 받지 않기 때문이다. 이런 상황 하에서는 증권시장의 변동성에 상관없이 모기지형 리츠의 계획된 소득도 매우 안정적이다. 리츠의 가장 큰 특징은 과세 대상 소득의 대부분을 법적으로 지급해야 하는 도관체이기 때문에 경기상황과 무관하게 지급하는 높은 배당금은 투자가들에게 변덕스러운 시장 하에서 안정된 힘이 되는 것이다. 이 때문에 투자자들이 리츠에 대해 지속적으로 투자하고 있고 투자 규모 역시 꾸준히 상승세를 보이고 있다. 이런 상승세는 미국을 넘어 유럽과 아프리카 중동으로 퍼졌고, 호주를 비롯한 일본이 특히 세계 리츠 시장 규모 2위를 보일 정도로 탄탄하게 성장해 왔다.

리츠에 대한 투자가들의 관심이 고조되고 있는 현재의 물결은 기술 및 인터넷 주식으로부터 안전한 주식으로 전환하는 것의 일부분이라고 말하는 것은 온당할 지도 모른다. 중국 우한에서 2019년 12월경부터 발생한 코로나 팬데믹으로 수천만 명이 전염병에 감염되고 수백만 명이 아까운 목숨을 잃고 세계적 경기는 그 끝을 모르고 나락으로 치닫고 있다. 세계적인 공황가운데서도 REITWarch에 따르면 지난 50년간(1972-2020.6) 지분형 리츠의 누적 평균 수익률은 11.33%, S&P500은 10.45%, 나스닥은 8.92%, 다우존슨 7.16%보다 상대적으로 높은 수익률을 보여 장기적으로 안전한 수익을 제공하는 투자상품임을 보였다. 이런 점을 감안하면, 이자율이 낮거나 증권시장이 침체되어 있거나 증권시장이 변덕스러울 때에는 투자가들은 리츠 증권이 매력적이라고 생각할 수 있다. 증권시장 상황이 좋을 때는 어떨까? 우리는 증권시장 상황이 나아질 때도 리츠에 대한 수요가 있다고 생각한다. 포트폴리오 다양화를 원하는 투자가들은 부동산 간접투자상품인 리츠에 눈을 돌릴 필요가 있다. 개별적인 상업용 부동산의 가격이 고가이어서 소액 투자가들이 부동산에 직접 투자하는 데 필요한 자금을 마련하기란 일반적으로 어렵다. 더욱이, 투자자는 투자대상 부동산을 선별하는 데 필요한 지식이나 정보가 없을 지도 모르며, 설령 지식이 있다 할지라도 적당한 투자대상 부동산을 선정하기 까지 조사비용이 너무 과다하게 지출 될 수 있다.

우리는 투자자들이 다양화된 포트폴리오를 구성할 필요가 있다는 것과 진정으로 다양화된 포트폴리오는 부동산을 포함해야 한다는 것으로 알고 있다. 이 점을 감안하면, 투자가들이 부동산을 보유할 수 있는 어떤 편리한 수단이 있어야만 한다. 세제상의 혜택 때문에 리츠는 다른 종류의 대체 투자상품보다 분명 비교우위에 있다. 결론적으로 각국의 정부 당국이 여러 가지 이유를 들어 리츠의 세제상 이점을 제거하지 않는 한 리츠는 계속 번영할 것으로 기대한다.

그러나 리츠가 투자 수단으로 존속될 지에 대한 논쟁이 있긴 하지만 리츠에 투자하는 이유 중의 하나가 세제상의 혜택과 소득이득 임으로 변화하는 환경에 혁신을 거듭하는 리츠는 부동산산업의 선두주자로 발전을 이어갈 것이다.

3 운영회사 대 펀드 구조

다양한 산업분야의 주식이 증권시장에서 거래되고 있다는 것을 알 필요가 있다. 그러나 부동산 산업에서만 리츠의 조직 구조 같은 펀드를 사용하고 있다. 다시 말하면, 증권시장에서 일반 모든 회사들은 능동적으로 회사를 직접 운영하는데 비하여 전통적인 리츠는 수동적인 투자기구이다. 증권시장에서 거래되는 폐쇄형 뮤추얼 펀드도 수동적인 투자기구 인지에 대해서는 논란의 여지가 있지만 뮤추얼 펀드의 기초자산이 운영회사의 주식이라는 것을 알아야만 한다. 전통적인 리츠와 달리, 증권형 뮤추얼 펀드는 자신들이 소유하고 있는 회사를 운영하는데 자문가를 고용하지 않는다. 따라서 증권형 뮤추얼 펀드가 소유하고 있는 자산을 운영회사에 의해 직접적으로 관리된다고 말하는 것은 바람직하다. 그러나 전통적인 리츠는 순전히 수동적인 투자기구로 리츠 내부적으로 관리되지 않고 자산운영자와 운영계약에 의해 운영된다. 우리나라의 경우는 세 가지 유형이 있다. 자기관리 리츠는 내부적으로 직접운영 되고, 위탁관리 및 기업구조조정 리츠는 외부적으로 운영되고 있다. 이러한 상황은 미국과 달리 각국의 리츠 제도에 의해 제한을 받는다.

왜 전통적인 리츠는 그들의 자산을 보유하고 운영함에 있어서 수동적인 불리한 구조를 사용하는가? 그 답변은 매우 단순하다. 이 구조는 리츠 법이 요구하는 바이고 리츠가 리츠의 법적 지위를 인정받기 위해서 마땅히 지불해야만 하는 댓 가이다. 리츠가 세제상의 혜택에 대한 자신들의 자격에 영향을 받지 않고 운영회사가 될 수 있는 선택권을 부여받는다면 많은 회사가 운영회사가 될 가능성이 있지만, 더 이상 리츠로서의 법적 지위는 상실하게 되는데 리츠 지위를 선택하느냐 아니면 일반 운영회사의 지위를 선택하느냐 하는 선택권은 각 지위 선택의 혜택에 달려 있다. 리츠에 적용되는 세법의 구속성이 감소되고 더 큰 이점이 발생한다면 리츠가 운영회사로 변모하는 것을 우리는 더 많이 보게 될 것이다. 그렇다. 리츠가 세금 혜택의 법적 지위의 손상을 받지 않는다면, 직접적인 운영에 따른 효율성 극대화 리스크의 최소화 부가적인 수입을 더 많이 올릴 수 있는 매력으로 인하여 운영회사로의 선택권이 더 많이 주어지게 될 것이다.

리츠를 설립한 의회의 의도가 개인의 부동산 투자를 장려하기 위한 것이었다면 리츠가 운영회사처럼 되는 것을 막을 필요가 없었다. 고배당지급 비율은 리츠의 주요 기능이 수동적인 투자기구의 기능이라는 점을 의미한다. 1997년도의 리츠 단순화법(REITSA)과 더욱 최근인 1999년의 리츠 현대화법(RMA)은 펀드와 같은 구조로부터 운영회사 구조로의 변화는 비록 점진적이긴 하나 미래 리츠가 나갈 가능성이 있는 방향이라는 것을 보여준다. 또한 1986년의 조세개혁법이후 2017년에 세금감면 및 일자리 법안[5](TCJA: Tax Cut and Jobs ACT)이 도입되어 리츠 주주들에게 주어지는 배당소득의 20%를 소득과 자산의 수준에 상관없이 공제 하도록 하였다.[6] 이것은 리츠가 투자가들의 인기를 더 얻도록 하는 새로운 전기를 마련하는 계기가 되었다.

1986년의 세금 경감법 이전에 리츠는 단지 제3의 독립되어 있는 당사자와 계약을 함으로써 자신들의 임차인들에게 일상적인 서비스를 제공할 수 있었다. 리츠는 또한 리츠 임차인에게 서비스를 제공한 제3자 지위에 있는 자매회사(TPSs)의 무의결권 주식(우선 주)에 투자할 수도 있었다. 그러나 리츠는 자매회사를 통제할 수 없기 때문에 리츠가 자매회사를 통제 할 수 있는 경우에 얻을 수 있을지 모를 수익의 상실은 물론 잠재적인 이해의 상충이 존재한다.

리츠 단순화법은 리츠가 통상적으로 허용될 수 없는 서비스를 제공하고 얻어지는 소득이 총 소득의 1%를 초과하지 않는 한 약간의 서비스 제공을 할 수 있도록 하였다. 이것은 리츠가 통상적으로 허용되지 않은 서비스를 제공하여 소득을 수취하였다는 이유로 인가된 리츠의 법적 지위를 미국세법(IRS)의 규정에 의해 실격시킬 수 있는 가능성을 줄여 주었다는 점에서 의미가 있다. 비록 총 소득의 1%이기는 하지만 리츠가 수동적인 투지기구에서 진일보한 변화라 할 수 있겠다. 그러나 여전히 리츠는 자매회사를 통한 부가적인 소득을 수취하는 데는 한계가 있다고 봐야 할 것이다.

그런데 리츠 현대화법은 이 상황을 크게 개선하였다. 리츠 현대화법의 목적은 리츠가 과세대상의 자회사 설립의 정의와 서비스 범위를 명확히 공정하게 경쟁할 수 있도록 하였다는 것이다. 이렇게 하여 리츠가 자회사의 서비스 제공에 따른 과다한 수입 청구를 할 수 없도록 하였다. 리츠의 과세 대상 자매회사에 대한 소유권이 리츠 자산의 20%를 초과하지 않는 한 리츠 현대화법은 리츠가 과세 대상 자매회사의 주식에 대하여 지배권을 갖는 것을 허용

---

5) 최차순 외 2인 전게서, p.307.

6) Green, Eric, Why Real Estate Companies Should Consider REIT Structures to Attract Domestic and Foreign Investor Capital by Arkadiy. 2018. 9.12.

하였다. 그러나 자매회사를 통하여 법이 허용하는 범주를 넘어서는 수준의 서비스 제공에 따른 소득에 대해서는 세금납부를 해야 한다는 것을 구체화 하였다. 즉 리츠가 임차인을 위해 부동산관리, 토지개발, 부동산 중개, 인터넷 서비스, 통신서비스, 은행·보험·모기지 및 중개서비스, 구매 및 유통서비스, 사무실 청소, 온라인 서비스 등을 자매회사로 하여금 제공할 수 있으나 그 소득의 범위를 명확히 규정하였다. 이런 측면에서 종전의 리츠 법보다 진일보한 진화라 하겠다.

과거로부터 이어진 리츠 서비스의 진화는 오늘날까지 투자자들을 위해 보완되고 트렌드에 발맞춰왔다. 리츠는 장래에 좀 더 운영회사처럼 될 것이지만 아직도 뮤추얼 펀드처럼 능동적인 투자기구로 진화할 것인지는 두고 볼 수밖에 없다. 리츠 현대화 법은 리츠 운영의 입지를 변화시켰고 시장의 환경을 뒤바꾸는 계기로 작용하기에 충분했다. 리츠가 보다 많은 수익을 투자자들에게 배분하는 것은 당연한 이치이고 리츠 존립의 목적과도 부합하는 것이다. 투자자들의 잔고에 쌓이는 배당소득의 증가는 투자자들이 거부할 수 없는 매력적인 존재가 될 것이다. 리츠의 운영회사처럼 변화는 시대의 트렌드 이기도 하지만 리츠 규정의 벽을 허무는 일은 넘어야 할 산이 많이 있다. 그럼에도 불구하고 2001년 10월에 Standard and Poor's(세계 3대 신용평가 회사 중의 하나인 미국 신용평가사)는 몇 개의 리츠를 그들의 S&P500, S&P MidCap400, S&P SmallCap 600 지수에 포함시킨다고 발표를 하였다. 2020년 6월말 현재 NAREIT에 따르면 S&P500에 AIMCO 외 30개, S&P400에 Alexander & Baldwin, Inc. 외 35개, S&P600에 Acadia Realty Trust 외 41개가 S&P 지수에 포함되어 있는 것으로 보고하고 있다. 이와 같은 S&P 지수에 포함된 리츠의 숫자는 미국 상장 리츠의 절반수준에 해당되는 것으로 주식시장에서 리츠의 위상을 가늠해 볼 수 있다. 장래에 리츠는 자신들의 부동산을 더욱 적극적으로 관리할 것이며 자기 자신들의 개별적인 능력, 자산 보유형태, 자신들이 시작하는 신규 사업의 세무 여건에 기초하여 부동산과 관련된 사업에 더 깊이 개입하게 될 것이다. ICT 변화의 시대에 리츠가 추구하는 사업으로 나아가기 위해서는 리츠 관련 정부, 업계, 학계 관심 있는 모두가 머리를 맞대고 다각적인 고민을 해야 된다. 다음 절에는 예상되는 변화에 대해서 논의하기로 한다.

4 앞으로 있을 변화

미래에는 리츠가 스스로 자신들의 투자 결정을 하고 자신들의 부동산을 관리할 뿐만 아니라 자신들의 임차인, 물품 공급자, 고객에게 서비스와 제품을 제공하는 사업에도 종사할 것이다. 그러나 우리는 리츠가 이러한 새 제품을 공급하고 새로운 사업을 운영하는 최선의 길이 무엇인지 의문을 가질 수도 있다. 이렇게 하는 데는 어느 정도 창조적인 사고가 필요할지도 모른다.

1) 제휴와 합작 이용

'리츠가 비 핵심적인 부동산 서비스를 제공하거나 혹은 부동산 개발 사업을 수행하는데 참여해야 하는가?' 하는 물음에 리츠 법이 허용하는 한 제한적으로 허용하는 것이 주주들의 배당소득을 높여 줄 것이다. 이런 논의에 대하여 왜 불필요하고 잘 알지 못 하는 영역으로 끼어 들어가 어려움을 자초하느냐 반문할 수도 있다. 그러나 새로운 사업에서 수익이 창출된다면 리츠는 새로운 자회사들을 세우는 것이 가능할 수도 있다. 리츠의 설립취지가 부동산 취득 및 세제상의 이점과 부동산투자로부터 발생되는 소득을 투자자들에게 배분하는 본질에서 벗어나 비본질적인 사업으로 발생되는 수익에 지나치게 집착하는 것은 적절하지 않다는 것도 유념할 필요성이 있다.

더욱 중요한 것은 리츠가 일반 산업분야의 비즈니스 영역과 경쟁하는 리츠의 구조에 대하여 지양해야 할 것이다. 리츠는 임차인들과 관계를 맺고 임차인들의 필요를 충족시켜 줌으로써 수익이 나온다는 것을 기억해야 할 것이다. 그런데 리츠의 자회사가 제공하는 서비스로부터 얻어지는 소득에 집착하게 된다면 한 독립적인 리츠 회사로서 존속해 나갈 수 있는지 의문이 제기될 수 있다. 만약 그렇지 못하다면 새로 설립된 리츠는 전통적인 리츠와 달리 생존의 현장에서 다른 회사들과 무한경쟁을 피 할 수 없게 될 것이다.

리츠는 임차인들에게 서비스를 제공해야만 하는가? 물론, 이익이 있는한 그래야 한다. 하지만 리츠는 전략적인 제휴를 활용하거나 수익 공유 체재를 갖추는 선에서 거쳐야 한다. 다시 말해서, 리츠는 정보 제공의 이점과 자신들이 임차인과 공급업자와 맺게 되는 사업관계를 이용해야하지만, 비 핵심적인 비부동산 서비스의 세세한 사항에 대해서 특별한 분야의 전문가들에게 맡겨 두어야 한다. 그 방법은? 전략적 제휴를 하는 것이다. 다시 말하면, 리츠는 비부동산 서비스를 제공할 수 있는 회사의 지분을 전략적으로 취득하면 된다. 리츠의 파트너 회사가 사업의 모든 다른 면을 관리할 수 있도록 제휴와 합작을 하고, 리츠는 운영의 합리화와 디지털 비즈니스 모델을 구축하는 데 한정된 자원으로 선택과 집중을 하는 것이 변화의 시대에 생존 전략이 될 것이다.

Chan et al(1997)의 연구에서 전략적 제휴가 회사의 가치를 창조한다는 사실을 제시하였다. 그들의 실증적인 연구 결과는 주식시장에서 리츠가 비부동산 서비스를 제공하는 회사와 전략적 제휴를 했다는 발표에 투자가들이 호의적인 반응을 보인다는 점을 제시하였다. 제휴나 합작을 통하여 리츠와 비부동산 서비스 회사 양측이 자신들의 본연의 사업에 역량을 투입할 수 있고 불필요한 리스크를 떠 않을 필요가 없게 된다. 게다가, 리츠의 초기 목적을 실현한 후 제휴나 합작회사의 메리트가 없을 때 저렴한 비용으로 해산할 수 있을 것이다.[7] Ratcliffe와 Dimovski(2012)는 15개의 리츠 샘플을 대상으로 메타-분석방법(meta-analysis)을 이용하여 분석한 결과 리츠가 인수합병(M&A)을 하는 주된 이유는 더 많은 수익을 얻고자 수행되고 실재로 리츠가 성장할 수 있는 발판의 기회로 연결된다는 실증분석을 제시하였다.[8] Glascock, Zhang, Zhou(2017)는 리츠와 일반회사와의 인수합병 비교분석 연구에서 리츠가 인수합병을 하는 주된 이유는 더 좋은 부동산관리와 수익률 개선에 기여하고자 하는 것이며, 부동산관리는 UPREIT방식으로 이루어지는 경우가 많다는 것을 지적한다.[9] 이 점을 감안하면 리츠가 비 핵심 부동산 사업에 투자하는 기회를 모색하는 현명한 길은 자신들의 자매회사 설립을 피하는 것이라고 생각한다. 그 대신 리스크를 최소화 하고 잠재적인 이익을 극대화 하는데 전략적인 파트너를 사용해야 할 것이다.

---

7) Chan, S. H. Kensinger, J. Keown, A. and Martin, J. 1997. Do strategic alliances create value? Journal of Financial Economics 96:199-221.

8) Ratcliffe, C. and Dimovski, W. 2012. REIT mergers and acquisitions: A meta-analysis. Journal of Property Investment and Finance 30(3):241-256.

9) Glascock,J. Zhang, Y. and Zhou, T. 2018. A Review and Extension of Merger and Acquisition Research between REITs and General Corporations. Journal of Real Estate Literature 26(2): 225-253.

2) 비부동산 서비스

리츠 사업의 성격 때문에, 특히 지분형 리츠들은 전통적으로 자신들의 임차인의 필요에 따른 정보를 제공할 수 있다. 생각하건대, 리츠는 제3자 공급자가 공급할 수 있는 비용보다 저렴한 비용으로 그들의 고객에게 재화와 서비스를 제공하는 것이다. 이러한 서비스에는 전통적인 세탁, 케이블 TV, 텔리커뮤니케이션 및 컴퓨터 서비스, 편의시설 서비스, 모기지 브로커 서비스, 부동산 소유권 보험 서비스, 인터넷 공급망 및 웹기반 서비스, 구매 및 유통서비스, 은행, 보험, 모기지 및 중개서비스와 같은 금융서비스, 레크리에이션 서비스 등까지 확대된다.

이러한 비부동산 재화 및 서비스 제공으로 임차인의 부동산 점유율을 높이고 공실률을 낮추어 수익구조를 개선하려는 리츠의 운영 효율성 향상 노력은 우리에게도 벤치마킹의 좋은 사례가 된다. 리츠는 임차인들의 저렴한 비용과 편리하게 이사할 수 있도록 이사 업체를 알선하고, 룸 도어 자동키, 세탁물, 도배, 에어컨 및 인테리어를 싼값에 구입할 수 있도록 공급업체와 협약하여 제공을 할 수 있다. 리츠 산업별 양질의 임차인 유치를 위해 스포츠, 레크리에이션, 세무, 금융, 지역 활동, 스타트 업 등, 종합적인 부동산서비스 제공 기반을 조성하기 위해 모바일 네트워크 플랫폼을 구축하여 스마트한 고객관리도 필요하다.

5 | 리츠의 공개 대 비공개 지위와 부채 사용의 증가

리츠가 공개 혹은 비공개의 어떤 지위를 갖는 가는 각 리츠 지위를 선택 했을 때 세제 및 금융상의 혜택의 유무에 의해 결정된다. 리츠의 주요 유형은 사모 리츠, 증권관리위원회에 등록되지만 공개적으로 거래되지 않는 리츠, 증권관리위원회에 등록되고 공개적으로 거래되는 리츠의 3가지 유형이 있다. 각 리츠가 어떤 유형을 선택하느냐는 하는 것은 개별 리츠의 목표와 전략에 의해 선택되어 지고, 각 유형의 특징과 장단점이 있다. 첫째는 비공개 리츠이다. 비공개 리츠는 증권관리위원회에 등록되지 않기에 규제 당국의 규제라든가 정보공시로부터 자유로울 수 있다. 그러나 자본조달이나 투자자를 끌어들이는 데는 애로사항이 있다. 비공개 리츠 이기에 투자결정에 최소한의 정보를 얻는 것이 쉽지 않다. 따라서 이러한 비공개 리츠의 투자는 리츠의 정보를 공유할 수 있는 특정한 투자자들이 투자를 하여 고수익을 얻을 수도 있겠지만 관리감독의 장치가 작동하지 않아 큰 피해를 볼 수도 있다. 뿐만 아니라 리츠 청산전에 투자금을 회수할 때는 많은 어려움에 직면할 수 있다. 둘째는 증권관리위원회에 등록되지만 공개적으로 거래되지 않은 리츠 유형이다. 이 경우는 거래의 내용을 공개적으로 공표할 의무는 없지만 거래의 내용에 대해서는 증권거래위원회에 존재하기 때문에 거래 정보는 알 수 있다는 이점이 있어 어느 정도 투자가들을 불러들이는 것이 첫째보다는 유리하다. 그러나 유동성에 어느 정도 제약을 받을 수 있다.

셋째는 공개적으로 거래되는 리츠이다. 리츠 공개의 주요 이점은 유동성의 증가와 공개적으로 자본을 확대할 있다는 이점이라 하겠다. 모든 거래가 공개적으로 공시되기 때문에 주주들의 신뢰와 높은 평가를 받고자 역량을 집중하게 된다. 공개된 리츠의 주가는 리츠가 보유한 자산의 내재적 가치에 의해 결정되기 때문에 수익성 높은 부동산에 투자하려고 신중을 기할 뿐만 아니라 실질적 성과에 주력할 것이다. 자연히 경쟁력이 없는 리츠는 시장에 퇴출될 것이다. 반면, 리츠의 주가가 시장의 가격 변동성과 시장의 변동성에 노출되어 있다는 것을 간과할 수 없다. 이와 같은 측면에서 본다면 비공개 리츠가 경쟁에서 자유로울 수 있다. 운영환경이 일단 더 복잡해지고 리츠가 본질적으로 더욱 운영적인 면을 갖게 되면 이러한 리츠 중 일부는 비공개 리츠 지위를 택할 것이라고 예상한다. 자본시장에 있는 투자가들은 리츠 자산의 가치를 리츠가 보유하고 있는 자산뿐만 아니라 리츠의 조직구조, 관리 스타일, 성장전략, 경영자 등에 의해 판단한다. 좋은 부동산을 취득하여 보유하고 있지만 효율적인 전략이 부재한 리츠는 자신들의 증권 가치가 시장에서 곧 곤란에 처할 수 있다는 것을 알게 될 것이다. 이러한 리츠들은 비공개 지위를 유지하여 자신들의 부동산의 진정한 가치를 이용하는 것이 유리할 수 있다.

게다가, 리츠는 전통적으로 일반 부동산시장에서 흔히 관찰되는 담보대비 대출비율(LTV: loan to value ratio)의 70~80%보다 훨씬 낮게 대출을 받게 되는데, 이것은 자본시장에서 재무 분석가들이 부채 비율 50% 이하인 회사를 분석하는데 익숙해 있어, 재무 분석가는 50% 이상의 부채 비율을 갖는 리츠를 추천하지 않기 때문이다. 이와 같은 이유로 일정한 시점에 너무 많은 리츠가 주식형 펀드를 위해 경쟁을 한다면, 일부 리츠는 비공개적인 리츠 지위를 갖는 것이 좋을 수도 있다. 어떤 리츠가 일단 비공개적인 지위를 갖게 되면 시중의 전통적인 사채시장에서 조달하는 금융비용이 자본시장에서 조달하는 금융비용보다 더 높을 수 있다는 점을 고려해야 하겠지만, 사채시장에서 자금을 조달할 수도 있을 것이다. 자금 활용의 효율성과 자금조달의 비용간에는 상충관계가 있으므로 리츠(특히 전통적인 펀드 같은 리츠)가 미래에 어떤 지위를 가질 것인가를 결정할 때 신중히 고려해야 한다.

6 리츠 컨셉의 글로벌화

지난 몇 년 동안 우리는 미국 리츠가 해외의 부동산에 투자하는 것을 목격해왔다. 이러한 추세가 지속될 것인가? 이에 대한 우리의 답변은 분명히 "예스"이다. 그 이유는 미국 밖의 투자가들이 뉴욕증권시장에 투자하듯이 리츠가 동경증권 거래소, 영국의 런던 증권시장, 싱가포르 증권시장의 부동산에 투자하는 것을 막을 이유가 없기 때문이다. 환율 위험과 각국의 정치 경제 상황에 따라 해외 부동산 투자의 어려움이 있을 수 있지만, 그러한 투자가 바른 투자환경에서 이루어진다면 수익을 낼 수 있다고 생각한다. 사실, 다른 산업분야의 회사들이 외국에 투자하여 수익성과를 내고 있는 것을 알게 된다면, 이 같은 일을 리츠라고 하지 말라는 이유가 없지 않은가?

게다가, 미국의 리츠가 외국 리츠의 도전에 직면하게 될 것인지에 대하여 한번 물음을 던져볼 가치가 있다. 많은 국가들이 리츠 제도를 도입하여 리츠를 설립하게 되면 가까운 장래에 리츠 산업이 세계적으로 활성화 될 것이다. 이제 리츠는 미국을 넘어서 유럽, 아시아, 아프리카의 여러 나라들이 채택하고 있으며 리츠 산업으로 비즈니스 영역이 확대되고 있음을 NAREIT, EPRA, APAC Real Estate 등의 기관을 통하여 알 수 있다. 미국의 글로벌 투자기관인 J.P. 모건을 비롯한 유수의 투자가들이 외국 부동산시장에 투자 활동을 넓히고 있으며 심지어 신흥공업국가들의 부동산시장에도 주목하고 있다. 과거에는 이러한 유형의 투자를 하는데 편리하고 비용이 저렴한 도관체가 없었기 때문에 미국 투자가들이 외국의 부동산을 들여다보는 것은 어려운 일이었다. 그러나 경제체질이 탄탄하며 부동산시장이 건전한 국가들이 리츠를 설립하여 고수익을 제공하자 미국이 외국 부동산 투자를 확대하고 있다. 싱가포르, 홍콩, 일본이 이들의 주요한 표적 사냥감이 되고 있다. 미국의 리츠 컨셉은 미국이 미국 밖의 부동산에 투자할 수 있는 루트를 제시한 것처럼 리츠 제도를 이해하고 상당한 정도의 전문적 식견과 경험을 가진 기관투자가나 일반투자가들도 자국 밖의 부동산에 보다 안전하게 투자할 수 있는 수단으로 리츠에 주목할 수 밖에 없다. 우리나라 부동산시장의 과열을 식히기 위해서라도 외국 부동산시장에 투자를 확대할 필요성이 높아지고 있다.

1) 해외에 투자하는 미국 리츠들

국내 리츠가 해외 부동산시장에 진출하는 데는 잠재적인 다수의 이점이 있다. 첫째, 적절한 여건 하에서 국내 및 외국에 관한 전문지식을 적절히 결합하여 사용하면 미국 내에서 리츠가 부동산을 구입할 수 있는 가격보다 훨씬 싼 가격에 부동산 매입이 가능할 것이다. 이러한 것이 가능할 수 있는 이유는 해외 시장의 부동산 경기 사이클이 반드시 미국 부동산 경기 사이클과 연결되어 움직이지 않기 때문이다. 따라서 미국의 부동산가격이 높을 때에는 외국의 투자 기회가 훨씬 더 매력적일 수 있는 데, 환율이 미국의 투자에 유리할 경우에는 특별히 더욱 그러하다.

둘째, 리츠가 해외에 투자하는 일은 새로운 시장에서 자신의 이름과 경험을 자리잡게 하며, 이것은 결국 자신들의 회사 지명도를 높이게 된다. 자신들의 포트폴리오의 일부를 외국 부동산으로 옮기는 일을 통해 한편으로는 외국 부동산시장의 전문지식을 확보하면서 그들의 투자지평을 넓힐 수 있게 된다. 이런 경험은 장래에 투자를 하여 더 많은 이익을 낼 수 있는 에너지원으로 사용할 수 있다(예를 들면, 외국 부동산시장의 경기 사이클이 하강할 때). 더군다나, 해외 투자는 리츠가 세계차원의 사업에 관심이 있는 기존 고객들에게 그 서비스와 기타 제품을 통한 관계를 확대할 수 있는 기회를 제공할 수 있는 데, 물론 세계로 진출하는 일은 리츠가 그들의 고객 명단을 확대해야 하는 번거로움이 있을 수 있다. 진정으로 다변화된 포트폴리오 보유를 원하는 투자가들에게는 국제적인 차원의 자산을 보유하고 있는 리츠가 이들의 관심을 끌 가능성이 더욱 높다 하겠다.[10]

셋째, 미국 리츠가 수년에 걸쳐 확보한 부동산관련 전문지식은 이러한 전문지식을 결여하고 있는 나라에서 특별히 그 진가를 발휘할 수 있을 것이다. 외국 부동산 업체와 동반자 관

---

10) 예를 들어, 리츠의 해외 투자 활동에 대한 논의 내용을 알려면 Saint-Pierre(1998)의 문헌을 참조할 것.

계를 맺는 일은 리츠가 동반자 관계를 맺지 않는 경우에 직면할지도 모를 위험을 줄일 뿐만 아니라 리츠 운영의 효율성을 높여 상당한 규모의 경제적 성과를 낼 수 있도록 한다. 유럽을 위시한 아시아 아프리카까지 리츠의 개념을 도입하여 확산되는 마당에 미국의 투자가들 뿐만 아니라 미국 밖의 투자가들도 미국의 리츠에 투자 비중을 점차 높여가고 있다. 주식을 비롯한 부동산거래는 국경을 초월하여 광범위 하게 이루어지고 있는 것이 현실이다. 우리나라도 해외 부동산 투자규모를 100만 달러에서 300만 달러까지 허용하여 해외 투자를 확대하고 있다.

그럼에도 불구하고, 미국 리츠가 해외투자를 시작하기 전에 극복해야할 진짜 장벽들이 있다. 상당한 정도까지 헷지 할 수 있는 환율 위험은 별도로 한다고 치더라도 외국시장의 정보와 관련된 리스크는 여전히 존재한다. 외국 시장들은 국내 부동산시장과 비교하여 종종 그 투명성이 크게 떨어지는 경우가 있다. 어느 정도까지는 투자국가와 유사한 시장을 보유한 국가의 경험적 지식을 보유한 부동산회사와 제휴하여 리스크를 극복할 수 있다.

실제로, 해외에 투자를 할 때 대부분의 리츠가 따르고 있는 중요한 법칙은 현지 관습과 부동산시장에 적용되는 규정을 알고 있는 유능한 파트너를 찾는 일이다. 당연히, 이러한 파트너는 수익을 낼 수 있는 부동산을 찾아내어 매입을 완료하는 데 필요한 사업경험과 정치적으로 영향력을 보유하고 있어야 한다. 미국과 유럽의 부동산시장은 문화적 및 법률적으로 유사하다. 그래서 해외 투자를 염두에 두고 있는 미국의 대부분의 리츠는 미국의 리츠 시스템과 유사한 유럽 부동산시장에 주로 투자를 하고 있다. 이러한 이유는 유럽의 부동산시장이 미국과 문화적 법률적 환경의 유사성 때문이다.

일부 국가들, 특히 사회적 정치적 불안전성이 존재하는 국가들은 리츠가 현지 조력을 받을 수 있는 파트너를 사용한다 하더라도 중대한 정치적 위험을 않게 된다. 리츠가 외국 부동산에 투자하여 벌어들인 소득은 세금 면제가 되지 않을 수 있는 불리한 점도 있다. 리츠는 일반적으로 자신들의 회사가 소재하고 있는 국가에 적어도 소득의 일부를 세금으로 납부한다. 이러한 잠재적 장벽에도 불구하고, 미국 리츠 사업의 적어도 일부는 사업의 영역을 넓히기 위해 분명히(리츠의 해외 사업을 통한 수입이 세금 면제를 받지 못하는 한 이러한 해외이주는 제한적일 것이지만) 해외 부동산시장에 투자할 것으로 기대된다. 그러나 자본시장이 점점 글로벌화 되고, 해외 부동산시장의 규제가 점차 완화되어 가고 있기 때문에 미국 리츠는 해외 시장에서 이익을 얻을 수 있는 투자기회를 찾게 될 것이다.

2) 리츠 컨셉의 해외 도입

리츠는 1960년 미국에서 출범하여 60년이 흐른 현재는 유럽, 아메리카, 아시아/태평양, 아프리카 중동 지역으로 확산하여 무려 40여개 국가에서 도입하여 운영 중에 있다. 유럽리츠협회(EPRA: European Public Real Estate Association)의 글로벌 리츠 현황 보고서에 따르면 2019년 6월 말 기준 845개 리츠가 운영 중에 있으며, 시가총액은 1조 8,817억 달러이며, 지난 1년간 각국 리츠의 평균 수익률은 25% 수준인 것으로 〈표 12-1〉과 같이 보고하고 있다.

〈표 12-1〉 글로벌 리츠 현황

구분	국가	도입 연도	리츠 수	상장 리츠수	시가총액 (백만 달러)	점유율	각국 상위 리츠 회사수	각국 상위 리츠 수익률(%)
유럽	벨기에	1995	17	11	18,559	1.02	5	30.5
	불가리아	2004	29	0	489	0		
	핀란드	2010						
	프랑스	2003	30	6	57,993	1.77	5	−0.15
	독일	2007	5	2	4,822	0.25	2	13.61
	그리스	1999	4	0	1,737	0		
	헝가리	2011						
	아일랜드	2013	4	3	3,564	0.25	3	20.51
	이탈리아	2007	3	1	1,098	0.02	1	−0.02
	리투아니아	2008						
	룩셈부르크	2007						
	네덜란드	1969	5	5	24,459	1.83	5	−6.09
	포르투갈	2019						
	스페인	2009	71	3	26,096	0.67	3	1.65
	영국	2007	55	33	72,748	4.79	5	3.07
계(15)			223		211,566	10.6		7.9
아메리카	브라질	1993	22	0	3,544	0		
	캐나다	1004	46	19	60,449	3.23	5	26.8
	칠레	2014						
	코스타리카	1997						
	멕시코	2004	14	6	14,625	0.56	5	23.23
	푸에르토리코	1972						
	미국	1960	192	124	1,182,444	64.98	5	25.18
계(7)			274		1,261,062	68.8		25.1

아세아 태평양	호주	1985	44	11	98,656	5.91	5	34.64
	홍콩	2003	9	3	38,516	2.25	3	37.61
	인도	2014	1	0	4,103	0		
	인도네시아	2007	2	0	1,118	0		
	일본	2000	66	36	135,094	8.23	5	23.87
	말레이시아	2002	17	3	7,258	0.15	3	17.22
	뉴질랜드	2007	6	1	5,132	0.12	1	33.49
	파키스탄	2007	1	0	136	0		
	필리핀	2009						
	싱가포르	1999	37	10	66,968	2.26	5	42.91
	한국	2001	7	0	1,608	0		
	대만	2003	7	0	3,524	0		
	태국	1992	60	1	14,855	0.05	1	115.47
계(13)			257		376,968	19.0		43.6
아프리카 중동	두바이	2006	4	0	808	0		
	이스라엘	2006	5	0	1,558	0		
	사우디아라비아	2006	16	2	3,345	0.02	2	12.05
	남아프리카	2013	33	13	23,461	1.08	5	7.52
	터키	1995	33	4	2,935	0.04	4	−23.04
계(5)			91		32,107	1.1		−1.2
합계(40)			845	297	1,881,703	100		25

주: 1. 상장 리츠수는 ERPA 통계기준

2. 시가총액은 유로화를 달러화로 환산하였음(2019.6.28. 일기준 1유로=1.1369달러 적용)

3. 회사 수는 각국의 대표적인 상위 리츠 회사를 지칭하고,

4. 수익률은 각국의 상위 리츠 회사의 지난 1년 평균수익률 임

5. 핀란드 등 일부 국가들은 리츠 체제를 도입하였으나 ERPA 통계에 미공개 또는 검토중 임

자료: EPRA

유럽 부동산 투자 시장의 상당한 부분은 영국의 유럽연합(EU) 탈퇴 브렉시트 표결이 대륙 전체에 잠재적 변동성과 격변 우려가 존재함에도 불구하고 1년 전보다 밝아 보인다고 지적한다. 그 근거로 경제 신뢰도 상승, 정치적 긴장완화, 그리고 세계 투자자들의 지속적인 자본 유입으로 고무 돼 있다고 리츠 매거진은 밝히고 있다. 부동산 서비스업체 JLL의 자료에 따르면 2017년 상반기 유럽 투자액은 1,140억 달러로 2016년 동일한 기간의 1,060억 달러보다 7% 증가했다.[11] 영국 시장에 대해 예민한 반응을 보이는 투자자들에게는 유럽이 번영하

는 시장을 공약할 기회를 제공한다고 생각한다. 또한 도미니크 모렌하우스 EPRA 최고경영자(CEO)는 유럽 상장 부동산 업계가 전통적인 주식시장보다 더 이상 정치적 불확실성에 영향을 받지 않는다고 지적한다(REIT magazine 2017년 9/10월 호).

유럽국가들 중 리츠가 가장 활성화된 국가는 영국이다. 영국은 55개의 리츠 중 33개가 상장되어 활발하게 거래되고 있으며 시가총액이 727억 달러 수준으로 시장점유율은 4.79%이며 유럽국가들 중 단연 1위이며, 최근 1년간 수익률이 3.07%이다. 영국이 유럽연합(EU) 탈퇴로 정치적 불안전성이 있음에도 불구하고 투자자들의 목록에 자본보전의 안전처로 여전히 영국을 상위 리스트에 올리고 있다는 것이다. 리츠 에널리스트들은 홍콩과 중국의 아시아 투자자들이 영국에서 활발한 비즈니스 활동을 하고 있다고 런던 그린 스트리트 어드바이저스의 피터 파파다코스 상무는 말한다.

프랑스는 30개 리츠가 운영 중에 있으며 시가총액 면에서 2위를 보이고 있지만 최근 1년간 수익률은 −0.15%로 아주 부진한 실적을 나타내고 있다. 파파다코스에 따르면 파리에는 활기찬 임대시장이 나타나고 있으며, 마크롱 선거의 여파로 기대감이 높아지고 있다는 것이다. 또한 조 발렌테 J.P.모건의 유럽 부동산 연구 및 전략 책임자는 프랑스를 "핫 마켓"이라고 지적한다. 비록 최근의 리츠 실적이 부진을 보였지만 투자자들의 프랑스 투자자는 좋은 기회라고 생각하고 있어 기대가 된다. 독일은 비교적 소수인 5개의 리츠가 영업활동을 하고 있지만 지난 1년간 13.61% 수익률을 실현하여 수익률 면에서 유럽국가들 중 상위 자리를 차지하고 있다. 이런 측면에서 독일은 선두를 달리고 있다고 파파다코스는 말한다. 독일은 주택 부분에 중대한 수급 불균형을 격고 있고, 오피스 시장도 휴면기에서 벗어나 베를린, 프랑크푸르트, 함부르크에서 임대시장 성장세를 보여 투자자들을 불러들이고 있다고 피델리티 인베스트먼트 포트폴리오 매니저 불러(Buller)는 언급하고 있다.

네덜란드는 미국 다음으로 일찍 리츠를 도입하여 그 역사도 근 50년의 역사를 가지고 있지만 최근 1년간 수익률은 −6.09%를 시현하여 유럽국가들 중 가장 부진한 성과를 보였다. 벨기에는 11개 리츠가 운영 중에 있으며 시가총액도 185억 달러 수준으로 역동적인 시장을 보이고 있으며 상위 5개 리츠의 최근 1년간 평균 수익률이 30.5%로 가장 우수한 리츠 성

---

11) JJL(Jones Lang LaSalle Incorporated)은 미국에 있는 상업용부동산 투자 서비스 회사이다. JLL은 포춘 500대 기업의 189위 랭크되어 있다.

과를 시현하였다. 스페인은 2009년 리츠 제도를 도입하여 71개의 리츠가 운영 중에 있으며, 리츠 수로 본다면 유럽에서 단연코 선두를 유지하고 있다. JLL 자료에 따르면 2017년 상반기 투자액이 총 59억 달러로 1년 전의 39억 달러보다 51%나 급증했다고 보고하고 있다. 스페인도 투자자들이 외면할 수 없는 투자처로 주목하고 있다.

아메리카 국가들 중 리츠의 종주국인 미국의 리츠는 192개 이며, 시가총액은 1조 1,824억 달러 수준으로 글로벌 시가총액의 무려 65%를 점유하여 리츠 수나 시가총액 면에서 글로벌 1위를 고수하고 있다. 수익률은 최근 1년간 평균이 25.18% 초저금리 시대에 리츠를 기관투자가나 투자가들이 그들의 포트폴리오에 리츠를 왜 담는지 이유를 알 수 있을 것이다. 이제 미국은 자국의 리츠 투자경험의 전문적인 노하우를 바탕으로 포트폴리오 개선과 지역적 분산효과를 통한 투자수익 기회의 지평을 넓히고자 유럽시장의 공략에 나서고 있다. 그 대표적인 리츠가 Medical Properties Trust, Inc.와 데이터 센트 리츠인 Equinix Inc. 이다. 메디컬 프로퍼티 트러스트는 2013년부터 의료서비스 제공을 위해 독일, 이탈리아, 스페인, 영국에 15억 달러가 넘는 자산 중 20%를 투자하고 있다. Equinix Inc.의 에릭 슈워츠 유럽 중동아프리카 사장은 2007년 유럽에 4개국 데이터 센터 설립으로 시작되었다고 한다. 사업확장을 위해 업그레이드와 확대, 신규자산 취득 등에 투자를 했다. 지난 10년 동안 유럽의 포트폴리오는 거의 20배 성장을 보였다. Equinix Inc.의 투자 초점은 인터넷, 클라우딩 컴퓨팅, 기업정보 기술, 금융 분야의 고객들이다.

캐나다는 1994년에 리츠 제도를 도입하여 46개 리츠가 운영 중에 있으며, 시가총액은 604억 달러 수준이며, 수익률 역시 26.8% 성과를 보여 미국보다 약간 상회하는 실적을 달성하였다. 이 밖에 멕시코는 14개의 리츠가 운영 중인 것으로 보고되고 있으며, 최근 1년간 평균 수익률이 23.23%를 시현하여 안정적인 고수익 상품이라는 것을 보여 주고 있다. 아메리카 국가들 중 브라질, 칠레, 코스타리카 등 정치 경제적 상황이 불안정한 국가들의 리츠 운영이 상대적으로 상당히 부진한 것으로 보인다. 이는 기업이 안정적이고 지속적인 성장을 위해서는 정치 체제의 안정이 얼마나 중요한가를 일깨워 준다.

아시아 태평양 지역에서는 일본이 리츠 제도를 2000년에 도입하여 미국보다는 40년이 늦었지만 리츠 수는 66개와 상장 리츠가 36개이다. 무엇보다 시가 총액이 1,350억 달러 규모로 미국 다음으로 2위이다. 최근 1년간 상위 5위 리츠 회사의 평균 수익률이 23.87%로 미국 리츠 수익률에 버금가는 아주 우수한 수익성과를 보였다. 일본이 비교적 단기에 놀라운 성장을 보인 리츠의 도입과정을 살펴볼 필요가 있다. 일본도 자체의 침체된 부동산시장의 활력을 불어넣고 소액투자자들에게 투자기회를 확대하기 위해 부동산을 증권화한 리츠를 증권시장에 상장하는 쪽으로 정책 전환을 하였다. 1999년 11월에 동경 증권거래소(TSE)가 일본에서 리츠 제도를 도입하는 것을 고려하고 있다는 발표를 하자 일본 Nekkei 지수가 2% 정도 뛰었다. 2000년 11월 후반에 일본은 리츠에 대한 현재의 법적인 금지를 폐기하는 새로운 법의 세부내용을 발표하여 리츠를 증권거래소(TSE)에 상장하는 길을 열어주었다(2000년 11월 22일자 로이터). 2001년 5월에 침체되어 있는 부동산시장을 반등시키기 위해 정부의 한 연구 기관이 리츠를 촉진하는 대책을 제안하였다(2001년 5월 9일자 Jiji Press Ticker Service). 이 보고는 또한 일본 국내의 리츠 자본이 2002년 3월까지 4조 엔에 도달할 수 있을 것이라고 지적하였다. 일본 정부의 토지, 인프라, 교통부(Ministry of Land, Infrastructure and Transport)도 새로운 투자 수단을 육성하기 위해 리츠의 최소 규모에 대한 규정을 철폐할 것이라고 언급하였다(2001년 7월 3일 Jiji Press Ticker Service).

일본 리츠 시장을 계획적으로 추진하는 것에 대하여 미국의 대형 평가기관과 투자 은행으로부터 상당한 관심을 끌어들였다. 2001년 5월에 Standard and Poor's는 일본의 리츠의 평가에 대한 근본적인 정책을 요약하는 보고서를 발행하였다(2001년 5월 9일자 PR Newswire). 유비에스(UBS), 노무라(Nomura), 모건 스탠리(Mogan Stanley) 등이 일본의 리츠 시장을 이용하고자 하는 투자 은행에 들어 있다.[12]

회사들 사이에 리츠를 설립하는 데 대한 관심은 뜨겁다. 예를 들면, Mitsui Fudosan Co.의 자본금은 현재 2억 엔이며 2016년 8월에 증권거래소에 상장되었고, 18개 부동산 군에 투자하였으며 포트폴리오 취득 자산가치는 2,050억 엔이다. 일본의 대형 부동산 회사인 미쓰비시 부동산(Mitsubishi Estate)의 자본금은 1.5억 엔으로 2017년 9월 상장되어 운영 중에 있으며, 자산취득가는 1,140억 엔이며 시가총액이 1,372억 엔이다. 투자 부동산의 95%는 물류창고이며, 사무실, 주택, 호텔 등 다양한 부동산에 분산투자를 하여 꾸준한 성장을 지속하고 있다. 모든 잠재적인 후보자들 중에서 Japan Real Estate Corp.는 드디어 2001년에 도쿄 주식거래소에서 거래되는 최초의 리츠가 되었다. 이 두 리츠는 모두 첫 거래일에 최초 공모가보다 더 높거나 혹은 동일한 가치를 유지하였다(2001년 9월 1일자 Jiji Press Ticker

---

12) 최차순 외2인 전게서, 319-320.

Service), Japan Real Estate Corp.의 자본금은 2.63억 엔이며, 취득한 부동산은 73개에 취득가는 1조 700억 엔으로 시가총액은 7,674억 엔이다.

시장에 등장한 그 다음 리츠인 Japan Retail Fund Investment Corp.는 Mitsubishi Corp와 스위스의 UBS Realty와의 제휴에 의해 설립되었다(2002년 2월 26일자 Global News Wire). 3개의 증권이 상장된 후 그 거래된 양은 적었지만 리츠에 대한 관심은 가라앉지 않았다. Japan Retail Fund Investment Corp.는 2002년 3월에 자본금 5억 엔으로 상장되었다. 부동산 101개로 리츠 포트폴리오를 구성하고 있으며, 시가총액은 8,953억 엔이다. 투자부동산이나 자본금 순으로 본다면 Japan Retail Fund Investment Corp. 상위 리츠 순위에 있는 것으로 볼 수 있다. 일본 리츠의 부동산 투자의 80% 정도가 사무실에 투자하는 것으로 일본 리츠협회에서 보고하고 있다. 일본은 2000년 초반까지 지난 10년간 부동산시장이 침체되어 경제활동의 위험 요인으로 작용하였으나 리츠 제도를 도입하여 부동산시장 안정화와 경제성장의 기반을 마련할 수 있는 호기를 맞이하게 되었다.

호주는 세계 세 번째로 리츠 제도를 1985년에 일찍 도입하였다. 호주는 44개의 리츠와 11개의 리츠가 운영 중에 있다. 호주는 그 역사만큼이나 수익률도 34.64%로 높은 실적을 보여 아시아 태평양 국가들 중에서 싱가포르, 홍콩에 이어 세 번째로 높은 수익률 성과를 보였다. Charter Hall Group의 윈스턴 삼무트(Sammut) 부동산 증권 대표는 호주의 리츠가 미지의 바다에 진입했다고 믿고 있다. 그는 "나는 이것을 단기적인 현상으로 보지 않는다"라고 말했다. "1년 전만 해도 10년 만기 채권 금리가 3% 수준을 오르내렸지만 이제 채권금리는 그 절반도 안 된다. 글로벌 경기가 불확실한 상태에서 리츠는 시중 금리의 5~7배에 달하는 안정적인 수익을 제공하게 되어 투자자들이 리츠를 제외하고 투자 목록을 작성하기가 쉽지 않을 것이다." 지난 10년 동안 많은 호주의 리츠들이 그들 자신을 변화시켰다. 2008년 글로벌금융위기로부터 얻은 교훈은 자본운용에 각인되었고, 무수익부동산을 정리하며 리츠 운영의 내부관리에 역량을 높여 왔다는 것이다. 이런 노력이 지속되는 한 7~8% 수익률을 리츠가 제공할 것으로 삼무트는 내다보고 있다.

싱가포르는 1999년, 홍콩은 2003년 리츠 체제를 도입하여 운영 중에 있다. 싱가포르는 37개, 홍콩은 9개를 운영하고 있으며, 이들 국가의 수익률은 42.91%와 37.61%를 보여 리츠가 높은 수익률을 올릴 수 있는 부동산 간접투자상품임을 보여주고 있다. 이 밖에 말레이시아, 뉴질랜드, 한국 등이 2000년 전후에 리츠 제도를 도입하여 건전한 부동산시장 육성 견인과 소액투자가들에게 투자기회를 확대하여 소득재분배에 기여하려고 노력하고 있다. 〈표 12-1〉에서 한국의 리츠 현황은 실재와 다소의 차이가 있다.[13] 일단 표는 EPRA의 작성기준의 일관성을 유지하기 위해 그대로 표와 같이 처리했다. 그러나 한국은 2019년 6월 말 기준 248개 리츠가 운영 중에 있으며 총자산은 51조 8,560억 원 규모이다. 상장된 리츠는 7개로 시가총액은 2조 580억 원수준이며, 평균수익률은 4.2%(임대주택 리츠 제외 시는 9.5%) 성과를 시현하고 있다. 한국의 리츠 도입 배경은 외환위기를 조기 극복수단으로 도입되어 초기에는 구조조정리츠(CR-REIT)가 주류를 이루었으나, 현재는 위탁관리리츠(EM-REIT)나 자기관리리츠(SM-REIT) 중심으로 운영되고 있다.

필리핀은 2009년 리츠 제도를 도입하였지만 실제 리츠 출범까지는 오랜 시간이 걸렸다. 2020년 7월 필리핀 증권거래위원회는 AREIT, Inc.가 7월 27일부터 31일까지 기업공개를 할 것이라고 리츠 메거진은 보도하였다(REIR magazine, July 13 2020). 아시아의 많은 국가들이 리츠 제도를 도입하여 부동산시장으로 자본이 흘러갈 수 있도록 파이프를 연결하고 있다. 필리핀이 〈표 12-1〉에는 없지만 필자가 최근 자료에 의거 제시하였다. 비록 최초의 아이디어는 공공인프라 개발을 위한 자금을 모으기 위한 것으로 대만도 이미 수년간 리츠 개념을 검토 중에 있다. 아마도 신탁을 규제하는 많은 법규 때문인지 처음에는 이 개념이 성공적이지 못했다. 그러나 최근 이러한 법들의 통과로 대만에서 리츠 개념의 성장은 아마도 장래에 어느 정도의 힘을 얻게 될 것이다. 대만에는 현재 Cathay No.1, 2REIT를 포함한 5개의 리츠가 자국의 증권거래소에 상장되어 거래되고 있다. Cathay No.1은 상업용부동산 과 주택건설에도 관여를 하고 있으며 2005년에 상장되어 운영 중에 있다.[14]

중국 본토의 부동산시장에 대한 역사는 20년이 체 안 되어 중국 부동산시장을 언급하는 것이 시기상조일지도 모른다. 그러나 중국인들은 역사적으로 모든 부가 부동산의 소유에서 온다고 믿어왔다. 중국 부동산시장의 규모, 엄청난 GNP의 성장, 자본주의 개념을 포용하는 이 나라의 태도를 감안할 때 우리는 향후 20년 이내에 중국이 아시아에서 가장 큰 부동산시장을 갖게 될 것으로 믿는다. 그러나 아직까지는 리츠가 설립되어 운영하고 있는 리츠는 없다. 2000년 6월 12일자 Asia Pulse의 한 뉴스에 의하면 인도 또한 인도의 미성숙한 부동

---

13) 한국의 자세한 리츠 현황은 제10장을 참조하시기 바랍니다.

14) APAC Real Estate, https://apacrealestate.com/reit/

산시장을 자극하기 위한 조치로 리츠가 자국 내에서 운영을 시작하도록 허용하는데 대한 가능성을 모색하기 시작했다. 이런 노력에 힘입어 인도에는 Embassy Office Parks REIT가 2017년에 3월에 상장되어 상업용 사무실 임대 관리 등으로 수익을 창출하고 있다.

아프리카 중동지역에서 눈여겨 볼 국가는 남아프리카와 사우디아라비아 이다. 이들 국가가 리츠를 도입한 시기는 남아프리카 2013년, 사우디아라비아 2006년으로 그 역사가 비교적 짧음에도 상당히 많은 리츠가 운영 중에 있고, 수익률이 12.05%와 7.5%로 비교적 높은 성과를 보였다. 그에 비하여 터키는 1995년 리츠를 도입하였음에도 불구하고 시가총액이 29억 불 수준이며, 수익률은 −23.04%로 아주 부진하다.

이상에서 살펴 본바와 같이 리츠의 개념은 세계 각국으로 지금도 뻗어나가고 있다. 리츠를 다른 국가들보다 비교적 일찍 도입한 국가들 중에도 상당한 리츠 제도가 활성화 되지 못한 체 정체되어 있는 국가가 있는 것에 반하여 그 역사가 짧음에도 불구하고 리츠의 수, 시가총액, 수익률 면에서 매우 역동적인 성과를 보여주는 국가들도 있다. 그 중 하나가 일본이라고 판단된다. 우리와 비슷한 무렵에 출발한 일본 리츠가 조기에 제도적으로 잘 정착될 수 있는 비결이 무엇인지 우리는 벤치마킹의 대상으로 삼을 필요성이 있다. 각국의 리츠 제도의 조기 정착의 관건은 친 시장적 투자자 중심의 세제, 금융 규제의 과감한 개혁과 인센티브, 정치 사회의 안정이 무엇보다 중요하다. 미국 리츠의 컨셉이 얼마나 빠르게 외국에서 채택되느냐 하는 문제는 여러 요인들이 있지만, 주로 해당 국가들의 정책입안자들이 리츠 컨셉이 얼마만큼 자국의 부동산시장을 활성화 할 수 있으며 경제에 기여할 수 있는 가 보느냐에 달려있다고 생각한다.

미국 밖의 리츠들은 미국 리츠와 비교할 때 컨셉, 운영방식, 세제혜택 등의 측면에서 아주 다를 수도 있으며, 미국의 자금을 두고 미국 리츠와 경쟁할 능력이 없을 수도 있다. 그렇다 하더라도 유럽을 위시한 아시아 태평양, 중동 아프리카의 리츠는 잠재적인 미국의 경쟁자가 될 것이고, 더 나아가 이들 지역은 미국 투자가들에게 투자의 새로운 기회를 준다는 측면에서 매우 고무적인 현상이라 하지 아니 할 수 없다. 또한 자본이동은 국경을 초월하여 이동하기에 아시아를 비롯한 신흥국가들의 소액 투자가들에게도 합리적인 투자기회가 점점 확대하고 있다.

7 적자생존

우리는 리츠 개념이 계속 성장해 가리라고 확신한다. 그러나 리츠가 직면하게 되는 운영환경이 리츠로 하여금 미래 전략에 적응하도록 강요하리라는 점도 확신한다. 여전히 전통적인 방식으로 운영되고 있는 그러한 리츠는 국내 및 외국 업체들 모두에 의해 험한 경쟁에 직면하게 될 것이며 과거의 경험을 통해 배우지 않으면 자신들의 시장프론티어는 줄어들 수 밖에 없을 것이다.

사실상 리츠를 설립하는 데 진입장벽이란 없다. 시장 여건이 맞으면 1990년대에 폭발적 성장이 증명했듯이 새로운 리츠가 시장에 홍수를 이룰 것이다. 부동산시장에 여전히 가용할 수 있는 증권화 되지 않은 부동산이 많이 있다는 점을 감안할 때, 리츠 투자가의 관심을 끌 수 있는 바른 관리 전략을 추구하는 경쟁력 있는 리츠는 기존 리츠에게 새로운 도전이 될 가능성이 더욱 높다.

자신들의 과거로부터 교훈을 얻은 리츠는 자금 시장과 리츠 투자가들이 주장하는 도전을 맞이하기 위해 자신들의 관리 전략을 수정할 것이다. 효율적으로 운영하는 리츠들 만이 증권시장에서 좋은 성과를 낼 것이다. 우리들의 결정체에, 이런 범주에 맞는 세 가지 유형의 리츠를 볼 것이다.

첫째 유형의 리츠는 어떤 특정 지리적 지역에 있는 특정 부동산에 대한 전문화된 지식을 가지고 있는 리츠이다. 대체적으로 부동산 개발 사업은 여전히 국지적인 사업임으로 어떤 도시의 개발 환경에 친숙한 리츠나 어떤 부동산 유형의 수요 및 공급에 관한 여건에 대하여 전문화된 지식을 가지고 있는 리츠는 다른 리츠들이 찾아낼 수 없는 개발 기회를 이용할 수 있다. 게다가, 자신들의 임차인들과 좋은 사업 관계를 가지고 있고 고객의 특별한 수요를 알고 있는 리츠는 개발 기회를 찾아내어 자신들의 임차인들에게 부동산과 관련이 없는 유익한 서비스를 제공할 수 있다. 그러나 우리는 이것이 거대한 리츠 일 것으로 예상하지는 않으며, 비교적 규모가 작은 종류의 운영이 집중화 되고 자신의 사업에 대한 전문화된 지식을 보유한 리츠가 될 가능성이 더욱 높은 것으로 예상한다.

두 번째 리츠 유형은 규모가 더 크고, 하나의 부동산 유형에 집중하며, 국내 혹은 국제적인 포트폴리오를 가지는 것이다. 대규모 운영과 집중화된 부동산 유형에서 발생되는 규모의 경제는 이러한 리츠의 운영비를 줄여 줄 것이다. 이들의 대규모 부동산 보유는 국내 혹은 국제적인 고객의 욕구를 충족시켜주는 일에 있어 특별한 우위를 제공하게 될 것이다. 집중화된 부동산 소유로부터 비롯되는 정보의 효율성이 이러한 리츠들에 부동산 사이클을 이용하고 저 평가된 부동산을 찾아내는 더 나은 기회를 제공할 것이다.

세 번째 리츠 유형은 디지털기술 경영환경 시대에 지속적인 변화와 혁신을 이루어 내는 리츠이다. 이런 리츠는 살아남을 것이고, 전통적인 경영방식에 수동적인 운영을 고집하는 리츠는 경쟁에서 도태될 뿐만 아니라 고객들로부터 외면을 당할 것이다. 리츠가 변화와 혁신의 선두주자가 되기 위해서는 고객중심의 고객관계가치를 창출할 수 있는 디지털 융합 비즈니스 모델로 전환을 하는데 선택과 집중을 해야 할 것이다. 특히 정보의 바다에서 고객관계가치(CRV)로 연결될 수 있는 엄청난 정보를 저비용으로 획득하기 위해서는 빅데이터나 인공지능(AI) 등의 디지털 디바이스를 이용하는 것은 선택이 아닌 필수이다. 일반기업들이 경쟁력을 높이고 성장의 지속성을 견인하기 위해서 디지털융합 비즈니스 모델 채택에 연구와 개발을 집중하고 있는 데 리츠 산업이라 예외일 수는 없다. 이러한 변화의 물결에 선두주자는 늘 새로운 가치를 창조할 것이지만 그렇지 못한 기업은 사양의 저녁을 맞이하게 될 것이다.

어떤 유형의 리츠가 지배적인 위치에 서게 될까? 우리는 알 수 없다. 그러나 인터넷 기술이 접목된 부동산에 포트폴리오를 집중화 하지 않는 리츠는 다른 리츠들과 경쟁하기 힘들다는 것을 발견하게 될 것이다. 과거의 경험으로부터 기꺼이 배우고 자신들의 강점에 의한 개발전략을 기꺼이 찾아내고자 하는 리츠는 번영할 것이지만, 그렇지 않은 리츠는 과거에 그래왔든 것처럼 역사의 무대에서 사라질 것이다.

8 맺는 말

리츠가 ICT기술을 접목시킨 디지털 비즈니스 모델의 새로운 모험은 포스트 코로나 시대에 어쩌면 비대면 리츠 산업의 신성장 동력의 계기가 될 수도 있다. 과거의 성공이 미래에 대한 선구자라면 디지털 융합 리츠와 그에 대한 투자가들을 위한 모바일 서비스 확대는 엄청난 변화를 불러일으킬 수 있는 잠재력을 가지고 있어 새로운 기회로 가득 찬 세계에서 리츠 개념이 성장할 것으로 믿는다. 시대의 흐름에도 불구하고 주요 리츠 개념은 존속할 것이지만, 미래에 리츠의 성공은 주로 리츠 관리자들이 부동산시장의 변화에 얼마나 효과적으로 대처하는 지와 리츠의 직·간접적 부동산 투자로부터 나오는 수익을 향상시킬 디지털 융합 비즈니스 모델 방법들을 얼마나 효과적으로 개발하여 탄력성 있게 운영하느냐에 달려있다. 즉, 리츠의 운영이 전통적인 소극적인 방식에서 탈피하여 디지털융합 비즈니스 모델(RDBP)로 전환하는 리츠는 미래에도 번영을 구가할 것이지만 그렇지 않은 리츠는 적자생존하기가 어려울 것이다.

우리는 미국의 리츠단순화법(REITSA)과 리츠현대화법(RMA)에 의한 리츠 운영 변화로 인해 리츠가 대체적인 수입원을 추구하는 일이 증대될 것으로 예상한다. 이런 변화는 부동산시장 사이클이 부동산 증권시장에 미치는 영향을 줄일 뿐 아니라 리츠에 대한 수익의 개선으로도 이어질 가능성이 있다. 또한 최근 2017년에 세금감면 및 일자리 법(TCJA: Tax Cut and Jobs ACT)에 의한 리츠 주주들에게 주어지는 배당소득의 20%를 소득과 자산의 수준에 상관없이 공제하도록 하는 인센티브는 성장 동력에 날개를 달아 주는 것이다. 이런 일련의 리츠 관련 규제완화는 새로운 성장의 기회로 작용하여 국민경제에 더 크게 기여하게 될 것이다.

비용 절감과 리츠 고객과의 관계 개선의 수단으로 미래에 디지털 기술사용이 증가하는 것도 예상할 수 있는 일이다. 디지털 기술이 리츠에 융합되면 고객으로부터 엄청난 데이터들을 수집할 수 있고, 수집된 정보들을 선별 분석하여 DB를 구축하고, 실시간으로 고객에게 유용한 정보를 되돌려 줌으로 인하여 고객관계가치(CRV)를 창출할 수 있는 정보가치사슬(chain of information value)이 네트워킹 될 것이다. 디지털 네트워킹이 메쉬망으로 구축되면 계좌이체는 물론이고 실시간으로 해외 리츠에 투자할 기회가 더 많아지고, 외국의 리츠로부터의 경쟁에 직면할지도 모르기 때문에 리츠는 또한 국제무대에서도 경쟁을 치룰 준비를 할 필요가 있다. 리츠 운영의 변화와 혁신의 첫 걸음은 시대적 환경 변화에 따른 세제, 금융의 불필요한 규제들을 가감이 개선할 때 가능하다.

전통적인 리츠는 공개된 자본시장에 머무는 것이 자신들에게 가장 유리한 입장이 아니라는 것을 알게 될지도 모른다. 과거의 경험으로부터 교훈을 얻지 못한 리츠들은 사적인 입장에서 존재할 가치가 있는 것으로 생각할 수 있어 여전히 펀드 같은 리츠 투자전략을 포용하는 몇몇 사적인 자금 제공자들을 찾을 수 있을 것이다. 공개된 시장에서는 역동적인 디지털 융합 관리 시스템을 가지고 있는 가장 최적화된 리츠만이 재무 분석가들과 리츠 투자가들로부터 관심을 받고 호의적인 배려를 받을 것이다. 리츠는 2001년 우리나라에 처음 도입될 때 리츠라는 단어가 외환위기를 신속히 극복하고 무너진 부동산시장의 건전성을 회복시켜주는 수단이 리츠라고 세간에 알려졌다. 사실 국내에서는 부동산에 대한 기본 인식이 소유의 개념으로 리츠에 대해 우호적인 환경은 아니었다. 하지만 우리나라의 부동산산업 성장세와 관심도 IT 강국이라는 면모를 고려해본다면 부동산과 금융시장을 결합시킨 리츠 산업은 21세기 분명 신성장 동력산업으로 국민경제에 기여하는 바가 지대할 것으로 기대한다.

참고문헌

㈜한화/한화리츠팀. 2000. 부동산투자신탁 리츠, 청림출판

최차순·노영기·김인수. 2005. 부동산투자신탁, 박영사.

APAC Real Estate, https://apacrealestate.com/reit/

Baird, W. B. and Dohahue Jr, P.J. 1996. The future of REIT consolidation. REIT Report 17
    (Autumn):28.

Berkelder, M. 1997. Property trusts: Dutch property fund market. Property Australia 12 (1): 64.

Chan, S. H. Kensinger, J. Keown, A. and Martin, J. 1997. Do strategic alliances create value?
    Journal of Financial Economics 96:199-221.

Cymrot, A. 1997. Real estate companies: At a crossroads for creating significant wealth.
    REIT Report 17 (Winter): 28

Edwards, T. 1997. REITs simplified. REIT Report 17 (Autumn): 35

Edwards, T. 2000. At your service: REITs modernized. Real Estate Portfolio (March/April): 43.

Forbes, https://www.forbes.com/sites/moneyshow/2019/09/12/5g-reits-where-tech-meets-real-
    estate/#47872eb92fa7

Glascock, J. Zhang, Y. and Zhou, T. 2018. A Review and Extension of Merger and Acquisition
    Research between REITs and General Corporations. Journal of Real Estate Literature 26(2):
    225-253.

Green, E. 2018. Why Real Estate Companies Should Consider REIT Structures to Attract Domestic
    and Foreign Investor Capital by Arkadiy. September 12.

Harris, D. Foster, J.W. and U'ren, G. 1998. The emergence of U.S. REITs viewed from a global
    perspective. In Real estate investment trusts, ed, Richard T.

Lai, N. and Wang, K. 1999. Land-supply restrictions, developer strategies, and housing policies:
    The case in Hong Kong. International Real Estate Review 2:143-59.

Maurer, R. and Sebastian, S. 2002. Analysis of the inflation risk of European real estate securities.
    Journal of Real Estate Research, forthcoming.

Mueller, G. and Anikeeff, M. 2001. Real estate ownership and operating business:
    Does combining them make sense for REITs? Journal of Real Estate Portfolio Management
    7:55-65.

NAREIT, REITWach. 2020. 6.

Newell, C. Ling, M.W.Y and Hwa, T.K. 2001. Development and performance of Malaysian
property trusts. University of Western Sydney. Working paper.

Ong, S.E. Ooi, J. and Sing, T.F. 2000. Asset securitization in Singapore: A tale of three vehicles.
National University of Singapore. Working paper.

Prins, R.W. and Denien, M.A. 1999. Growing revenue from services: Opportunities and pitfalls.
KMPG LLP Real Estate Report (Autumn):6-8.

Ratcliffe, C. and Dimovski, W. 2012. REIT mergers and acquisitions: A meta-analysis.
Journal of Property Investment and Finance 30(3):241-256

Raiman, L. 1999. The new world order of the REIT business.
The REIT Center, New York University. Working paper.

Rayner, J. 1998. Property trusts: The South African experience. Property Australia 12 (4):43.

Sarah B.K. 2017. European Real Estate Investment Outlook Looks Bright.
REIT magazine: September/October 2017.

Sahi, W. and Lee, S. 2000. The initial return performance of U.K. property company IPOs.
University of Reading, England. Working paper.

Saint-Pierre, P. 1998. Crossing the borders: REITs in the international market place.
The REIT Report 18 (Autumn): 46.

상장되어 거래되었던 K-리츠의 월별 시가총액 및 가격지수

(2002.1 · 2020.12)

본 부록에는 상장되어 거래되었던 우리나라 리츠(기업구조조정 리츠, 위탁관리형 리츠, 일반 리츠)의 월별 시가총액 및 가격지수를 부록으로 실었다. 기업구조조정 리츠는 1997년 외환위기로 기업과 금융기관의 구조조정을 신속히 하고자 최초로 도입된 리츠이다. 위탁관리형 리츠는 자산의 투자, 운용을 자산관리회사에 위탁하여 운용하는 리츠이다. 일반 리츠는 흔히 자기관리형 리츠로 지칭한다. 자기관리형 리츠는 자산운용 전문인력을 포함한 임직원을 상근으로 두고 자산의 투자 운용을 직접 수행하는 리츠이다.

월별 가격지수를 구축하기 위해서는 상장 거래되는 리츠의 발행주식수, 가격, 거래량, 시가총액, 증자, 배당, 청산, 거래정보 등을 체계적으로 DB화하는 작업이 우선적으로 진행되어야 한다. 우리나라도 증권제도를 도입한지 상당히 오래되어 일반주식거래와 관련된, 가격, 거래량, 다양한 지표가 개발되어 투자가, 연구자, 정보를 필요로 하는 이들에게 유용한 지표를 적시에 제공하고 있다. 하지만 리츠에 관련된 시가총액 및 가격지수 등의 자료를 구득하기란 쉽지 않은 실정이다, 그래서 저자는 2002년 1월 30일 교보메리츠 상장 시부터 지속적인 관심을 가지고 리츠 상장, 거래량, 청산 등의 리츠 자료를 수집 정리하여 왔다. 증권시장에 상장된 개별 리츠의 시장자료와 저자가 수집한 자료를 근거로 2002년 1월부터 2020년 12월까지 시가총액 및 가격지수를 구축하게 되었다.

시가총액은 한국증권거래소 개별종목 시장정보로부터 인용하였고, 가격지수는 KOSPI, KOSDAQ, 다우존스, NASDAQ, S&P500 등의 일반적으로 국내외 지수산정에 많이 사용하는 시가총액식 지수산정법을 적용하여 구하였다.

리츠가 도입 된지 20여년의 역사에 비하면 우리나라 리츠의 가격지수는 주목을 받으며 상승하지 못했음을 부록의 데이터에서 확인할 수 있다. 우리나라에 처음 도입된 리츠는 기업구조조정 리츠로 5년 후에 청산 절차를 거쳐 시장에서 퇴출하게 된다. 즉 영속적인 리츠의 형태로 시장에 존속하는 형태가 아닌 한시적으로 상장되었다가 폐지되는 과정을 반복하여 리츠 가격이 지속적으로 상승할 수가 없다. 이런 리츠 상장의순환 반복은 2010년 초반까지 계속되어 왔다. 우리나라 리츠가 미국의 리츠를 벤치마킹 하였지만 영속적인 미국의 리츠와는 리츠의 특성이나 목적상 상당한 차이가 있다.

이후 2011년 7월에 처음으로 영속기업 형태의 광희리츠(이후 에이리츠로 변경)가 자기관리형 리츠로 상장되어 현재까지 존속해오고 있다. 2010년 후반까지 이렇다 할 리츠의 상장은 눈에 띄지 않았지만, 2020년 후반기에 자기관리형 리츠가 6개나 상장되어 현재 13개의 리츠가 상장거래 되고 있다. 부록에 제시된 리츠의 가격지수는 초창기부터 현재까지 증권시장에 거래된 리츠의 가격자료를 기반으로 지수를 구축하였다. 저자는 독자들에게 리츠의 성과에 관한 최신의 가격지수를 제공해야 한다는 의무감에서 자료를 제시한다. 머지않아 리츠의 가격지수도 관계당국에 의해 구축되어 공개적으로 발표되기를 기대한다.

상장거래된 K-리츠의 시가총액 및 가격지수(2002.1 - 2020.12)

〈표 A-1〉

연도	월	시가총액(백만 원)	지수	회사 수
2002	1월	85,512	100.0	1
	2월	85,848	100.4	1
	3월	85,176	99.6	1
	4월	87,864	102.8	1
	5월	226,184	102.8	2
	6월	224,350	101.9	2
	7월	221,200	100.5	2
	8월	222,698	101.2	2
	9월	224,098	101.8	2
	10월	225,694	102.5	2
	11월	284,438	103.0	3
	12월	277,788	100.5	3
2003	1월	278,712	100.9	3
	2월	279,902	101.3	3
	3월	279,664	101.2	3
	4월	281,372	101.8	3
	5월	350,158	102.8	4
	6월	342,200	100.3	4
	7월	342,984	100.6	4
	8월	463,776	100.9	6
	9월	466,248	101.4	6
	10월	466,028	101.4	6
	11월	465,252	101.2	6
	12월	463,346	100.8	6
2004	1월	541,069	100.6	7
	2월	548,098	101.9	7
	3월	547,263	101.8	7
	4월	549,578	102.2	7
	5월	566,313	105.3	7
	6월	562,465	104.6	7
	7월	561,719	104.5	7
	8월	566,339	105.3	7
	9월	581,704	108.2	7
	10월	593,526	110.4	7
	11월	603,164	112.2	7
	12월	612,083	113.8	7

연도	월	시가총액(백만 원)	지수	회사 수
2005	1월	612,619	113.9	7
	2월	609,115	113.3	7
	3월	618,104	115.0	7
	4월	611,966	113.8	7
	5월	634,511	118.0	7
	6월	639,401	118.9	7
	7월	644,292	119.8	7
	8월	592,413	120.7	6
	9월	596,477	121.5	6
	10월	597,169	121.6	6
	11월	666,523	122.9	7
	12월	658,553	121.4	7
2006	1월	652,955	120.4	7
	2월	653,711	120.5	7
	3월	665,058	122.6	7
	4월	659,193	121.6	7
	5월	673,919	124.2	7
	6월	717,962	124.1	8
	7월	741,255	128.1	8
	8월	733,881	126.8	8
	9월	738,539	127.6	8
	10월	744,010	128.6	8
	11월	780,944	134.9	8
	12월	811,392	140.2	8
2007	1월	755,276	146.0	7
	2월	849,683	164.3	7
	3월	517,614	159.9	6
	4월	543,116	167.8	6
	5월	556,914	172.0	6
	6월	558,408	172.5	6
	7월	566,237	174.9	6
	8월	577,418	178.3	6
	9월	586,545	181.2	6
	10월	571,102	176.4	6
	11월	569,589	175.9	6
	12월	571,132	176.4	6

연도	월	시가총액(백만 원)	지수	회사 수
2008	1월	580,373	179.3	6
	2월	479,023	185.0	5
	3월	497,863	192.3	5
	4월	529,536	204.5	5
	5월	492,148	180.3	6
	6월	325,930	164.7	4
	7월	342,702	173.1	4
	8월	347,228	175.4	4
	9월	314,742	159.0	4
	10월	243,774	123.2	4
	11월	228,839	115.6	4
	12월	236,030	119.2	4
2009	1월	239,521	121.0	4
	2월	245,471	124.0	4
	3월	252,918	127.8	4
	4월	272,140	137.5	4
	5월	297,573	150.3	4
	6월	303,113	153.1	4
	7월	311,407	157.3	4
	8월	156,828	160.8	4
	9월	155,762	159.7	4
	10월	157,532	161.5	4
	11월	153,618	157.5	4
	12월	153,944	157.8	4
2010	1월	154,590	158.5	4
	2월	218,186	158.8	4
	3월	216,230	157.4	4
	4월	145,892	159.2	3
	5월	144,960	158.2	3
	6월	143,008	156.1	3
	7월	141,172	154.1	3
	8월	139,880	152.7	3
	9월	141,522	154.5	3
	10월	142,070	155.1	3
	11월	143,582	156.7	3
	12월	139,478	152.2	3

연도	월	시가총액(백만 원)	지수	회사 수
2011	1월	186,854	153.6	4
	2월	183,340	150.7	4
	3월	215,916	168.7	5
	4월	186,049	145.3	5
	5월	168,488	131.6	5
	6월	163,501	127.7	6
	7월	188,092	146.9	6
	8월	181,313	141.6	7
	9월	213,565	135.8	7
	10월	231,209	147.0	7
	11월	224,305	142.6	7
	12월	217,298	138.2	7
2012	1월	219,642	139.7	7
	2월	228,518	141.2	7
	3월	220,482	136.3	7
	4월	221,127	136.7	7
	5월	193,181	135.8	6
	6월	209,589	137.7	7
	7월	206,698	135.8	7
	8월	208,611	137.7	7
	9월	211,942	139.9	7
	10월	209,096	138.0	7
	11월	197,722	130.5	7
	12월	198,007	130.7	7
2013	1월	217,812	130.9	8
	2월	218,538	131.4	8
	3월	223,619	133.3	8
	4월	218,062	130.0	8
	5월	220,258	131.3	8
	6월	209,742	125.0	8
	7월	205,647	122.6	8
	8월	205,787	122.7	8
	9월	203,612	121.4	8
	10월	204,353	121.8	8
	11월	207,949	124.0	8
	12월	196,184	117.0	8

연도	월	시가총액(백만 원)	지수	회사 수
2014	1월	197,137	117.5	8
	2월	196,346	117.1	8
	3월	192,339	114.7	8
	4월	190,244	113.4	8
	5월	185,008	110.3	8
	6월	131,027	109.5	5
	7월	133,703	111.7	5
	8월	129,305	108.1	5
	9월	136,707	114.3	5
	10월	134,960	112.8	5
	11월	147,233	123.1	5
	12월	139,385	116.5	5
2015	1월	139,079	116.2	5
	2월	142,581	119.2	5
	3월	94,493	123.0	3
	4월	96,624	125.8	3
	5월	95,991	124.9	3
	6월	95,752	124.6	3
	7월	96,431	125.5	3
	8월	97,717	127.2	3
	9월	95,799	124.7	3
	10월	97,724	127.2	3
	11월	94,574	123.1	3
	12월	90,886	118.3	3
2016	1월	87,631	114.1	3
	2월	89,369	116.3	3
	3월	131,136	116.8	3
	4월	106,356	94.7	3
	5월	115,144	102.6	3
	6월	111,737	99.5	3
	7월	112,521	100.4	3
	8월	110,449	102.8	3
	9월	163,440	111.4	4
	10월	157,128	107.2	4
	11월	164,502	105.7	4
	12월	198,603	127.7	4

연도	월	시가총액(백만 원)	지수	회사 수
2017	1월	173,200	123.3	4
	2월	152,432	108.5	4
	3월	146,254	104.1	4
	4월	148,412	104.8	4
	5월	148,226	104.7	4
	6월	146,098	103.2	4
	7월	132,191	93.4	4
	8월	134,228	94.8	4
	9월	124,871	88.2	4
	10월	125,398	88.6	4
	11월	125,115	88.4	4
	12월	121,037	87.9	4
2018	1월	115,680	84.0	4
	2월	112,850	81.9	4
	3월	115,589	83.9	4
	4월	118,986	83.5	4
	5월	120,201	84.3	4
	6월	392,901	83.1	5
	7월	409,952	86.7	5
	8월	620,548	87.3	6
	9월	642,926	90.5	6
	10월	631,885	88.9	6
	11월	636,911	89.6	6
	12월	645,571	90.9	6
2019	1월	641,141	90.2	6
	2월	694,635	90.2	6
	3월	709,156	92.1	6
	4월	748,577	97.1	6
	5월	738,992	100.5	5
	6월	796,635	108.3	5
	7월	811,658	110.4	5
	8월	838,614	114.0	5
	9월	889,260	120.9	5
	10월	2,061,053	124.2	6
	11월	2,055,721	123.9	6
	12월	2,057,925	117.5	7

연도	월	시가총액(백만 원)	지수	회사 수
2020	1월	1,911,769	109.1	7
	2월	1,785,746	102.0	7
	3월	1,687,375	96.3	7
	4월	1,730,871	98.7	7
	5월	1,898,990	108.3	7
	6월	1,825,035	103.3	7
	7월	1,841,603	98.5	8
	8월	3,149,907	79.6	12
	9월	3,211,305	81.1	12
	10월	3,392,263	85.7	12
	11월	3,370,989	85.1	12
	12월	4,044,200	102.2	13

주: 1. 2002년 1월 말 기준시가 100 적용
   2. 지수산출방법 : 시가총액식 지수산출
자료: 한국증권거래소

상장거래된 K-리츠의 가격지수(2002.1 - 2020.12)

 〈그림 A-1〉

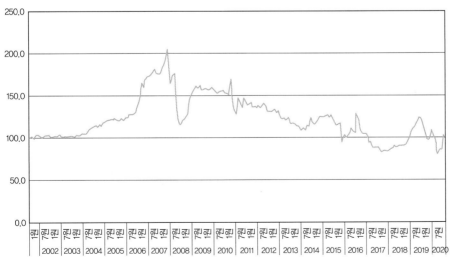

ㄱ

가상현실(VR)기술   244
가판대(Free standing)   133
감가상각(depreciation)   85
감가상각비용(real estate depreciation)   84
경제회복법(Economic Recovery Act)   43
고객관계가치(CRV: Customer Relationship Value)   250
고객선호형 부동산(CPR: Customer Preference Real estate)   250, 263
고객정보 플랫폼(CIP: Customer Information Platform)   260, 262
고정이자(fixed-income)   271
과세이연(tax deferral)   81, 82
국제통화기금(IMF)   218
금융적 위험   179
금융차입 리츠(leveraged REIT)   107
기술적 위험   179
기업공개(IPO)   62, 78, 81
기업공시제도(corporate disclosure system)   231
기업구조조정 부동산투자회사(CR REITs: company restructure real estate investment trusts)   227

ㄴ

나노기술   244
나스닥(NASDAQ)   60
내부관리 리츠   108
뉴욕증권거래소(NYSE)   60

ㄷ

다각화 투자(diversification investment)   20
다각화 할인(diversification discount)   180
다각화 할증(diversification premium)   180
다각화 효과   26

다보스 포럼   244
다양(Variety)   249
다우존슨   24
단기금융펀드   205
담보저당채권(Collateralized Mortgage Olbligations)   148
데이터 센터(Data Center)   140
도관체(pass-through entity)   15
도덕적 해이(moral hazard)   40
드론   253
디지털 비즈니스 플랫폼   259
디지털융합 비즈니스 모델   292

ㄹ

레버리지 효과(leverage effect)   107
로봇공학   244
리츠(REITs)   14
리츠단순화법(REIASA)   47, 75
리츠의 디지털 비즈니스 플랫폼   260
리츠현대화법(RMA)   47, 75

ㅁ

마케팅 깔때기 모델(Marketing Funnel Model)   261
만물인터넷   244
매출비율부 임대료(percentage rent)   143
모기지 리츠(mortgage reits)   20
모기지 신탁(mortgage trust)   35
무기한 수명 리츠   108
무수익 여신(nonperforming loan)   39
무차입 리츠(unleveraged REITs)   107
무한파트너(unlimited partner)   79
무형자산(soft asset)   94
미국부동산투자신탁협회(NAREIT)   14
미국세법(IRC: Internal Revenue Code)   15

미국증권거래소(AMEX)　60

ㅂ

방대한 자료(Volume)　249

배당수익(dividend yield)　271

배당할인모형(DDM: Dividend Discount Model)　96

배타(β)　16

법인세(corporate tax)　122

법적 위험　179

변동률(volatility rate)　18

변동성(volatility)　18

부동산간접투자기구(vehicle)　227

부동산시장　15

부동산투자신탁회사　14

부동산투자회사법(REITs: real estate investment trusts)　227

부동산 펀드　205, 207

부채담보부증권(Collateralized Debt Obligations, CDO)　40

부채증권(debt securities)　169

비상장 리츠(PNLR: public non-listed REITs)　104

비체계적위험(unsystematic risk)　127

빅데이터　244

ㅅ

사모 리츠　105

사물인터넷　244

사업상의 위험　179

상업용저당채권(CMBS)　144

선두주자(first move)　246

성장가치　154

세금감면 및 일자리 법(TCJA: Tax Cuts and Jobs Act)　75

세금회피(tax shelter)　43

소매점(Retail)　132

수익가치　154

숙박 및 리조트(Lodging and Resorts)　136

순이익(net income)　84, 85

스와핑(swapping)　40

스왑(swap)　103

스테그플레이션(stagflation)　51

신디케이트(syndicate)　33

신속히(Velocity)　249

신용위험(Credit risk)　149

ㅇ

아마존웹서비스(AWS)　257

양방향(Two-Way)　262

연결(connection)　244

연방저당공사(Fannie Mae)　149

연방주택저당공사(Freddie Mac)　149

영업가치　154

영업신탁(business trust)　32

외부관리 리츠　108

운영수입(FFO)　84

위험 프리미엄(risk premium)　156

위험회피(risk averse)　103

유동성 위험(Liquidity risk)　149, 179

유상공모(seasoned public offerings)　62

유한수명 리츠(유한 리츠)　108

유한책임주(limited partner)　82

유한파트너(limited partner)　79

유한파트너십(Limited partnership)　44, 79

융합(convergence)　244

의료시설(Health Care)　138

이비즈니스(e-business)　249

이익비용일치방법(matched book)　148

이자율 스왑(interest rate swap)　103

이자율 위험(Interest rate risk)   147

이자율 최고 한도(interest rate caps)   148

이자율 칼라(interest rate collar)   103

이자율 캡(interest rate caps)   103

이자율 플로어(interest rate floor)   103

이해상충(conflict of interest)   82

인공지능(AI)   244

인사이트(insight)   249

인수합병(M&A)   81

인터넷 기반 부동산(IoRE: Internet of Real
    estate)   255, 263

인프라스트럭쳐(Infrastructure)   140

인플레이션   22

인플레이션 위험   179

인플레이션 헷징(inflation hedging)   22

일괄예산조정법(OBRA)   46, 75

일방향 방식(One-Way)   262

임대소득(rental income)   61, 271

임차인(lessee)   143

입목(Timberland)   141

ㅈ

자기관리(self management)   229

자기보관 창고(Self-storage)   139

자기회귀시차한계검정(ARDL-boubd test)   170

자본 손실 위험   179

자본시장   15

자본시장법   203

자본이득(capital gain)   61, 122

자본자산가격결정모형(CAPM: Capital Asset
    Pricing Model)   183

자본적 지출(capital expenditure)   90

자본환원율(capitalization rate)   85

자산가치   154

자산담보부증권(ABS: Asset Backed Security)   223

자산운용회사(AMC: asset management
    company)   229

자율주행차   244

저축대부기관(savings and loan organization,
    S&Ls)   43

전자상거래(e-markt)   241

정리신탁공사(Resolution Trust Corporation,
    RTC)   45

정보가치사슬(chain of information value)   293

정보통신기술(ICT; Information and
    Communication technology)   246

제너럴파트너(general partner)   79

조기상환 위험(Prepayment risk)   148

조세개혁법(Tax Reform Act)   41

조정운영수입(AFFO)   88

종합정보플랫폼(ISP: Information system
    Platform)   263

주가상승이익(appreciation)   271

주가수익비율(PER)   92, 93

주가장부가치비율(PBR: price book-value
    ratio)   93

주당순이익(EPS: earing per share)   85, 92

주당순자산(BPS: book-vaue per share)   93

증강현실(AR)   244

증권거래소(SEC)   77

증권거래위원회(SEC: Securities and Exchange
    Commission)   103

증권시장   16

증권 특성선(security characteristic line)   19

증권펀드   204

증자(secondary offering)   21, 108

지분참가형 융자(equity participation loan)   148

지분형 리츠(equity reits)   19

지역몰(Regional malls)   133

집합투자(collective investment)   203

집합투자기구(collective investment scheme)   202

ㅊ

창조(creativity)   244
채권(bond)   271
채무 불이행(default)   149
채무상환(liabilities recapitalize)   82
처리(소위 3V)   249
체계적 위험(systematic risk)   19
총액임대(net lease)   143
최적화된 플랫폼(Optimal Platform)   250

ㅋ

클라우드   141
클라우드 서비스   258
클라우스 슈밥(Klous Schtwab)   244

ㅌ

투자의 다각화(diversification)   180
특별자산펀드   205
틈새시장(niche market)   80

ㅍ

파트너십(partership)   74
팔로우(follower)   245
퍼스트 무브(first move)   244
폐쇄형 뮤추얼 펀드(closed mutual fund)   33
포트폴리오   16
풋 옵션(put option)   148

ㅎ

하이퍼스케일 클라우드 데이터   258
할인(discount)   94

할증(premium)   94
항공기의 무인항법 시스템   244
헤지펀드(hedge fund)   40
헬스케어(health care)   50
헷지(hedge)   119
헷징효과(hedging effect)   22
현금할인모형(DCF: Discount Cash Flow Model)
      96
혼합자산펀드   205
혼합형 리츠(hybrid reits)   36
회계원칙(GAAP)   87

A

ABS(자산유동화증권)   78
AIDA 원리   261

D

DownREIT   82, 110
DSR(총부채원리금상환비율)   245

I

IoE(만물인터넷)   188
IoT(사물인터넷)   188
IT기업   244

M

MBS(주택저당담보증권)   78

N

NAREIT   165

O

Ohlson 모형   95

R

REITWatch   165
Russell2000   24

S

SNS(소셜 네트워크 서비스)   248
S&P500   16

U

UPREIT   79, 110

3C   244
3D 기술   244
4차 산업혁명   141, 244
5G   141
5인 규칙   34